HOY TE TOCA LA MUERTE

El imperio de las Maras visto desde dentro

MARCO LARA KLAHR

Hoy te toca la muerte
El imperio de las Maras visto desde dentro

 Planeta

Diseño de portada: Ana Paula Dávila
Fotografía de portada: AFP / Orlando Sierra

© 2006, Marco Lara Klahr
Derechos reservados
© 2006, Editorial Planeta Mexicana, S.A. de C.V.
Avenida Insurgentes Sur núm. 1898, piso 11
Colonia Florida, 01030 México, D.F.

Primera edición: julio de 2006
ISBN: 970-37-0383-6

Printed in the United States

www.editorialplaneta.com.mx
www.planeta.com.mx
info@planeta.com.mx

En el instante en el que pudo juntar cada una de las palabras que necesitaba —así de pequeño era—, oteando a la medianoche el lumínico horizonte a través del ventanal, Emilio preguntó absorto: «¿Y quién puso ahí la ciudad?»

A él.

Índice

Introducción

A través de sus catorce capítulos, el presente reportaje recrea los doscientos años de historia de las pandillas urbanas surgidas en el seno de las minorías étnicas de Estados Unidos, rastreando el árbol genealógico —que lo tienen— de las dos organizaciones pandilleriles con mayor poder de expansión mundial: la Barrio Dieciocho y la Mara Salvatrucha. Parte de las bandas juveniles irlandesas surgidas en Nueva York a principios del siglo XIX, para desembocar en las expresiones de pandillas entre las tropas estadounidenses estacionadas en Irak en la actualidad, a principios del XXI. Hila sobre el rico lienzo de los contextos geográficos, políticos, económicos y culturales que explican eso que la industria mediática del infoentretenimiento vende empaquetándolo bajo una marca intimidante: «Maras».

La Barrio Dieciocho se funda hace cuarenta años. La Mara Salvatrucha hace veinte. Ambas lo hicieron en Los Ángeles y no en Centroamérica. La primera aparece en los suburbios chicanos. La segunda, en los salvadoreños. Por ello se enfatiza aquí en al menos cuatro fenómenos que son su trasfondo histórico: 1) el expansionismo decimonónico estadounidense, que arrebata a México la mitad de su territorio; 2) la *guerra sucia* en Centroamérica derivada del macartismo y el reaganismo, intensificada entre los años sesenta y ochenta (del siglo XX), y las guerras civiles; 3) las sucesivas olas migratorias a Estados Unidos por causas económicas o sociales, así como las deportaciones que hace dicho país de inmigrantes latinos a México y Centroamérica; 4) y la globalización, con sus políticas de cero tolerancia y mano dura diseñadas y promovidas desde el Comando Sur, el Manhattan Institute y la Academia Internacional de Aplicación de la Ley.

La propuesta periodística tácita aquí es que la Barrio Dieciocho y la Mara Salvatrucha, teniendo un origen juvenil, ya no son sólo expresiones de jóvenes. Tienen una faceta consumista inédita. Su capacidad de mutación invita a observarlas como organizaciones dinámicas. Favorecen su expansión global las «leyes antimaras» instauradas en Estados Unidos y Centroamérica, las cuales ya promueve el Cisen intensamente en México. Siendo resultado siempre de procesos de apropiación juvenil de identidad, poseen una vertiente cada vez más consolidada de crimen organizado: tráfico de indocumentados, drogas y armas; sicariato —del tipo de los «pistolocos» colombianos—; renteo y robo.

Los pandilleros irlandeses y las mafias chinas e italianas desde el siglo XIX, así como los pachucos y los cholos a mediados del XX han tenido esas mismas vertientes criminales, siendo todos ancestros de la Barrio Dieciocho y la Mara Salvatrucha. La diferencia es que a estas dos últimas les correspondió el auge de la mundialización del capital: grupos adscritos a ellas se han servido de tal auge hasta ir convirtiéndose en una de sus tantas manifestaciones descarnadas.

Puesto que se trata de un ejercicio periodístico de investigación, este libro se nutre de decenas de testimonios vivos tomados de los propios pandilleros en México, Centroamérica y Estados Unidos, así como de entrevistas con víctimas de la violencia pandilleril, activistas sociales, académicos y servidores públicos; fuentes biblio-hemerográficas y digitales en castellano e inglés, rigurosamente seleccionadas; documentos de inteligencia policial y militar; debates en congresos y mesas redondas; películas con valor documental; y recorridos por los escenarios urbanos en la región Norte-Centroamericana.

La calle puede ser hostil. Pero para quien aprende a leer sus signos, es también un lugar vasto, acogedor a su modo y que provee, no necesariamente por la vía de la apropiación forzada de los bienes ajenos. Eso lo sabe tanto un miembro de la pandilla Barrio Dieciocho o de la Mara Salvatrucha, como cualquiera que haya dedicado periodos más o menos prolongados de su vida, deliberadamente o no, al arte primigenio de «andar por ahí».

Mirado así, *Hoy te toca la muerte* (título tomado, por cierto, de una frase textual del Pobre, Big Palabra dieciochero) es un reportaje de gran formato que, antes que nada, muestra con cuanta liberalidad paga la calle a un reportero que camina y trabaja con porfía, sin temer —más de la cuenta— la inminencia del naufragio entre sus insospechadas y a veces traicioneras tempestades.

Todo en esta historia periodística acerca de la B18 y la MS13 sucede, abierta o soterradamente, en la calle, o al menos son sus atributos —en el sentido ya establecido— el evidente objeto de deseo.

Igual que danzan las abejas, construyen sus fortificaciones las hormigas e incuban los marsupiales a sus críos, los seres humanos marginados, arrojados al escorial de la humanidad en las ciudades, se sobreponen cada vez y, entre otras cosas, sus miembros jóvenes, más vigorosos y audaces, irrumpen en la cuadra, la manzana, la colonia, el barrio, el suburbio, la calle toda, para compartimentarla por sus fueros, emulando así una toma de poder formal.

En este rasgo de apropiación, la pandilla Barrio Dieciocho y la Mara Salvatrucha se parecen demasiado, como colectivo, a los partidos políticos, los dueños del capital financiero, los ejércitos institucionales, las denominaciones religiosas hegemónicas, las franquicias y los cárteles de la cocaína. Existen para obtener, reivindicar, acrecentar, pelear y arrebatar —como se pueda y porque sí— formas de poder. A riesgo de banalizar el fenómeno, quizá valga para ilustrarlo una paráfrasis: el pandillerismo es la prosecución del poder por otros medios.

En una entrevista reciente, el sociólogo francés Michel Maffesoli —quien acuñó el concepto «tribus urbanas»— afirma que

> empíricamente vemos la emergencia de la tribu. En la tribu yo no existo por mí mismo, sino que es el otro quien me crea. Y aparece además una nueva relación con la naturaleza donde no es ya el individuo que actúa sobre la naturaleza como objeto, sino en un vaivén. Yo, que me considero influido por uno de mis maestros antropólogos, Gilbert Durand, asumo su noción de «trayecto antropológico» o *feedback,* entre mi naturaleza y la naturaleza que me rodea. Los trabajos de Edgar Morin en Francia siguen un poco esta idea, el proceso de reversibilidad, más trayectivo que subjetivo. Yo, por mi parte, intento a mi manera llevar hasta el final esta lógica, esta idea de la pérdida del individuo en el grupo, de la pérdida del individuo en la naturaleza… es el punto esencial.

Para dar fluidez a la lectura se opta por castellanizar las palabras del caló pandilleril utilizadas, bajo el pretexto de que eso mismo hacen, al hablar y escribir, muchos de los miembros de la B18 y la MS13 en Estados Unidos, Centroamérica y México. Se ofrece al final un Glosario que sirve de instrumento de consulta.

Por lo demás, *Hoy te toca la muerte* no es un libro escrito en primera persona. Si el fin último del periodismo es ser instrumento para la consecución del derecho de la sociedad a estar informada amplia, oportuna, verazmente y éticamente; y si una historia periodística debe apelar a la emoción y a la razón en idéntica medida, se ha considerado que el recurso eficaz es dar inocuidad al papel del observador, de modo que se acorte lo más posible la distancia entre los actores y los espectadores del devenir de la pandilla Barrio 18 y la MS13.

La «mirada informativa» es un hecho ineludible, ciertamente. Pero en este caso, al menos como aspiración, se privilegia a los sujetos de la búsqueda sobre el buscador, suscribiendo modestamente el principio del *New, new journalism* (*Nuevo, nuevo periodismo*) según el cual, el papel del reportero es «cavar profundo en el manto rocoso de la experiencia ordinaria, explotando lo que Gay Talese llama "la corriente ficticia que fluye bajo el cauce de la realidad"» (*New, new journalism*, Robert. S. Boynton, 2005).

Si alguien juzga que las tiene, debe atribuir a ocho mujeres casi todas las virtudes de este reportaje. Con su talento y profesionalismo, la impetuosa Ana Lara realizó gran parte de las transcripciones, digitalizaciones y fichas documentales, además del borrador de la cronología y comentarios agudos para mejorar el original. Karen Trejo Flores, enviada por cuenta de Grupo Planeta, poniendo en juego su talento y valentía de gran reportera, hizo entrevistas y acopio de información en Los Ángeles. Las ideas, el espíritu, el valor, la honestidad, la generosidad y el activismo de Itsmania Pineda (Honduras), Silva Beltrán

(Los Ángeles) y Amparo Marroquín Parducci (El Salvador) permean este trabajo. Armada con su sensibilidad social, la periodista iraní Niloufar Ahmadzadeh (Canadá) aportó desinteresadamente un fichero de medios de comunicación en inglés. Como editora original, la afable Margarita Sologuren permitió (igual que Jesús Anaya) que la investigación tomara sus propios caminos, sin coerciones ni mezquindades corporativas. Raquel Peguero puso todo el cariño, el interés y la paciencia que le caben, escuchando —horas y horas y horas— desvaríos sobre clicas, jainas, jombois, jomis, papas, destroyers y, en fin, maniacadas de la vida loca, para responder enseguida de un modo que obligaba a correr a la computadora para corregirlo todo.

Además, se impone agradecer —por las diversas razones que ellos conocen de sobra en los sitios del globo terráqueo donde se encuentren— a Alejandro Páez, Jorge Zepeda Patterson, Roberto Rock, Roberto Barboza, Mario Santiago Papasquiaro, Hedy Platero, José Mauricio Flores y Blanca Haydeé Leiva Deras, Raúl Benítez Manaut, Alfredo Domínguez Nateras, Mirian Cabezas, Freddy Monterrosa, Eddie Boy, Luis Romero (Panzaloca), Karol Díaz Valladares, Lempira Jaén, Héctor R. Palacios, Hermes Reyes, Alex Sánchez, Raúl Sohr, Al Valdez, James Diego y Polly Vigil; particularmente a Mario Jaén y su tan querida y hospitalaria familia.

Una noche, en noviembre de 2005, el dramaturgo Tito Estrada llamó al modesto hotel del barrio de Guadalupe, en Tegucigalpa, para hacer un comentario postrero: «Oye, al final de todo, lo que uno debe preguntarse sobre el tema de las maras es qué paso con la clase obrera latinoamericana». De tal modo abrió un nuevo e inquietante universo de preguntas a responder en estas páginas.

Una parte de esta investigación periodística fue realizada con fondos de Grupo Planeta y el Instituto para la Seguridad y la Democracia, AC (Insyde), que capitanean Ernesto López Portillo Vargas y Héctor Sáenz. En este último caso debe asentarse, además, el hecho de que *Hoy te toca la muerte* abreva metodológicamente de las corrientes de periodismo cívico, periodismo de paz y *New, new journalism* gracias al inédito esfuerzo de investigación aplicada para la profesionalización de los reporteros mexicanos que lleva a cabo dicho Instituto, a través de su Proyecto de Violencia y Medios de Comunicación.

Y, bueno, el producto del esfuerzo y/o presencia de tantas y tan magníficas personas puede leerse en un libro bien producido gracias a Andrés Ramírez , Enrique Calderón y Ana Paula Dávila.

mlk

PRIMERA PARTE

Juegos de treces y dieciochos

El nombre de este paraje de montaña no es un nombre del que uno no quiera acordarse. Pero es que hacerlo podría desencadenar asesinatos y otras desgracias; atraer a la muerte, invocar nuevos infortunios. El Pobre, un Big Palabra de la pandilla Barrio 18 en San Pedro Sula, se retuerce las manos pensando que hasta este confín al norte de Tegucigalpa podrían venir a descachucharlo, a enviarlo, por consigna, de un tiro al otro barrio. Hace frío y la noche sin luna, prematura en el invierno centroamericano, se vino encima. Cosquillean en las laderas brumosas, animando sus veredas franqueadas de pinos e izotes, los pasos vigorosos de jóvenes, muchos de ellos jomis como el Pobre.

Este moreno espigado, veterano a sus veintiséis años y, quién sabe, 1.68 metros de estatura, pelado a rape, barba de candado y grandes ojos oscuros tocados con unas pestañas largas, rizadas y abundantes, casi infantiles (que recuerdan *La Virgen de los sicarios* de Vallejo: «Pero si Alexis tenía la pureza en los ojos tenía dañado el corazón»), refiere el instante en el que su vida tomó un giro que lo puso ante la circunstancia de sentenciar con la elocuencia indispensable: «Entonces yo soy el Pobre, de la Dieciocho, y te vengo a matar». Vaya, pues.

Su vida no es sólo suya, y además no es extraordinaria entre los pandilleros. Tiene nombre, Yubini, y apellidos, que ruega con disimulada severidad no difundir. De diez hermanos dos murieron: «fracasaron de enfermedad», prefiere mirarlo así, «gracias al Señor no fueron víctimas de la violencia». De los ocho vivos, es el penúltimo y el único pandillero, «gracias al Señor» también, aunque los hay alcohólicos, drogadictos y, «más que todo, que han ejercido la violencia contra sus parejas y sus hijos», observando religiosamente la tradición familiar.

Le interesa hablar de la violencia, a la que confiere vida, aludiéndola como a un ser maligno, obstinado, acechante, que «todavía sigue sobre mi persona». En su casa, de niño, es donde se la dieron a probar y ahora su padre insiste en negar que sea su hijo, «se avergüenza, me ha rechazado, me ha corrido de mi casa desde que entré a la Dieciocho, y mucho antes».

Su primer tatuaje se lo hizo a los diez, y a los trece años se sometió al rito de iniciación en una clica de Chamelecón —ese sector marginado de San Pedro Sula, en la costa caribeña de Honduras, que el mundo conoció cuando el 23 de diciembre de 2004 un grupo presumiblemente de pandilleros abrió fuego con armas de asalto acribillando de muerte a veintiocho personas—, y «de ahí empecé a andar haciendo maldades, a tomar decisiones por mí mismo, teniendo que matar».

Su padre lo había echado. La clica lo adoptó, por lo menos al principio, de forma incondicional. El instinto de supervivencia lo movió a procurarse su cobijo y los jomis fueron tentándolo: podría pertenecer a la pandilla siguiendo el protocolo. «Prácticamente me llevaron a un lugar, a un campo donde me dijeron que podía pertenecer a su grupo siempre y cuando aguantara un brinco de dieciocho segundos y luego fuera a cometer un homicidio.» Una tarde, para hacerle brincar el Barrio, lo golpearon tres de los más fuertes. Como paridera, el líder le dio nueva identidad: entre estertores feneció Yubini para nacer el Pobre. Por qué ese aká, por qué ese mote. Por pura y paradójica conmiseración de sus jomis, sorprendidos al constatar su incapacidad para experimentar compasión. «Porque para mí no existían ni familia ni sentimientos humanos, no tenía piedad para hacer algo o actuar contra alguien.» La golpiza lo mantuvo atado a la cama una semana, inmóvil, taciturno, turbia la mirada, en la destroyer de la clica, donde sus temibles camaradas le proveían con esmero medicamentos, comida, afecto y protección.

Hasta que pudo incorporarse, sostener una pistola y retomar la calle, para por fin ameritar el derecho de piso, para ganar el pase: «Me pusieron en la mano el arma. En una esquina estuvimos esperando por tanto de una hora, cuando me preguntaron, *¿Ves aquel chavo que viene así? Ése es Emeese. No te conoce, no sabe que vas a ser del Barrio. ¡Mátalo!* Entre el miedo y la valentía, me fui. Cuando estaba a unos dos metros de él, le hablé de jomboi, que es la palabra de la pandilla de ellos:

—¡Qué transa, jomboi!

—Suave, jomboi. Y tú, ¿quién eres?

—Soy el Pobre de la Emeese.

—Simón, ¿y de qué parte?

—Del sector Rivera Hernández. ¿Andas tatuado?

—Sí. Mira.

—Entonces yo soy el Pobre, de la Dieciocho, y te vengo a matar.»

Trece años después de este suceso, la pandilla sigue siendo para él semejante a una acogedora madrasta, «el Barrio me formó porque yo era un niño cuando me metí a la pandilla». Pero había llegado ahí con una base y eso se vio desde el momento en que jaló del gatillo para alojarle un tiro en el cráneo

al adversario de la Mara Salvatrucha aquel. Era una habilidad
que mamó desde ignora cuándo. Veía a su padre llevar consigo
un arma, tirar con ella y desarmarla y aceitarla con un cariño
envidiable. Para los de la clica no pasó inadvertida esta proximidad del Pobre con un arma, de modo que «a ellos, conforme
me metía en las cosas de la pandilla, les gustaba más cómo yo
era, decían que era un jomi bien aventado, querían que siguiera,
que no me apartara». Robar a paisas y atacar a Los se le hizo un
hábito que se extendió a algunos de sus jomis sentenciados a
muerte por la propia clica, que eran «aquellos que no cumplían
las reglas del Barrio y me encomendaban matarlos».

Cometió 47 asesinatos contra paisas, policías, pandilleros
adversarios y jomis de la propia clica, no movido por el odio,
piensa, sino por algo más llano, porque «el respeto tenía que
ganármelo». En 1998, a los dieciocho años, con una sombría
hoja de servicios hablando por él, fue designado cabecilla
de la clica de los Cháropar SPLS (acrónimo de Sombra del
Parque de los Locos), en la Ebenezer: la colonia del sector
Chamelecón donde sucedió la matanza de pasajeros el 23 de
diciembre de 2004.

Su ascensión ocurrió luego de que «el líder que teníamos en
nuestra clica, lamentablemente, fracasó en una pegada, cayó
en batalla». De vuelta en la colonia convocaron a un mirin de
emergencia y solemnemente le dijeron, «Pobre, el Barrio ha
decidido que, si tú quieres, has de tener la palabra». Y aceptó,
revelando en aquel episodio su mística: «Considero que puedo
tener la palabra, sí, porque me gusta mucho lo que hago, me
encanta cometer delitos, me encanta cometer homicidios».

En poco tiempo consiguió formar un ejército de «279
elementos, la clica más grande que había en San Pedro Sula»,
donde para consolidar su poder «tenía que ser el más duro, el
más malo, el más rudo de ellos. Si aquél mataba a un policía,
yo tenía que matar a dos para ser más valiente; eso me lleva a

decir que ellos no me tenían respeto, sino que miedo, y es lo que me iba convirtiendo en su líder».

Bajo su mando, la clica llegó a disponer de cuatro automóviles legales y tres casas de seguridad para ocultar cocaína y crack, cuya distribución era uno de sus tantos giros; un arsenal compuesto por 360 armas, entre fusiles AK-47, ametralladoras Uzi y Thompson, y pistolas calibres .44 Magnum, .40 y 9 milímetros; y varios autos robados, que en ciertas acciones eran garantía de impunidad.

Había sólo un tipo de situación especial donde las armas de fuego se consideraban innecesarias. Esa especie de ceremonial, consagrado a cierta clase de adversarios de la MS13 o a transgresores de la propia B18, exigía arremangarse y hacer el trabajo a brazo partido, equipados con hachas y machetes, en terrenos baldíos, muchas veces en la ribera maloliente del río Chamelecón: «Lamentablemente, en diferentes ocasiones tuvimos la oportunidad de descuartizar a varios. En mi caso, que recuerde, me tocaron dos de la clica de los Colombia Little Syco que eran, como nosotros, de la Dieciocho (uno de ellos fue acusado de violar a una joven de su comunidad) y algunos más de la Emeese».

Las normas y su número varían, lo mismo que el rigor con el cual se sanciona su transgresión. En San Pedro Sula, por ejemplo, la B18 tiene 57 reglas que, entre otras cosas, castigan el acto de amenazar o agredir de cualquier modo a un jomi; intimidar, agredir o robar a un paisa del Barrio; violar tanto en el Barrio como fuera de él, «levantar la mano» a la propia madre, y tener un aspecto descuidado.

En cuanto a sustancias, no hay restricciones para consumir mariguana; el guaro, en cambio, puede beberse sólo los días 18, con un permiso expreso del Big Palabra al que no todos tienen derecho; el crack, el pegamento y las pastillas están prohibidos. Las transgresiones que indefectiblemente ameritan pena de muerte: agredir a un compañero de clica, pretender abandonar ésta y cambiarse de pandilla (de la MS13 a la B18, o al revés).

A lo largo del mes la clica debe prepararse para el día que el calendario marca 18, cuando, en especial, debe haber pegada; estos ataques arteros buscan tomar venganza contra algún «mierda seca» —como llaman los de la B18 a los de la MS13— o diezmar clicas adversarias.

El rito de iniciación exige memorizar, interiorizar este reglamento en dieciocho días, al cabo de los cuales la clica convoca a un mirin para examinar al novato. La observancia de cada norma es crucial para la supervivencia. Un miembro y aun un Big Palabra B18 acusado de infringir las normas, de «planchar», puede desde ser «chequeado» hasta recibir luz verde, es decir, ser condenado a muerte.

A los de la MS13 les dan un tratamiento especial; los torturan previamente, «se les pegan puñaladas en partes donde no se mueran y ya por último se les pega un tiro en el corazón o en la cabeza, y de ahí se empieza a partirlos», alecciona el Pobre, quien recuerda que los desmembraba meticulosamente en trece pedazos que metía en bolsas para depositarlos, a bordo de automóviles robados, en territorio enemigo. «En La Ceiba participé también en macabros descuartizamientos en el río Cangrejal.» Todo este proceso lo hace el pandillero con el júbilo candoroso de quien cumple un deber ancestral.

Posee carisma el Pobre, una forma especial de estar en el mundo. En sus mejores momentos, su voz cálida pero firme, la fluidez de su discurso, esa manera ducha de controlarlo todo, de atender todo movimiento con la mirada, de hacer recordar la corporalidad del soldado que se apresta a la batalla, al mismo tiempo cautivaba, atemorizaba y transmitía confianza a Los Cháropar SPLS. Él intuía la importancia que para un Big Palabra tiene aun la manera de dar comienzo a cada mirin.

Fue apropiándose de un modo: «Buenas noches, jomis. Vamos a hablar este pedo en el Barrio, hay mucho pedo que hablar del Barrio, espero que el Barrio esté de acuerdo con lo que se va a hablar». Daba pie, así, a los temas importantes. Ahora, en el propicio silencio de esta montaña, recuerda uno: «Este jomi no se asea, hay que levantarle un chequeo». Otros más: «Este jomi planchó, tenemos que chequearlo». «Este jomi fue chequeado tal día y no ha limpiado chaqueta (en esos casos se le vuelve a dar un chequeo, y si al recibir el tercer chequeo sigue sin limpiar chaqueta, ya se le acredita la verde, prácticamente la muerte).» «Hay varios paisas que están cagando el palo en el Barrio, están robando en el Barrio, y eso está prohibido. Es necesario que los matemos, tenemos que quitar esa basura del camino. Tú, tú y tú, tomen los fierros, los boros, y vayan ahora a darles en la nuca.»

Al final tocaba el turno a la recaudación. Los mirin tenían lugar los fines de semana y, bajo su mando, cada miembro debía entregar cien lempiras (algo menos de veinte dólares estadounidenses), incluyendo al propio líder y a aquellos jomis de otras clicas que por encontrarse en ese momento en la zona debían participar en la reunión y tributar.

Lo mismo que el resto del patrimonio, estos fondos los guardaba, administraba y acrecentaba el Pobre, como parte de sus responsabilidades siendo el Big Palabra. Al igual que en todas las clicas, los destinaba a una gama de actividades que iban de la previsión social a los negocios ilegales. Pagaba la renta de las casas de seguridad. Adquiría automóviles y armas para ponerlos a disposición del Barrio. Sostenía a las esposas e hijos de los compañeros que estaban en prisión o muertos. Apoyaba y cuidaba a los jomis heridos, enfermos o incapacitados, y proveía lo básico a sus familias. Sufragaba los gastos funerarios o de representación legal. Compraba armas y drogas, en cuyo comercio se habían especializado los suyos.

El Pobre llegó a esta montaña como última parada de un trayecto que comenzó cuando en un mirin general le fue encomendada una impostergable misión, «porque lo que necesitaban era uno de cora». Tuvo que abandonarlo todo, ceder el predominio sobre los Cháropar Sombra del Parque de los Locos, desprenderse de ellos emocionalmente y, lo más difícil, del poder acumulado, y dejar San Pedro Sula.

Fue un nuevo hito en su vida. Los primeros días de 1999 emprendió la larga marcha en compañía del Genio, en labores de apostolado, a reclutar en la zona metropolitana de Tegucigalpa, entre los niños de los albergues de damnificados por el huracán Mitch (octubre, 1998), nuevos soldados bien dispuestos, almas frescas con el ímpetu necesario para eternizar a la pandilla Barrio 18 y su memoria.

Las Gaviotas se alza en un valle circundado por la serranía de San José Pinula, municipalidad del Departamento de Guatemala, a la que en su Informe Anual Circunstanciado (2005), el procurador de los Derechos Humanos, Fernando Morales Alvarado, dedica inocuas líneas como ésta: «La presencia de grupos juveniles de las denominadas maras se ha incrementado en los municipios de San Pedro Ayampuc, San Juan Sacatepéquez y San José Pinula, llegando al extremo de [que] algunas familias han tenido que abandonar sus hogares, derivado a los actos de extorsión que cometen estos grupos, sin que las autoridades correspondientes les brinden la seguridad necesaria».

Traicionado hasta por quienes lo bautizaron con ese eufemismo, Las Gaviotas es un centro de detención de menores, 35 kilómetros al este de Guatemala capital, construido al pie de un monte acosado por los taladores, desde el cual el 19 de septiembre de 2005 un escuadrón de la Mara Salvatrucha vino a esperar que se marchara la tarde para tomar venganza.

Oficialmente, los custodios fueron burlados, pero la versión no es verosímil. A las ocho y veinte minutos de la noche los jombois de la Trece, saltando el muro por el costado norte, aparecieron como viento con aguacero de muerte, avanzando hacia los sectores donde estaban recluidos «los chavalas», como llaman, por ofensa, a sus adversarios de la Dieciocho.

El asalto demoró minutos. Atacaron los Treces dos bloques de dormitorios, unos a fuego de .9 milímetros y AK-47; otros sirviéndose de cuchillos y machetes para luchar cuerpo a cuerpo. Los atacados corrieron buscando armarse: hubo quienes consiguieron desprender pedazos de sanitario, puerta o tubería. Se dio la voz de alarma. Fueron cayendo muchachos ensangrentados. El pringoso azul, verde, naranja en tonos pastel de las paredes enmarcaba la desolación. Las puertas se convirtieron en funestos cuellos de botella, porque además las ventanas estaban enrejadas. A seis jomis sacrificados los arrumbaron hasta formar una pila. Al disiparse el humo de granadas había entre los charcos de sangre dos cuerpos decapitados.

Se apersonaron hasta entonces los celadores (en todo el centro de reclusión no pasaban de diez), que después de capturar a tres de los atacantes, fueron socorriendo heridos y, bajo la precaria iluminación eléctrica, contando los cadáveres adolescentes para sumar doce. El saldo de esta nueva vendetta por muertes de jombois de la Emeese en otras prisiones, las semanas previas, sirvió sólo para alargar los listados funestos de la burocracia carcelaria. Es la crispación con la que va aprendiéndose a sobrevivir, o a sucumbir, en los centros de reclusión guatemaltecos, centroamericanos.

«Le quiero dar a la audiencia una idea —indirecta— acerca de la escena. Nada más eso. Les das demasiado y no van a contribuir con algo. Si les das tan sólo una sugerencia, los verás trabajando consigo. Eso es lo que da al teatro significado; cuando se convierte en un acto social» (Lemberg, 2006), dijo Orson Welles, y un locutor de la radiodifusora XEQK de Tapachula (Chiapas) en el húmedo corazón del Soconusco, vio materializarse como pesadilla esta reflexión.

En el fragor de su periodismo tropical, el 21 de noviembre de 2004 Carlos Wong Nolasco —por cierto, líder estatal de su gremio y contra quien el gobierno chiapaneco abrió una averiguación previa por el delito de ataque a la paz e integridad social, y una persecución desproporcionada— se sintió en la obligación de dar la noticia tal como iba recibiéndola él mismo: ese día, en ese instante, una horda de pandilleros de la Mara Salvatrucha alistaba un ataque masivo contra las escuelas.

Especialmente en situaciones de este tipo, Orson Welles conocía de lo que hablaba. Él hacía el personaje del atribulado doctor Pearson en la adaptación radiofónica de la novela de H.G. Wells *La guerra de los mundos*, cuya transmisión a través de la CBS y decenas de estaciones a través de Estados Unidos, el 30 de octubre de 1938, víspera de la noche de brujas, generó psicosis colectiva. El formato para la dramatización fue un boletín informativo que daba cuenta de la supuesta invasión extraterrestre en Nueva Jersey; incluía efectos especiales y la también supuesta declaración oficial del presidente Franklin Delano Roosevelt. En todo el país la gente salió de sus casas en tropel. Unos pensaron en suicidarse. Otros se concentraron en la iglesia. Cientos corrieron buscando ponerse a salvo. Hubo toda suerte de accidentes y heridos.

En Tapachula la noticia generó reacciones semejantes. Despavoridos, los padres corrieron a las escuelas por sus hijos. Los profesores abandonaron las aulas. Los negocios cerraron de forma abrupta. Hubo accidentes viales. La diferencia fue que esta información no resultaba de una dramatización deliberada, sino de una especie informativa no confirmada. Wong fue el primero que se creyó su mentira de la invasión marera y el impacto fue local, ciertamente en una sociedad, la tapachulteca, agobiada por la crisis internacional del café y la violencia fronteriza, así como por el impacto social y demográfico creciente que han tenido la inmigración de trabajadores centroamericanos y, en mucha menor proporción, la de pandilleros salvadoreños, hondureños y guatemaltecos —de la B18 y la MS13—, así como la integración a ellas de decenas de niños y adolescentes nativos.

Sobre todo a causa del proceso de endurecimiento legal contra las pandillas en esos países, a partir del primer lustro de los años 2000, la porción costera del Pacífico de la que Tapachula es el más importante centro urbano, se ha convertido en un espacio donde confluyen funcionarios y policías corruptos, traficantes de drogas, armas, mercancías y personas, y, sin duda, jombois centroamericanos y vernáculos.

Ésta fue la sombra que se les vino encima a los tapachultecos con la información del locutor Wong, tal como en 1938 los estadounidenses que corrían por las calles temiendo a los marcianos, lo hacían con la sombra de la pobreza que trajo la Gran Depresión —no totalmente conjurada—, el envalentonamiento de Hitler y los soplos de guerra en Europa.

Tan animoso, José Mauricio Flores vino de veinte años con su padre y un hermano. Pendiente de los giros semanales, el resto de la familia (la madre y diez hermanos) se quedó en San Emigdio, un cantón a las faldas del volcán Chicontepec empobrecido por las crisis del campo y los sismos, sobresaltado por la actividad volcánica, azufrada su atmósfera. Era 1997 y encontraron acomodo en uno de los oficios que sólo desempeñan en San Salvador aquellos que no tienen ninguna otra opción: «vigilante de colonia».

La ineficacia y corrupción entre los agentes de la Policía Nacional Civil obligan a los habitantes de las áreas urbanas a proveerse seguridad privada. Por cuadras, contratan directamente, o a través de empresas, desempleados casi siempre venidos del campo para que, sin entrenamiento y mal armados, con el solo impulso del hambre, vigilen su patrimonio e inhiban robos y agresiones.

José Mauricio comenzó como vigilante de colonia en un barrio del municipio de Apopa, en el Departamento de San Salvador, y desde ahí conoció de cerca la violencia y el poder de las pandillas. Esta vez no eran los jóvenes que él llama genéricamente «mareros» —miembros de la B18 y de la MS13—, sino de La Máquina. Con la Mao Mao y la Mara Chancleta, es una de las bandas más antiguas en El Salvador, y ha conseguido sobrevivir y aun fortalecerse desde que en el mapa pandilleril predominan las clicas adscritas a la Barrio 18 y la Mara Salvatrucha.

A diferencia de las dos últimas, La Máquina es —de origen— una organización criminal. Se especializa en robo de automóviles y accesorios, secuestro y narcotráfico, y tiene capacidad de fuego para mantener y ampliar sus territorios. A mediados de los noventa su cuartel general estaba justo en Apopa. Sus contactos con policías de diversos rangos siempre han sido fluidos.

Cuando José Mauricio asumió que su responsabilidad era impedir los asaltos nocturnos que cometían con impunidad en el Barrio donde trabajaba, su provinciana candidez lo movió a enfrentarlos. Recuerda que la gente le advirtió que era La Máquina, pero eso no le dijo mucho —ignoraba, lo mismo que hoy, sus alcances—, hasta que la propia pandilla le mandó aclarar que estaba muerto. Se fue, sin más.

Con su padre, fue reasignado por la empresa que lo había contratado al barrio de la Santísima Trinidad. En pocos días reaparecieron pandilleros, esta vez de la Mara Salvatrucha. Las clicas contra las que tenía que lidiar estaban asociadas con bandas metidas al robo de vehículos y viviendas. Después de siete meses de enfrentarlos, vino la nueva amenaza de muerte, «entonces, porque no quedaba otra, pedimos el traslado».

La nueva posición que les tocó fue en Residencial San Pedro. Después de un año cuatro meses, «nos robaron dos autos por la noche, mientras andábamos silbateando. Los dueños nos culparon a mi papá y a mí. Nos pusimos alertas, decidimos buscar quién estaba haciendo eso y lo descubrimos: eran individuos que llegaban en varias patrullas. Les llamamos la atención y nos respondieron con disparos. Intercambiamos tiros, hasta que llegó un oficial de la Policía Nacional Civil y ordenó, *alto al fuego, somos policías*».

Parecía sencillo. El oficial «nos dijo que, para evitar problemas, nos pusiéramos de acuerdo». Ponerse de acuerdo, según la propuesta, era específicamente darles una cuota por automóvil robado. «Les dijimos que le cobrábamos a las personas cincuenta colones mensuales por cuidárselos, que no era justo, que no podíamos».

Los golpearon, esposaron y llevaron presos. En la denuncia respectiva por robo de automóvil, los agentes asentaron que los habían sorprendido a él y a su padre en flagrancia y que tuvieron que «agarrarnos a balazos porque nos resistimos». Estuvieron cinco días presos, que fueron los que tardó un defensor público en ponerlos fuera. «Quisimos demandarlos, pero está toda la ley de su lado».

En su cuarto destino laboral, Las Margaritas, barrio de Soya-pango, municipio connurbado de San Salvador, su padre y su hermano cuidaban estacionamientos. Él hacía los recorridos por las calles. Persistieron en un oficio que nadie quiere. Y ese celo desconcertante fue atrayéndoles la muerte. Un comerciante de vegetales establecido, que José Mauricio Flores identifica como Miguel Armando Hernández, «mandaba a mareros», a pandilleros de la Mara Salvatrucha que, como la mayoría de las clicas B18 y MS13 en Centroamérica, renteaba a quien quisiera ganarse la vida legalmente en la zona. Al padre le fijaron una cuota de sesenta dólares mensuales sólo por respetar el estacionamiento bajo su custodia, imposición que él rechazó.

Los jombois tomaron leves represalias: un espejo estrellado, una antena arrancada, un cristal hecho añicos, un tocacintas menos. Y fueron con el hermano a advertirle que de él esperaban quince dólares por mes. Aceptó. Cuando no pudo pagar, el 3 de noviembre de 2004, lo asesinaron a balazos. Tenía veinticinco años.

«Decidimos dejar el trabajo, pero esperaríamos cinco meses, así juntaríamos el dinero para pagar las dos operaciones de cataratas que mi papá necesitaba.» Es posible que el comerciante de vegetales obligara a los pandilleros a poner un ultimátum al padre. Pero lo que fue revelándose es que su móvil no era regentear a la clica de la MS13, sino ahuyentar de la zona presencias que pudieran afectar su negocio real: la compraventa de mercancías robadas. Lo supieron porque, al no poder echarlo de la zona, Miguel Armando Hernández ofreció al padre, con amenazante reiteración, ropa, camas, computadoras y armas a precios risibles.

La familia se endeudó con 240 dólares para pagar las cirugías del padre, que le fueron practicadas en febrero y abril. Después volvió a su empleo. El comerciante perdió la paciencia, «pagó dos mil dólares para que acabaran a mi papá, que siguió negándose a comprar robado. Quizá pensó ese señor que le podíamos poner el dedo, y decidió acabarnos antes. La muerte ya estaba para el 17 de junio [2005], el Día del Padre, pero como la policía rondó, la hicieron el 18. A las ocho con veinte minutos cabal, lo llegaron a matar. Yo me salvé de milagro de dios, porque tres minutos antes me había ido a traer una pichinga de agua para mi papá. El caso sucedió frente a la casa. Estaba yo sacando la pichinga cuando se oyó la balacera. Primero pasaron enfrente de la casa, se detuvieron y se quedaron mirando para dentro. No me vieron porque tenía la puerta abierta. Enseguida se oyó la balacera».

Entre cirugías y entierros «terminé enjaranándome con dos mil dólares»; «perdí el empleo y para vivir tuve que seguir enjaranándome»; «la idea, en este momento, es migrar a Estados Unidos para salir de la jarana sin enjaranarme más».

Es tibia y con luna llena la noche en la que José Mauricio Flores, de veintiocho años, refiere entre leves temblores, suspiros y lágrimas estos episodios de su biografía que incluyen la pérdida de su padre y su hermano. Allá abajo el valle de San Salvador extiende sus luces, que desde la colonia Altavista aparecen mudas levitando. El único transporte a la zona centro disponible ahora es pirata. La panel Nissan, hecha una miseria, arroja humo y rueda a 120 kilómetros por hora en las pendientes para ir ganando pasajeros. Ni los baches ni el olor a aceite y hule quemados detienen el entusiasmo del conductor, que aunque podría estar dirigiéndose a la muerte, lo hace con esta tonadilla a grito, «Tú me fascinas, eres mi niña, pa ra ram, pa ra ram», acompañando su ritmo con golpecitos al volante. Las sombras de la noche se alargan, corren locas, mal disimulando puertas y ventanas enrejadas, encadenadas, herméticas al terror real o imaginario.

De estos malos viajes se hace el pan de cada día en San Salvador. Al momento de la despedida, a la puerta de su casa, José Mauricio lo había sugerido cuando resumió en una idea postrera su angustioso litigio con la muerte: «Éramos tres amigos inseparables, entonces ahora que ellos han muerto, tengo cuesta arriba la vida».

El verano de 2003, dos pescadores del Shenandoah National Park, en Virginia (Estados Unidos), denunciaron un hallazgo siniestro que tendría prolongado impacto sobre la sociedad estadounidense y ameritaría un proceso legal que alcanzó su clímax en 2005. En el cauce del río Shenandoah flotaba el cadáver de una adolescente. Se sabría con el tiempo que era el resultado de una vendetta contra la hondureña Brenda Paz, de diecisiete años, a quien sus jombois habían juzgado por ser «una rata», delito insoportable a los ojos recelosos de la «mara grande», como llamaría a la MS13 el autor intelectual de este homicidio. El que la adolescente tuviera el cuerpo tapizado de tatuajes se volvió parte del espectáculo mediático y un primer indicio para la policía de por dónde tenía que empezar.

Hoy la historia puede reconstruirse a partir del comunicado que emitió la oficina del entonces procurador general del Este de Virginia, Paul J. Nulty, fechado el 17 de mayo de 2005 en la ciudad de Alejandría (que incluye parte del expediente de la Corte del Distrito del Este de Virginia, División Alejandría), seguimientos periodísticos y entrevistas realizadas ex profeso.

De acuerdo con la versión oficial, el 16 de septiembre de 2001 Denis Rivera, líder de los Big Gangsters Locos Salvatrucha —o BGLS, clica del condado de Arlington (Virginia)—, cuya identidad dentro de la pandilla era el Conejo, secundado por un puñado de jombois, atacó a Joaquín Díaz (de veinte años) en el George Washington Memorial Park, al colegir que era un «chavala» de la pandilla adversaria Eighteen Street (Barrio 18, Barrio XVIII o Mara 18), arrebatándole la existencia a cuchilladas.

Un año después, el 25 de septiembre de 2002, un agente especial de la Brigada de Investigación Criminal del Buró Federal de Investigaciones —FBI, en inglés— designado a las pesquisas para desentrañar actividades delictivas de la MS13, tomó declaración a Brenda Paz, entonces de dieciséis años y con la cual había hecho una meticulosa labor de convencimiento para que delatara a miembros de su propia pandilla, a sus jombois. Entre otros muchos datos que contribuyeron a sustentar procesos judiciales contra pandilleros de la MS13 en seis estados del país, ella fue aportando supuestas confidencias que habría escuchado por boca del mismo Rivera sobre el asesinato de Joaquín Díaz. A cambio el FBI la tomó bajo su protección, instalándola en una casa de seguridad, desde donde, por cierto, mantuvo contacto con Centrales Locos Salvatrucha —CLS—, la clica del Este de Virginia a la que pertenecía entonces, quizá para mitigar la soledad y la culpa.

El 10 de abril de 2003, el Conejo fue encarcelado en Alejandría y sometido a juicio por la Corte de Distrito citada, bajo la acusación 02-CR 376-A, «por el asesinato premeditado de Joaquín Díaz», fijándose como fecha de comparecencia el 14 de julio venidero. Para el FBI sería clave el testimonio de Brenda Paz, quien en marzo había ingresado de manera formal al Programa de Protección de Testigos y trasladada, con nueva identidad, primero al hotel Marriot de Kansas y después a otro en Minnesota.

Desde agosto de 2002, un mes antes de sus primeras infidencias al detective del FBI, el Conejo y sus jombois sospechaban de ella y le habían advertido que no cooperara con la policía. La confirmación de que tenía contactos con ésta sobrevino cuando, en una fecha imprecisa, Joaquín Grande —hermano de uno de los cuatro pandilleros que más tarde serían procesados por su homicidio— encontró en su diario personal tarjetas de presentación de los detectives y notas sobre sus relaciones con éstos (hasta entonces colaboraba en juicios contra pandilleros de la MS13 en seis estados). Ateniéndose al código de la MS13, el hallazgo ameritaba dictar luz verde contra la joven hondureña.

El 16 de junio de 2003, un mes antes de la primera comparecencia del Conejo, ella abandonó abruptamente el Programa de Protección de Testigos, sin dejarse persuadir por el agente federal a cargo de su custodia: un comando de jombois la recogió en Minnesota y la condujo, en auto, de vuelta a su clica de Virginia del Este.

A través de cartas, llamadas telefónicas y mensajeros, Óscar Antonio Grande, Ismael Juárez Cisneros y Óscar Alexander García-Orellana mantuvieron al tanto al Conejo acerca de los movimientos de Brenda Paz tras su regreso y él fue dándoles instrucciones para suprimirla, no sólo por haber traicionado a la pandilla, sino para impedir que rindiera testimonio en su contra ante el jurado. El FBI dice haber registrado a las 22:45 horas del 3 de julio una llamada telefónica en donde un pandillero confirmaba al Conejo que la asesinarían «dentro de un ratito».

El 12 de julio (2003), la clica CLS convocó a un mass urgente en el hotel Holiday Inn Fair Oaks, en Fairfax (Este de Virginia), para tomar una resolución. Afuera aguardaba la propia Brenda Paz acompañada de otras jomguirls. Joel Reyes, también miembro de la MS13 y testigo de la fiscalía, refirió más tarde ante el jurado que en aquella reunión Óscar Antonio Grande, apegándose a las órdenes del Conejo, sentenció que la joven hondureña debía morir. Ismael Juárez Cisneros levantó la mano solemnemente, proponiéndose voluntario para llevar a cabo la ejecución. Todos coincidieron en que tenían que hacerlo fuera del hotel para no dejar evidencias.

Al día siguiente, en las primeras horas de una mañana tibia, suponiendo que irían de pesca, Brenda Paz abandonó el hotel de Fairfax en compañía de Grande, Juárez Cisneros y Óscar Alexander García-Orellana, abordo de un Mazda deportivo modelo 1992, con dirección al Shenandoah National Park.

La joven tenía en ese momento un embarazo de diecisiete semanas. Para sus jombois era la Smiley.

Más que cómo la sacrificaron, interesa ahora la lógica que conduce a este tipo de determinaciones en el seno de una pandilla lo mismo MS13 que Eighteen Street. Es cosa de dar un brinco histórico de dos años, a miles de kilómetros de Virginia, en el otro extremo de Estados Unidos.

Pico Union se cuenta entre los distritos californianos más marginados. Situado al oeste del condado de Los Ángeles, se le considera el Barrio centroamericano por sus abigarrados núcleos poblacionales de guatemaltecos, salvadoreños, hondureños y, en menor medida, mexicanos. Fue uno de los principales escenarios de los motines populares de abril de 1992, producidos por una sucesión de abusos de agentes del Departamento de Policía de Los Ángeles —cuya División Rampart incluye este distrito— contra inmigrantes de origen latino y que dejaron cientos de personas heridas y decenas de cadáveres en las calles.

Las manecillas del reloj remontan las cuatro de la tarde calma, en el esplendor del verano. Recostadas sobre una de las tres camas que se apiñan en el único dormitorio, una mujer y su nieta de cinco años atienden abstraídas, en un televisor de dos metros de altura, las incidencias de *El Rey León*. El alto volumen las aísla de lo que se conversa con gravedad en el aposento contiguo, una sala estrecha con los sillones hasta el tope de ropa desordenada y juguetes. Osvaldo, el anfitrión —tío e hijo de la pequeña y su abuela—, salvadoreño de veintinueve años, pandillero ya calmado, y LibKill, angelino de nacimiento, de veinte años, hijo de salvadoreños, desgranan su vida en el seno de la MS13 Francis, que se cuenta entre las múltiples clicas de Los Ángeles.

Al desembocar inevitablemente la charla en la venganza que condujo al homicidio de Brenda Paz, LibKill asume con la franqueza de su juventud, con la emoción que le despierta el espíritu de cuerpo: «Tal vez yo hubiera hecho lo mismo, porque ella estaba echando rata [...]. Si te metes al Barrio lo haces por una razón, pero en el momento en que empiezas a echar rata, desde ese momento dejas de ser mi jomboi y te conviertes en mi enemigo [...]. Si me haces algo dentro del Barrio, mi trabajo no es ir con la policía, sino detrás de ti y vengarme».

Entre los diecinueve puntos de que constan las acusaciones generales en el juicio contra el Conejo y los tres pandilleros de la MS13 acusados de asesinar a Brenda Paz, salta a la vista una afirmación contenida en el número dos: «La MS-13 se originó en El Salvador y extendió por Estados Unidos, donde ahora sus miembros están a todo lo largo del país, con [grandes] concentraciones en California y Texas».

Como en los juicios alevosos y linchamientos contra inmigrantes italianos entre finales del siglo XIX y principios del XX, en 2005 aquel documento legal reprodujo en Estados Unidos una falsedad generalizada a la que han seguido exageraciones, estigmas, clichés y una explicación banal del complejo fenómeno que son la B18 y la MS13; surgidas en las calles de Los Ángeles al cabo de la tortuosa dinámica de integración latina entre los años setenta y ochenta, que han tomado nuevos cauces después de los atentados terroristas del 11 de septiembre de 2001 en Nueva York —así como la consecuente National Strategy For Homeland Security—, y las sucesivas «leyes antimaras» centroamericanas.

A la vez, su situación geográfica; la actitud policíaca, de indolencia o negación de sus autoridades y su propia problemática de pandillas urbanas, hacen de México una zona potencialmente estratégica para la supervivencia de éstas que, por sus fines y rasgos consumistas, Alfredo Nateras Domínguez, de la UAM-Iztapalapa, denomina «pandillas industriales», retomando el concepto acuñado por los periodistas estadounidenses Julia Reynolds y George B. Sánchez, para distinguirlas de las «bandas culturales» (Mesa de trabajo, Insyde, enero 2006).

Tales historias son ya impronta perniciosa de la globalidad. Con ellas los Estados, a través de la industria mediática del infoentretenimiento, manipulan el miedo y la xenofobia, y las sociedades, permitiéndolo sumisas, descargan en minorías demonizadas sus frustraciones. Tina Rosenberg, editorialista de *The New York Times* piensa que

> la gente se encuentra aterrorizada, fascinada, obsesionada por el crimen callejero, y se imagina, «podría haber sido yo»; en cambio, la posibilidad de una muchacha de ser aniquilada por su novio, que es mucho más alta, no ocupa el mismo espacio mental, especialmente entre el grupo demográfico al que se desea atraer. Es decir, las personas establecen una relación emocional con el crimen callejero que no tienen con otro tipo de crímenes. El índice de delitos de cuello blanco, por ejemplo, es muchísimo más alto de lo que aparece en los noticiarios, pero casi nunca se le presta atención porque no tiene resonancia emocional en el televidente (*Violencia y medios.* Lara Klahr; López Portillo, 2004).

Esto da pertinencia a la reconstrucción periodística sobre el origen y dimensión actual de los grupos marginalizados cuya fase de expansión global tiene lugar bajo las denominaciones hegemónicas Barrio 18 y Mara Salvatrucha. Ambas, primas-hermanas por su procedencia geográfica, social y étnica, son exportadoras desautorizadas de un estilo pandilleril que, a su modo impertinente, responde y emula por instinto la lógica neocolonizadora y beligerante de las franquicias trasnacionales.

Desde los Cuarenta Ladrones

En las calles de un populoso puerto de Nueva York que a principios del siglo XIX iba dibujándose, que se inventaba entre lodazales y pocilgas infectas, el viento frío traía el rumor de los vapores a través del río Hudson. En la lobreguez de los suburbios de bloques habitacionales de madera, con la actitud victoriosa de las especies liberadas por Noé del Diluvio, los inmigrantes irlandeses debían resistir en condiciones de personas de tercera, a la vez que ganarse el pan. Entre ellos, marginados entre los marginados, los jóvenes crearon sus códigos, ampliaron mediante el crimen sus medios de subsistencia, alcanzaron respetabilidad y territorio frente a la arbitrariedad xenófoba del angloamericano, descubriendo, ante todo, que en el pókar de esa vida, osadía mataba trabajo.

Estados Unidos ha dependido durante las dos últimas centurias, de forma creciente, de mano de obra extranjera, absorbiendo oleadas humanas obligadas a abandonarlo todo para remontar un destino de miseria a causa de las crisis económicas o políticas en sus países, tantas veces producidas por la propia intervención estadounidense. Conforme se consolidó como nación hegemónica, a su expoliada mano de obra afroamericana fueron agregándose a partir de la segunda década del siglo XIX millones de irlandeses, chinos, judíos, italianos, mexicanos y centroamericanos, los cuales se establecieron legal o ilegalmente en su dilatada geografía, para levantar a sangre su infraestructura, hacer posible la industria y la agroindustria, poner en marcha y dinamizar el comercio, cebar los grandes capitales y, si no fuera suficiente, nutrir la cultura, las costumbres y la dinámica social. Esto incluye una masa de niños y adolescentes que también debió procurarse un sitio en el exilio.

Los inmigrantes fueron casi siempre confinados en suburbios marginales desde los que el instinto de supervivencia, una vez afirmada de cualquier manera su identidad, los propulsó a asomarse desafiantes ante los blancos anglosajones, quienes desde el principio respondieron con acciones represivas y de supresión legitimadas a través de estigmas étnicos, tal como habían hecho —y siguen haciendo— con las minorías afroamericana, latinoamericana y asiática.

Por ejemplo, «la mafia [siciliana] en Estados Unidos no era, desde luego, un producto de las clases sociales dominantes, sino —como ha conseguido representar con eficacia Mario Puzo en su novela *El Padrino*— más bien, en sus comienzos, el más llamativo y organizado efecto de la violenta y cínica reacción expresada por una particular comunidad étnica de marginados contra el sistema de una sociedad también cínica y violenta, como era, precisamente, la norteamericana», escribe el intelectual palermitano Giuseppe Carlo Marino en *Historia de la mafia*.

Es el engranaje sin fin que recrea literariamente Richard Wright en *Sangre negra*, cuando míster Max explica con sencillez a Bigger, afroamericano sentenciado al patíbulo, el sentido de su propia tragedia: «Los dueños de esos edificios tienen miedo, quieren conservar lo que les pertenece aunque con ello sufran los demás. Y para conservarlo arrojan a los hombres al arroyo y les dicen que son bestias. Pero los hombres como usted se encolerizan y luchan para volver a entrar en ellos, para volver a vivir». Y es también, repetida sin cesar a través de los tiempos, la biografía a la vez afligida y exultante de Lucia Santa, «la mamma» de ficción implantada por Mario Puzo en el Nueva York de los años veinte del siglo pasado.

Ese mismo proceso explica las pandillas urbanas estadounidenses y, por tanto, el surgimiento en Los Ángeles, durante la segunda mitad del siglo XX, de las de origen latino Barrio 18 y Mara Salvatrucha, enfrascadas a partir de los ochenta en una guerra de exterminio, hoy de proporción internacional —desde Virginia (Estados Unidos) hasta Nicaragua—, implicando cada vez más el territorio mexicano.

En su aproximación al devenir de las pandillas *An historical perspective on the growth of gangs in Los Angeles, past, present, and future*, Gilbert M. Griñie, de la Universidad del Estado de California, expone que «la literatura en relación con el crecimiento de pandillas en las comunidades étnicas en Estados Unidos revela que las pandillas étnicas eran una parte esencial del proceso de absorción de inmigrantes y sus descendientes en los ámbitos sociales, políticos y económicos de la sociedad. Por ejemplo, Haskins […] encuentra en las pandillas un comportamiento común en la gente joven de la era colonial al presente. Muestra que muchos inmigrantes europeos vinieron a América y se instalaron en la ciudad de Nueva York con la esperanza de encontrar una vida mejor. La mayoría eran pobres y se instalaron en zonas marginales de la ciudad donde los inmigrantes anteriores de su país natal habían residido ya. De este proceso migratorio resultaron comunidades culturales de inmigrantes irlandeses (desde 1820 a 1830), italianos (1880 a 1890) y chinos (1880 a 1910)».

Es en ese sentido, «las pandillas en Los Ángeles no son

un fenómeno nuevo o actual. Su origen puede remontarse hasta antes de 1920 e inicialmente fueron formándose como un medio de auto-conservación y como clubes sociales. Según Thrasher, "antes de los años veinte, más de 1,300 pandillas habían sido reportadas en la ciudad de Chicago; aproximadamente en este tiempo las pandillas comenzaron a formarse y a tener que subsistir en Los Ángeles"».

Griñie documenta una serie de hallazgos acerca de la conformación de los grupos pandilleriles a lo largo del siglo XIX, como fenómeno cultural y social inherente a los barrios étnicos. Hace un recorrido fascinante desde el que puede seguirse el cada vez más violento y sofisticado accionar de los pandilleros irlandeses, chinos e italianos en los suburbios neoyorquinos.

Sometido su país al yugo británico, entre las décadas decimonónicas de los veinte y los cuarenta, miles de irlandeses se embarcaron hacia Estados Unidos resueltos a no volver (sólo la hambruna de 1840, debida a una caída dramática en la producción de papa, que era la base de alimentación de las masas, costó la vida a un millón de personas y obligó a otro tanto a emigrar), asentándose primero o predominantemente en Nueva York, cuyo Distrito Quinto se convirtió en el gran barrio irlandés.

Aquí surge la primera pandilla callejera neoyorquina de que se tenga memoria: Forty Thieves (los Cuarenta Ladrones), cuyo fundador y cabecilla era «Edward Coleman, en 1826, en el Quinto Distrito» y su cuartel general estaba «detrás de la tienda de comestibles de Rosanna Peer», misma que le servía de fachada y desde donde enviaba a sus soldados a cometer robos y asesinatos, amén de intimidar a los agentes de policía que osaran internarse en aquel espacio urbano que desde el principio la pandilla consideró su territorio. (En *Gangs of New York*, de Scorsese, basada en una obra histórica de Herbert Asbury, los Cuarenta Ladrones aparecen representados al lado de los Dead Rabbits, o Conejos Muertos, y otras violentas pandillas irlandesas de la segunda mitad de aquel siglo.)

Fueron apareciendo muchas otras, consigna Griñie, entre las que se cuentan las llamadas «Roach Guards, Plug Uglies, the Bowery Boys [...] y [...] Dead Rabbits», que, como sucede ahora, aterraban a la gente pacífica de los suburbios al protagonizar riñas callejeras; encarar, torturar, mutilar y asesinar policías, o cometer venganzas atroces, como colgar en parques públicos a sus adversarios —esto recuerda asimismo la ejecución de Brenda Paz en el Shenandoah National Park de Virginia del Este, en 2003, o los cuerpos femeninos descuartizados y las cabezas cercenadas que aparecieron durante 2005 en la plaza Libertad del centro histórico de San Salvador y que el gobierno, sin mayor trámite, sumó al saldo de la confrontación entre clicas de la B18 y la MS13.

La violencia producida por los grupos juveniles irlandeses dio al gobierno la justificación que necesitaba para que intervinieran la Guardia Nacional y la Armada. «Los regimientos de soldados en traje de campaña desfilaban por las calles durante los tumultos de las pandillas», donde ya entonces salían a relucir armas de fuego. Igual que ahora las aguerridas jainas o jomguirls de la B18 y la MS13, «las mujeres luchaban también alrededor de las batallas, listas para dar auxilio médico, suministrar municiones y a veces hasta incorporarse a la pelea».

El mapa del pandillerismo del siglo xix se transformó al ritmo de la dinámica de los inmigrantes. Saturado el Distrito Quinto, los irlandeses fueron esparciéndose por el país, llevando consigo el fenómeno pandilleril como en la vida se arrastran la necesidad, el miedo, las expectativas y los sueños, la fe, los recuerdos, el idioma, los aromas penetrantes del fogón o la manera gregaria de ver el mundo.

En el camino, aquellos primeros grupos juveniles mutaron en el último tercio de dicha centuria hacia organizaciones con oficinas y estructura administrativa, comandadas no ya por los muchachos curtidos en la odisea de cruzar el Atlántico apiñados en barcos, sino por adultos (eso mismo sucede ya en muchos casos actuales en la B18 y la MS13) capaces de regentear negocios más sofisticados, tales como el tráfico de morfina y cocaína, que además en muchos casos ellos también consumían.

Una semejanza más respecto de las pandillas de hoy, en especial de la Eighteen Street (o B18) y la MS13, era evidentemente la de apropiarse de los nombres de la nomenclatura para denominar al grupo y al mismo tiempo reivindicar su territorio originario; así, por ejemplo, «la pandilla Nineteenth Street y la pandilla del Fourth Avenue Tunnel eran particularmente celebres». Otra, la de los rituales de iniciación donde los aspirantes debían poner a prueba su resistencia física ante los miembros de la pandilla a la que deseaban integrarse.

Una vez que determinados grupos de delincuencia organizada de origen irlandés —descendientes de los inmigrantes de la primera mitad del siglo XIX— tenían afianzado su poder, su capacidad de utilizar a jóvenes pandilleros y capitalizar la delincuencia común, su territorio y los vínculos con los poderes económico y político formales —hecho que les permitía diversificar sus negocios y aun fundar algunos legales para sobreponerlos a los ilícitos—, irrumpió en la sociedad neoyorquina la inmigración china, trayendo consigo a las tríadas, que en un ensayo acerca del crimen organizado trasnacional chino, Yiu Kong Chu define de la siguiente manera, que hace pensar en las pandillas B18 y MS13:

> Las sociedades triádicas son organizaciones secretas chinas. Aparecieron en Hong Kong incluso antes de que los chinos cedieran el territorio a los británicos en 1842 y siguen estando activas en lo que se ha convertido en una Región Administrativa Especial de la Repú-

blica Popular China. Aunque algunos comentaristas han pretendido presentar las tríadas como organizaciones unificadas y monolíticas encabezadas por un «padrino» todopoderoso, son de hecho cárteles flexibles consistentes en unas cuantas pandillas independientes que adoptan una estructura organizativa similar, y rituales para vincular a sus miembros entre sí. Aunque diversas sociedades son simbólicamente parte de la tríada «familia», están descentralizadas en la medida en que ningún organismo central es capaz de unir a todas las sociedades triádicas ni dar órdenes universales.

Las tríadas no necesariamente realizan actividades ilegales. Griñie afirma que «en la era de la industrialización Estados Unidos requirió el trabajo barato para sus nuevos ferrocarriles y fábricas. El reclutamiento de asiáticos comenzó en la década de 1880 para satisfacer la demanda de mano de obra. Cuando llegaron a Nueva York, los chinos se instalaron en un área denominada Chinatown (Barrio chino)», que antes había sido habitada por alemanes y algunos irlandeses.

El primer cabecilla chino célebre del que se tiene registro es Wah Kee. Tal cual los pandilleros irlandeses seis décadas atrás, echó mano de un establecimiento legal como tapadera para sus negocios ilegales, «usó su tienda de comestibles en el Pell y área de Mott Streets como un frente para el juego de azar, además de vender el opio que se fumaba en el mismo establecimiento». Fue como soplar, porque para «mediados de la década de 1890 había doscientas casas de juego de azar y muchas guaridas de opio que funcionaban en el Barrio chino».

La década siguiente, la primera del siglo XX, trajo consigo una nueva guerra callejera, ahora en el Chinatown. Las pandillas Hip Sings y Leongs pretendían apoderarse del control del barrio, lo que incluía sin duda las casas de juego, el comercio de opio, participación en el tráfico de indocumentados chinos a Estados Unidos y otros diversos giros subrepticios. Pelearon durante más de un lustro, hasta que la comunidad exigió al gobierno mediar. Pero en 1912 «un nuevo líder, Kim Lau Wui San», con su propia pandilla «se levantó y declaró la guerra contra la Hip Sings y la Leongs». Éstas se unieron para encararlo, lo aplastaron e hicieron posible que el Barrio volviera a la estabilidad que sus negocios necesitaban para prosperar.

Por la misma época se integraron de forma masiva en el escenario étnico estadounidense los inmigrantes italianos (llamados, despectivamente, «tanos»), también como mano de obra segregada, hambrienta y hacinada, sumándose a las comunidades marginalizadas de afroamericanos, irlandeses y chinos. «Los italianos que emigraron a América se instalaron en dos puntos principales: Nueva York y Nueva Orleáns», donde padecieron «las mismas tribulaciones de aislamiento, discriminación, desempleo, desalojos» de las otras minorías.

Los italianos traían también sus modos. Sobre todo los del sur —históricamente, la región pobre de Italia—, que constituían la mayoría. En lo que toca a las formas de organización pandilleril, entre las depauperadas familias de inmigrantes venían transgresores de diverso calado, jóvenes dispuestos a todo por sobresalir y mafiosos que importaron las formas tradicionales de organización de la hoy emblemática mafia siciliana, la cual, a fuerza de tiempo, aportaría su nombre ya mítico al diccionario para denominar a cualquier grupo clandestino y, sustantivizado, a cada uno de su miembros.

En *Historia de la mafia*, Marino trasciende la percepción generalizada de que la mafia es nada más una expresión delictiva. Ello permite entender asimismo que conforme ciertos grupos juveniles de los siglos XIX y XX pasaron de pandillas callejeras a organizaciones más complejas y conscientes de sus actividades, pudieron sobrevivir dejándose utilizar y capitalizando sus relaciones con los poderes formales dentro y fuera de sus comunidades étnicas, y con organizaciones clandestinas mayores gracias a sus redes extralocales; hay síntomas cada vez más identificables de esto en el caso de clicas de la B18 y la MS13.

Aparte, la mafia, como otros grupos semejantes y del mismo modo que las pandillas callejeras, se nutría de una serie de rasgos idiosincrásicos propios de las comunidades de origen y, de ser vital, los transformaba de acuerdo con el nuevo entorno: la Mano Negra sería, a principios del siglo xx, la forma específica que tomaría en Estados Unidos. En el origen, apunta Marino, «es obvio que [la de la mafia siciliana] se trata de una criminalidad muy especial, cuya función, en distintos tiempos y ocasiones, ha sido la de hacer un apreciado servicio al poder político»; «[...] es posible poner en evidencia cuáles son los recorridos a través de los que un fenómeno de indudable naturaleza criminal ha sido utilizado por la política [se refiere a Sicilia] para sus inescrupulosas estrategias de poder, a veces concebidas y justificadas con la remisión a superiores exigencias de interés general».

Agrega que

El fenómeno mafioso se habría desarrollado a la medida de su capacidad para arraigarse en la sociedad rural y ciudadana [en Sicilia], asegurándose, con una irregular pero capilar red organizativa (articulada en «hermandades», «bandas» y «familias»), el control efectivo del territorio [...]. En la ordenación jerárquica de una sociedad que unía a ricos y pobres, siervos y poderosos, en defensa de una común tradición siciliana, se planteaban objetivamente las condiciones de una perversa relación —contra la invasión de poderes extranjeros, no sicilianos— entre las clases altas de la tradición aristocrática y la mafia emergente del pueblo.

¿Sólo se trataba de una incómoda alianza? Más bien de una profunda complicidad. Sin duda, ella es la matriz histórica de una originaria relación solidaria establecida entre la baronía política y su base mafiosa y también del común e instrumental orgullo de defender y valorizar la «sicilianidad».

En las calles de Nueva York y Nueva Orleáns, un puñado de inmigrantes italianos pronto buscó la supremacía barrial sustentada en aquello que por tradición había hecho, entre otras cosas, la mafia en Italia: venta de protección, extorsión, robo, secuestro, tráfico de drogas, apuestas, prostitución, usura y servicio de matones: el sicariato, como le llaman ahora en Medellín (Colombia). Griñie dice que también «operaba negocios legales y tenía fuerte influencia en la política [...] la mafia, también conocida como La Cosa Nostra, desarrolló una organización nacional con una estructura centralizada. Esta estructura consistió en un cuerpo directivo, o comité, que dirigió las actividades de varias subdivisiones llamadas "familias", cada una de las cuales tenía su propio líder. Según Valachi (Maas, 1968), "los miembros de la familia estaban con frecuencia relacionados entre sí, se habían iniciado en la familia mediante una ceremonia, y cada familia tenía su propio territorio y su propio tipo de actividad ilegal"», lo cual recuerda igualmente el ritual iniciático de brincar el Barrio impuesto por la B18 y la MS13 a sus miembros.

Las formas de delinquir y defender el territorio, la vestimenta, el lenguaje y las señas también distinguieron a los mafiosos italianos implantados en Estados Unidos, aunque Griñie insiste en que el crimen organizado no llegó a ese país con las migraciones italianas, sino que al establecerse éstas, «a finales del siglo xix, encontraron un hampa principalmente en manos de irlandeses y judíos que habían estado allí antes que ellos».

En octubre de 1890 la mirada de la sociedad estadounidense sobre los inmigrantes y el paralelo florecimiento de las pandillas, que hasta ese momento acaparaba Nueva York, se dirigió abruptamente a Nueva Orleáns. Una película de Nicholas Meyer, *Vendetta*, recrea el momento álgido del episodio histórico. El jefe de la policía, David C. Hennessey, fue ejecutado a tiros en plena calle, en el contexto de la confrontación con visos shakesperianos, entre las familias Matranga y Provenzano, cuando esta última, por decisión propia o azuzada por fuerzas financieras anglosajonas, le disputó el control sobre la operación de los muelles.

Se presume que los Provenzano acribillaron a Hennessey porque había obtenido y presentaría a un juez evidencias sobre las actividades delictivas de la Mafia en el muelle, o no estaba siendo funcional a esas otras fuerzas financieras anglosajonas que podrían haber atizado la beligerancia de dicha familia hacia los Matranga. Si bien diecinueve de estos últimos fueron detenidos y procesados judicialmente por la muerte del jefe policíaco y por actividades que para el fiscal revelaban la hasta entonces negada existencia de la Mafia en Estados Unidos, al final un jurado absolvió a la mayoría, hecho que ni de lejos los puso a salvo de morir: convocada por el alcalde mediante un anuncio en el diario local, una multitud linchó a once dentro de la prisión, en marzo de 1891. El suceso fue justificado en un editorial de *The New York Times* y motivó una airada carta-crónica de José Martí, fechada ese mismo mes en Nueva York, dirigida al director del diario argentino *La Nación*.

Hacia la segunda década del siglo XX las pandillas neoyorquinas de irlandeses, chinos e italianos eran parte del paisaje urbano tanto como los cadáveres despatarrados que dejaban por las calles sus eternas, necesarias venganzas consumadas con plomo. («Las armas de fuego han proliferado», dice Vallejo en su novela sobre la violencia en la Colombia actual, *La Virgen de los sicarios*, «y yo digo que eso es progreso, porque es mejor morir de un tiro en el corazón que de un machetazo en la cabeza».) La policía, a su vez, fue especializándose en su persecución, lo mismo que las leyes, de manera que las prisiones se llenaron de pandilleros.

En 1919, la prohibición de consumo de alcohol en Estados Unidos establecida con la Decimoctava Enmienda constitucional («Ley Seca») dio un nuevo soplo a las «pandillas étnicas» estadounidenses, permitiéndoles articularse entre sí según su propio nivel de integración, su desarrollo organizacional y su alcance geográfico, y crear redes con intereses comunes en el mercado negro de alcohol y de drogas, el juego, el contrabando y la prostitución, así como la venta de protección y el control sobre los sindicatos.

Las urbes de Nueva York y Chicago, al este, se volvieron el principal corredor mafioso de trasiego clandestino de alcohol. Las familias de la Mafia siciliana en ambas ciudades (que entre las últimas décadas del siglo xix y la primera mitad del xx tuvieron cabecillas memorables del tipo de Ignazio Saietta, Giusseppe Masseria, Gambino, Al Capone, Lucky Luciano, Costello, Lucchese, Bonanno, Anastasia o Salvatore Maranzano) usaron sus capitales, estructuras contables, negocios tapadera y contactos con la policía y el gobierno, y reclutaron a los pandilleros de las calles, formaron ejércitos armados para transportar, robar, envasar y distribuir licor, así como exterminar a los indeseables, bien con ráfagas de Thompson o explosiones, bien acuchillándolos, envenenándolos o torturándolos. Gilbert M. Griñie afirma que «las pandillas italianas, polacas, irlandesas, judías» hicieron de ésta su principal actividad, coexistiendo hasta que a mediados de los años veinte del siglo pasado «estalló una guerra de pandillas por el control del contrabando de licores».

Un decenio después de la promulgación de la Decimoctava Enmienda, sobrevino la Gran Depresión, la crisis internacional del capitalismo que dio inició en Estados Unidos en 1928, al desplomarse los precios agrícolas, y alcanzó su clímax a finales de octubre de 1929, con el colapso de Wall Street. Para las pandillas y el crimen organizado ése fue un año agitado. El 14 de febrero, por órdenes de Al Capone, quien con ello imponía su poder absoluto en Chicago, fueron masacrados en el interior de una cochera siete miembros de los O'Banion, familia rival, por matones disfrazados de policías. En mayo la Casa Blanca creó la Comisión de Aplicación y Cumplimiento de la Ley, que buscaba atajar a las organizaciones delictivas y el evidente caos que generaban sus actividades cada vez menos disimuladas.

Pero la llamada «Era de la Prohibición» no terminaría sino hasta 1933, al ser derogada la Decimoctava Enmienda después de que la Comisión Wickersham, creada en 1931 (el mismo año en que comenzó a legalizarse el juego en Estados Unidos, iniciando por Las Vegas), resolvió que era inaplicable por sus efectos contraproducentes, los cuales incluían por supuesto el del florecimiento de las pandillas y su necesaria articulación para hacer funcionar un próspero mercado negro de licor.

Para ese momento la mafia siciliana, principal actor durante la Era de la Prohibición, se había transformado ya, diversificando sus negocios. A principios de esa década Lucky Luciano se impuso como jefe principal y mantuvo su alianza con las pandillas irlandesas y judías. En una sola noche, la del 10 de septiembre de 1931, por órdenes suyas murieron asesinados los cuarenta jefes de la mafia italiana en Estados Unidos, los cuales fueron sustituidos por mafiosos más jóvenes que, como jefes regionales, integraban una suerte de consejo o estado mayor. Igual que sus antecesores, a lo largo de esa década crearon negocios formales para encubrir actividades ilegales, aparte de fortalecer sus vínculos con el poder financiando a políticos, empresarios y personajes de la farándula.

Así, a lo largo de más de una centuria —entre 1820 y 1930— en el seno de las minorías marginales de inmigrantes irlandeses, chinos e italianos de Nueva York, Nueva Orleáns y Chicago conformaron su rostro y un estilo característico de las pandillas urbanas —o «étnicas», como prefiere llamarlas Griñie—, algunas de las cuales se decantaron en organizaciones criminales de mayor complejidad y calado, mientras que muchas otras se diluyeron proscritas por la policía, abatidas por sus adversarias o, sencillamente, al pulso del recambio generacional.

Del mismo proceso social brotó a principios del siglo xx el germen de las pandillas latinas en Estados Unidos —que antecedieron la B18 y la MS13—, pero ahora en el corazón de los dinámicos barrios latinos de la costa oeste, al otro extremo de Estados Unidos.

La Dieciocho

Las raíces sociales de la pandilla estadounidense de estilo chicano Barrio 18 —que según el Departamento del Sheriff es la más grande del condado de Los Ángeles— se esparcen a través de siglo y medio. Reptan unidas por la histórica conformación de la frontera que separa a Estados Unidos de México como herida infamante y que hoy serpentea desde Chula Vista a Brownsville con sus 2,300 kilómetros bordeados de desiertos y ciudades, humedecidos en un tramo por el río Grande, que nace en las montañas de Colorado y fluye desde El Paso, persiguiendo el Golfo de México.

Lo mismo que con las surgidas en el seno de los barrios irlandeses, chinos e italianos de Nueva York durante el siglo XIX, las pandillas latinas, las congregaciones juveniles de *bandidos sociales*, cholos y pachucos, de las cuales proviene por vía directa la B18 o Eighteen Street, fueron surgiendo al pulso de los procesos de asimilación de los mexicanos que un día de mediados de aquella centuria se despertaron ciudadanos estadounidenses —de segunda—, y de los cientos de miles que desde entonces y a lo largo del XX se aventuraron desde las zonas marginales de México en el campo y la ciudad al sueño dolarizado.

Luego, igual que en los diminutos ecosistemas del soto-bosque, todo sucedió imperceptiblemente en las intensas y ondulantes calles de Los, como nombran los chicanos a Los Ángeles, a manera de resistencia identitaria que en algunos casos desembocó en expresiones de delincuencia.

Autolegitimado por el Destino Manifiesto, que le confería la misión divina de colonizar tierras donde imponer la democra-cia, y la Doctrina Monroe, con la cual justificaba su ingerencia a escala continental, el gobierno de Estados Unidos inició a mediados del siglo XIX su expansionismo ideológico, político, económico y territorial. Mirando al sur, lo tentaron las vastas regiones que, incluidos sus habitantes, el gobierno mexicano tenía abandonadas y eran objeto del deseo también de las po-tencias europeas.

Con una estrategia que combinaba la violencia bélica abierta o soterrada, la coerción y la diplomacia, fue haciéndose de porciones del norte de México que consideraba estratégicas para lograr un equilibrio territorial entre el sur esclavista y el norte libre —antes de la Guerra de Secesión (1861-1865)— y ampliar la base para la agroindustria y los mercados de productos. Se anexionó, sucesivamente, lo que en la actua-lidad es Texas y parte de Nuevo México, Colorado, Kansas y Oklahoma (1845); Óregon, Washington, Idaho y parte de los estados de Wyoming y Montana (1846); otra porción de Nuevo México, así como California, Arizona, Nevada, Colorado y parte de Utah (1848), y La Mesilla, una franja entre Arizona y Nuevo México (1853).

El país despojado —que a su vez emergía de su prolongada y lacerante guerra de Independencia— perdió en ello más de la mitad de su extensión territorial y los mexicanos que vivían ahí eran considerados sólo cuando cada apropiación quedaba consumada: se les proponía marcharse al lado sur de la ribera del río Bravo, donde había quedado México, o aceptar la ciudadanía estadounidense. Formaban familias predominantemente campesinas con diferente nivel económico, pero vinculadas por la lengua, la religión, la cultura, la historia y las costumbres; y, en algunos casos, también por el parentesco.

En su libro *Gangs. A guide to understanding street gangs*, Al Valdez se refiere al despojo del que fueron objeto los mexicanos que habían quedado en el lado estadounidense del nuevo trazo fronterizo. Si bien el Tratado de Guadalupe-Hidalgo (1848), corolario de la guerra México-Estados Unidos y con el cual la derrotada nación mexicana cedía las extensiones de Nuevo México y California, incluía la responsabilidad del gobierno estadounidense de concederles plenos derechos ciudadanos, al final «se convirtieron en forasteros dentro de lo que ellos consideraron su patria. Excepto en el estado de Nuevo México, los angloamericanos pronto controlaron el gobierno en todo el suroeste. La discriminación contra los mexicoamericanos comenzó una vez que los angloamericanos se volvieron la mayoría dominante».

El autor advierte que los mexicoamericanos que no pudieron demostrar la propiedad legal de sus tierras fueron echados de ellas, lo mismo que quienes no tuvieron dinero para asumir la pesada carga impositiva. «Fueron obligados a vender una parte o toda su tierra para pagar deudas. A causa de su inhabilidad para hablar inglés con soltura, les era muy difícil llevar sus casos al gobierno y ante los tribunales [...]. El gobierno americano dejó de proporcionar la igualdad de derechos a americanos de habla hispana.»

Aparte, «los mexicoamericanos no fueron aceptados en la nueva sociedad americana, y se pensó que eran "personas incultas, reducidas a un estado de inferioridad por su lengua, su religión y su cultura" (Samora y Simon, 1977). La experiencia que sufrieron hizo que se separaran de la sociedad americana. En consecuencia, fueron obligados a retirarse en comunidades donde se hablara español para mantener su identidad cultural; las barreras fueron desarrolladas y siguen existiendo» (Valdez).

Ellos son uno de los dos troncos de las actuales sociedades de origen mexicano excluidas (el otro es el de los inmigrantes) en cuyos barrios surgieron las pandillas latinas de las que a su vez proviene la Barrio 18. Se trata del tronco mexicoamericano que, como se ha visto, es producto de lo que en *Tradición, identidad, mito y metáfora. Mexicanos y chicanos en California*, Mariángela Rodríguez califica como «uno de los más importantes dramas sociales de México», pues no sólo se les arrebataron las tierras que habían ocupado durante generaciones, sino que también

sufrieron leyes racistas y políticas segregacionistas que prohibían «actividades recreativas bárbaras o ruidosas», incluyendo actividades mexicanas tradicionales como las corridas de toros, peleas de gallos y carreras de caballos. Esta ley «Greaser» fue promulgada en 1855, [sic] que contemplaba la imposición de multas a los mexicanos desempleados que podían ser acusados de vagabundos, lo que a menudo resultaba en encarcelamiento temporal para el acusado. Además, los mexicoamericanos estaban subrepresentados y mal representados en la corte debido a la ausencia de jurados locales y carencia de representación legal.

Durante este periodo los aislados asentamientos fronterizos y la misma frontera se convulsionaban bajo la presencia de «bandidos sociales», un concepto que surgió con Hobsbawm, para describir a los bandidos errantes que declaraban el territorio fronterizo como propio. Vélez-Ibáñez sugirió el término «héroe cultural» como uno

más apropiado para personajes como Juan Nepomuceno Cortina,
quien fue uno de los primeros héroes mexicoamericanos, apodado
«el bandido rojo del Río Grande». Este personaje lideró una guerra
que duró 10 años, desafiando a captores y perseguidores mientras
mataba a norteamericanos; saqueaba comercios e izaba la bandera
mexicana en los Estados Unidos; una manera de invertir la realidad
a través de una acción simbólica.

Casi al final de la reconfiguración de su geografía política, Estados Unidos volvió a demandar oleadas de migrantes,
ahora hacia una parte de la zona apenas conquistada: en 1850
se hallaron minas al norte de California y desde 1870 inició
ahí la construcción del ferrocarril. Ambos hechos, a los que se
agrega la expansión industrial, atrajeron cada año a decenas
de miles de angloamericanos, así como chilenos, europeos,
chinos y mexicanos de Sonora que padecieron los abusos y
nuevos despojos de los primeros, quienes monopolizaban los
mejores empleos. La sequía de 1862 había llevado a la quiebra
a miles de mexicanos que se quedaron en territorio estadounidense y que para sobrevivir tuvieron que proletarizarse; algo
semejante sucedió con los indios nativos de la región.

En la transición de los siglos (xix al xx), centros urbanos
como Nueva York, Nueva Orleáns y Chicago, y otros en pleno
crecimiento como Los Ángeles y El Paso, acogieron reductos
de migrantes de las más diversas nacionalidades (como el
célebre Sonoratown angelino) donde era palpable la recreación de costumbres y hábitos de la querencia, y los jóvenes
desarraigados encontraban formas propias y múltiples de articulación entre sí, hacia su propia colectividad y frente al hostil
angloamericano.

A lo largo de las dos primeras décadas del siglo xx, California —entre otros estados fronterizos con México, cuyos
bandos revolucionarios, por cierto, incursionaban en territorio

estadounidense para asaltar o comprar armamento— captó a miles de familias que huían de la violencia y el hambre provocadas por la Revolución mexicana. Éstas se asentaron en ghettos miserables en los condados donde se desarrollaban con esplendor las industrias agrícola, de la aviación, el petróleo, la minería, el cine, el comercio y el tráfico portuario, así como la industria bélica en el curso de la Primera Guerra Mundial (1914-1918)

> Estas nuevas olas de inmigración mexicana —escribe Mariángela Rodríguez —llevaron a una concentración cada vez mayor en el área del este de Los Ángeles. Esto, a su vez, condujo a la urbanización de la comunidad mexicana en los Estados Unidos lo que, a cambio, significaba que comenzarían a confrontar los problemas típicos de cualquier población urbana, por ejemplo: transporte, vivienda, lugares de trabajo en los que había gente proveniente de distintas culturas y, en general, la necesidad de adaptarse a las relaciones capitalistas.
>
> Lo anterior explica la necesidad que sentían los mexicanos de establecerse en vecindarios étnicos, al igual que les sucedía a otros grupos de inmigrantes. Estos patrones preservaban su cultura y estilo de vida además de que les ayudaba a protegerse del abuso, la discriminación y la explotación.
>
> Los mexicanos comenzaron a crear redes de apoyo dentro de sus propias comunidades. Una de estas vías consistió en la creación de sociedades mutualistas, para ayudar a los miembros a cubrir sus necesidades. Éstas, a su vez, continuaron fomentando el orgullo de raza y constituyendo espacios fundamentales para el fortalecimiento de la identidad étnica.

Una expresión de ese impulso organizativo fueron las huelgas obreras que paralizaron la operación del ferrocarril. Agrega Rodríguez:

A principio de la década de los veinte se intensificaron las tensiones, pues el Congreso empezó a discutir la promulgación de leyes migratorias restrictivas. Desde esta época se empieza a hablar del «costo» para los Estados Unidos de la población migrante. Hubo deportaciones masivas de los habitantes de los barrios de población mexicana que empezaban a formarse en las ciudades, lo cual abrió las compuertas para una depresión agrícola que precedió a la Gran Depresión.

La Gran Depresión (1929) frenó en seco aquel auge económico y marginó aún más o produjo la expulsión de los inmigrantes mexicanos, en tanto que empobreció a los mexicoamericanos que habían conseguido prosperar. No obstante la protesta de los sindicatos, miles perdieron su empleo o fueron detenidos con brutalidad y enviados a México a bordo de ferrocarriles atestados, sin que el gobierno considerara a quienes habían nacido en territorio estadounidense y cuyas familias quedarían fracturadas. En las escuelas se impusieron políticas segregacionistas.

Después de este episodio y puesto que las autoridades consulares cooperaron con las deportaciones, concluye Mariángela Rodríguez,

Los mexicoamericanos dejaron de creer que debían apelar al gobierno de México para pedir justicia. La comunidad mexicoamericana entendió que su futuro político estaba en la lucha por los derechos civiles en los Estados Unidos y por la plena ciudadanía estadounidense. Sobre todo después de que en 1935 el consulado mexicano dejó de jugar un papel importante en la organización de los líderes locales, con lineamientos provenientes de la ciudad de México. Los primeros líderes de esta comunidad, herederos del sustrato revolucionario mexicano, promovieron el orgullo por el pasado de México, pero desde su posición como ciudadanos estadounidenses. Ni la asimilación plena de los Estados Unidos ni la mexicanización eran capaces de controlar el complejo proceso de la adaptación cultural de los inmigrantes después de su arribo a Los Ángeles. Muchos rehusaron obtener la ciudadanía estadounidense por el rechazo abierto a dejar de ser mexicanos.

La ciudad de Los Ángeles experimentó en los años cuarenta un florecimiento pandilleril semejante al que dos décadas atrás había tenido Chicago con la mafia siciliana y, desde el siglo anterior, Nueva York y Nueva Orleáns, con las bandas irlandesas, chinas e italianas. Era una de las consecuencias predecibles luego de casi un siglo (desde que California pasó a formar parte de Estados Unidos) de despojo, explotación y segregación sistemáticos.

Irrumpió en los suburbios mexicanos (donde la población aumentaba sin control) un personaje farsista y desafiante, con el corte de pelo «cola de pato», soberano del espánglish, híbrido y exhibicionista, colmándolos de conjuntos coloridos y extravagantes, tocados con sombreros de fieltro emplumados; pantalones plisados y anchos, y camisas lisas; chaqueta holgada con grandes solapas; zapatos de charol y cadenas del cinto a la rodilla; actitudes y fiestas estruendosas; desenfreno y pendencia reivindicatorios, veladas de swing y, en casos, delincuencia: el pachuco, zooter o zootsuiter.

En cuanto a las mujeres, «a partir de los [...] cuarenta hay una fuerte incursión [...] y un profundo trastocamiento de los roles tradicionales. La pachuca aprendió a fumar y a ganar espacios públicos como los vatos; aprendió a sacarle filo a las limas y a metérselas en el peinado de dos pisos, a ponerse [ahí] las navajas Gillette; aprendió a asumir una actitud de ruca

firme que fue ampliado de manera fuerte por las cholas en los
sesenta, setenta [y] ochenta», explica José Manuel Valenzuela,
del Colegio de la Frontera Norte [versión estenográfica inédita
de ronda de preguntas y respuestas en el Coloquio Internacional *Las maras. Identidades juveniles al límite*, UAM-Iztapalapa, ciudad de México, julio, 2005].

Esa ciudad de Los Ángeles y esos pandilleros adolescentes de los años cuarenta asombraron a Octavio Paz, quien
comienza *El laberinto de la soledad* describiéndolos. Como
quizá él mismo se hubiera referido al actual protagonismo
singular de la Eighteen Street y la Mara Salvatrucha, apunta
sobre lo que halló en el primer lustro de dicha década:

A primera vista sorprende al viajero —además de la pureza del cielo
y de la fealdad de las dispersas y ostentosas construcciones— la
atmósfera vagamente mexicana de la ciudad, imposible de apresar
con palabras o conceptos. Esta mexicanidad —gusto por los adornos,
descuido y fausto, negligencia, pasión y reserva— flota en el aire. Y
digo que flota porque no se mezcla ni se funde con el otro mundo,
el mundo norteamericano, hecho de precisión y eficacia. Flota, pero
no se opone; se balancea, impulsada por el viento, a veces desga-
rrada como una nube, otras erguida como un cohete que asciende. Se
arrastra, se pliega, se expande, se contrae, duerme o sueña, hermo-
sura harapienta. Flota: no acaba de ser, no acaba de desaparecer.

Algo semejante ocurre con los mexicanos que uno encuentra en
la calle. Aunque tengan muchos años de vivir allí, usen la misma
ropa, hablen el mismo idioma y sientan vergüenza de su origen,
nadie los confundiría con los norteamericanos auténticos, y no se
crea que los rasgos físicos son tan determinantes como vulgar-
mente se piensa. Lo que me parece distinguirlos del resto de la
población es su aire furtivo e inquieto, de seres que se disfrazan, de
seres que temen la mirada ajena, capaz de desnudarlos y dejarlos en
cueros. Cuando se habla con ellos se advierte que su sensibilidad se

parece a la del péndulo, un péndulo que ha perdido la razón y que oscila con violencia y sin compás. Este estado de espíritu —o de ausencia de espíritu— ha engendrado lo que se ha dado en llamar el «pachuco».

Para el poeta,

los «pachucos» son bandas de jóvenes, generalmente de origen mexicano, que viven en las ciudades del Sur y que se singularizan tanto por su vestimenta como por su conducta y su lenguaje. Rebeldes instintivos, contra ellos se ha cebado más de una vez el racismo norteamericano. Pero los «pachucos» no reivindican su raza ni la nacionalidad de sus antepasados. A pesar de que su actitud revela una obstinada y casi fanática voluntad de ser, esa voluntad no afirma nada concreto sino la decisión —ambigua, como se verá— de no ser como los otros que los rodean. El «pachuco» no quiere volver a su origen mexicano; tampoco —al menos en apariencia— desea fundirse a la vida norteamericana. Todo en él es impulso que se niega a sí mismo, nudo de contradicciones, enigma. Y el primer enigma es su nombre mismo: «pachuco», vocablo de incierta filiación, que dice nada y dice todo. ¡Extraña palabra, que no tiene significado preciso o que, más exactamente, está cargada, como todas las creaciones populares, de una pluralidad de significados! Queramos o no, estos seres son mexicanos, uno de los extremos a que puede llegar el mexicano.

La clave de las perturbadoras conclusiones de Paz acerca de los pachucos remite otra vez a los pandilleros de la B18 y la MS13 actuales, que son en gran medida su *continuum*:

La irritación del norteamericano procede, a mi juicio, de que ve en el pachuco un ser mítico y por lo tanto virtualmente peligroso. Su peligrosidad brota de su singularidad. Todos coinciden en ver en él algo híbrido, perturbador y fascinante. En torno suyo se crea una constelación de nociones ambivalentes: su singularidad parece nutrirse de poderes alternativamente nefastos o benéficos. Unos le atribuyen virtudes eróticas poco comunes; otros, una perversión que no excluye la agresividad. Figura portadora del amor y la dicha o del horror y la abominación, el pachuco parece encarnar la libertad, el desorden, lo prohibido. Algo, en suma, que debe ser suprimido....

Pasivo y desdeñoso, el pachuco deja que se acumulen sobre su cabeza todas estas representaciones contradictorias, hasta que, no sin dolorosa autosatisfacción, estallan en una pelea de cantina, en un «raid» o en un motín. Entonces, en la persecución, alcanza su autenticidad, su verdadero ser, su desnudez suprema, de paria, de hombre que no pertenece a parte alguna. El ciclo, que empieza con la provocación, se cierra: ya está listo para la redención, para el ingreso a la sociedad que lo rechazaba...

Por caminos secretos y arriesgados el «pachuco» intenta ingresar a la sociedad norteamericana. Mas él mismo se veda el acceso. Desprendido de su cultura tradicional, el pachuco se afirma un instante como soledad y reto. Niega a la sociedad de que procede y a la norteamericana. El «pachuco» se lanza al exterior, pero no para fundirse con lo que lo rodea, sino para retarlo. Gesto suicida, pues el «pachuco» no afirma nada, no defiende nada, excepto su exasperada voluntad de no-ser. No es una intimidad que se vierte, sino una llaga que se muestra, una herida que se exhibe. Una herida que también es un adorno bárbaro, caprichoso y grotesco; una herida que se ríe de sí misma y que se engalana para ir de cacería. El «pachuco» es la presa que se adorna para llamar la atención de los cazadores. La persecución lo redime y rompe su soledad: su salvación depende del acceso a esa misma sociedad que aparenta negar...

Apenas entrado el siglo xx habían estado gestándose grupos juveniles en Los Ángeles (así como en El Paso, donde existía El Paso Tip, una pandilla célebre surgida desde las entrañas de la prisión de Huntsville, Texas) y a partir de 1920 comenzaron a formarse muchas de las grandes pandillas afroamericanas que figurarían bajo denominaciones como Boozies, Goodlows, Blogettes, Kelleys y Driver Brothers, con intensa presencia en el centro de la ciudad (Griñie), bajo el acoso del Ku Klux Klan.

En *Menos que un perro. Memorias*, el jazzista Charles Mingus dedica unas líneas al paisaje que presentaba Watts, el distrito residencial del sur de Los Ángeles donde transcurrió su infancia entre los veinte y treinta del siglo pasado:

> En la nueva escuela eran todos negros, menos unos cuantos mexicanos y Noba Oke, un japonés cuya familia tenía la tiendita de ultramarinos más agradable y con mejores precios del distrito. Mosa, el hermano de Noba, era un alumno destacado del instituto Jordan. Miko, su hermana pequeña se había quedado inválida por la polio. Era una familia buena y tolerante con los adolescentes negros marginados —llamados en aquellos tiempos «delincuentes»— que rondaban frente a la tienda, fumando y jugando a los dados toda la tarde, y que después se pasaban por los billares de Steve, en la calle principal de Watts, para echar unas partidas. Estos chicos duros llevaban cazadoras y chupas con calaveras y dragones pintados y los nombres de sus pandillas: los Panteras, los Demonios Azules, los Cruzados. Uno de los jefes era tan delgado y de aspecto tan frío y duro que lo llamaban Boneyard, «Osario». Luego estaba Teddy Poole, el más bocazas. Casi toda su familia, hermanos incluidos, trabajaba en Correos, en la oficina o de repartidores. Teddy tenía en casa todo lo que un muchacho pueda necesitar, así que costaba entender por qué se había convertido en todo un matón. Feisty Page ya estaba en el instituto, pero andaba con los duros de primaria porque su edad y su estatura le daban ventaja. Llevaba zapatillas de baloncesto caras y de color negro, y andaba con saltitos achulados,

del talón a la puntera, arriba y abajo, y sabía diez veces más tacos que cualquiera de los otros.

Entre los distritos angelinos donde se asentaron históricamente los barrios de inmigrantes pobres se cuentan Hollenbeck, Lincoln Heights, Brooklyn Heights, Boyle Heights, North Main District, Belvedere, Maravilla y City Terrace, donde interactuaban inmigrantes de los más diversos orígenes. Al arribar la década de los cuarenta, sin que acabara de diluirse el fantasma atroz de la Gran Depresión, la pachucada en pleno tornó más complejo este paisaje callejero al este de Los Ángeles.

Según Al Valdez, a principios de 1940 Mike García, de Pachuca (Hidalgo), emigró a Estados Unidos y se asentó en El Paso (Texas), donde creó la pandilla Segundo Barrio (una de las tres que existieron entonces) e impuso el estilo de vestir que los padres de los jóvenes llamaban despectivamente «pachuco», quizá por la ciudad de origen de aquél.

Este autor encuentra antecedentes de lo que sería el estilo pachuco en el look zoot suit, que en los treinta pusieron de moda en los antros de Harlem (Nueva York) figuras del jazz como Cab Calloway y que si bien el atuendo zoot había sido usado ya por otros en Texas y California, Mike García «pudo haber sido uno de los primeros gángsters callejeros mexicanos en adoptar este estilo popular de vestir». El look pachuco (o chuco, como se llamó a los pachucos dc El Paso) se generalizó, con mínimas transformaciones, entre los pandilleros de El Paso y Los Ángeles.

Éstos adoptaron también el *jump in*, un rito semejante al de las pandillas irlandesas decimonónicas y la mafia siciliana, y al actual de brincar el Barrio en la B18 y la MS13. Cada aspirante a pachuco debía someterse a una prueba que básicamente consistía en recibir una golpiza de los miembros de la pandilla en la cual pretendía enrolarse.

El control territorial, impulso inherente a su condición de segregados en barrios obreros, fue el incentivo que necesitaban para forjarse en las riñas callejeras —a la vez, casi automáticamente, eso los obligó a pasar de las cadenas, las navajas, las botellas y los bates a las armas de fuego—; el dominio sobre su espacio vital era lo único que tenían para reivindicar. *El barrio* se convirtió por ello en el concepto que, aún ahora, significa el regazo urbano en medio de tanta hostilidad exterior. Para la defensa disponían de cuchillos, revólveres y metralletas.

«Los residentes disfrutaron del reconocimiento mutuo por la ropa, la lengua, el comportamiento, el alimento, la cultura y la religión dentro de la comunidad de barrio. Siendo una parte de la comunidad en la que ellos vivieron, los proveyó de un sentido de orgullo, seguridad y una conciencia de su herencia cultural. En su libro *The Los Angeles Barrio 1850-1890*, Griswold del Castillo (1979) escribe: "Con la conquista americana, el término 'barrio' tomó un sentido especial, significando la región de la ciudad donde sólo hablando español se sobrevivía"», precisa Al Valdez acerca de la identidad chicana, en *Gangs. A guide to understanding street gangs*.

Nucleados en una suerte de ejércitos sin arraigo, acosados y sin expectativas, los pachucos terminaron, en muchos casos, al servicio de organizaciones delictivas especializadas en el robo, la venta de protección y el tráfico de drogas y armas. Los dividendos se esfumaban en bebidas, drogas, ropa estrambótica, automóviles, armas y juergas. Este ritmo de vida tenía destinos predecibles: la muerte o la segregación dentro de sus mismas familias, atribuladas de por sí a causa de su condición de seres humanos de segunda. Rechazados aun por su comunidad inmediata, el Barrio comenzó a ser para ellos la pandilla misma (como extensión del suburbio) y las zonas bajo su predominio.

Concentrados en la recreación de sus usos y costumbres, los

pachucos parecían ajenos a los acontecimientos relacionados con la Segunda Guerra Mundial (1939-1945), hasta que los sucesos de 1942-1943 evidenciaron las tensiones étnicas particularmente en Los Ángeles a causa, entre otras cosas, de la indiferencia con la que los jóvenes mexicoamericanos reaccionaron frente la animosidad bélica de la sociedad angloamericana.

Dos películas espléndidas rastrean el conflicto social e identitario de los pachucos: *My family*, de Gregory Nava, y *Zoot Suit*, de Luis Valdez. Ambas transmiten la atmósfera opresiva a la que estaban sometidos los mexicoamericanos y los inmigrantes mexicanos, no obstante que, justo debido al déficit de mano de obra planteado por la guerra, la economía estadounidense requería como nunca de estos últimos. En 1942 comenzó el Programa Bracero, un acuerdo oficial que establecía con el gobierno de México cuotas de ingreso de trabajadores mexicanos a Estados Unidos, destinados a la agroindustria y el mantenimiento ferroviario en California, Texas, Nuevo México y Arizona, y cuya vigencia se prolongó hasta 1964.

El 2 de agosto de 1942, en las proximidades de la laguna Sleepy, fue hallado José Díaz, un duranguense de veintidós años criado en Estados Unidos. Tenía fractura de cráneo y otras lesiones graves que en los días posteriores le produjeron la muerte. El Departamento de Policía de Los Ángeles relacionó este hecho con cierta fiesta de pachucos en la misma zona, la víspera, que derivó en riña, quedando lesionado un miembro de la pandilla Barrio 38. En las próximas horas, al cabo de una redada, fueron capturados 24 miembros de dicha pandilla, a 22 de los cuales se les sometió a proceso por diversos delitos, incluidos los de asalto y homicidio.

Etiquetada por la prensa como «el caso de Sleepy Lagoon», la muerte de José Díaz y el largo proceso judicial al que dio lugar, situaron en el debate público el fenómeno de las pandillas urbanas de origen mexicano y la creciente presencia identitaria y delictiva de los pachucos en Los Ángeles, pero sobre todo fue explotado desde los medios de comunicación el estigma social del que eran objeto. «El fiscal consideró los cortes de pelo y trajes de los jóvenes como pruebas del crimen; sobra decir que el proceso estuvo plagado de irregularidades. A los acusados no se les permitió sentarse con sus respectivos abogados y, para que tuvieran aspecto de sucios y vagos, tampoco se les permitió cortarse el pelo, ni usar ropa limpia», refiere Mariángela Rodríguez.

Un jurado resolvió el 13 de enero de 1943 que once de los detenidos eran responsables del homicidio de José Díaz, y seis más de otros delitos. «Los pandilleros encarcelados de la *38 Street* mantuvieron su dignidad. Este comportamiento en prisión puso un nuevo estándar para otros miembros de pandillas mexicanas que llegaron más tarde a la cárcel. Demostraron un tipo de orgullo de pandilla nunca antes visto. Tal comportamiento elevó al estatus de héroes a dichos pandilleros entre la comunidad mexicana», opina Al Valdez, quien habla de las inéditas repercusiones sociales del caso de Sleepy Lagoon, no sólo porque «el proceso judicial creó en la comunidad mexicana un sentimiento anti-blanco e incrementó su desconfianza en la policía» y «la diferencia de clases sólo se hizo más frecuente debido al abuso racialmente motivado contra los mexicanos», sino en virtud de que «las pandillas comienzan a verse como grupos excluidos [...]. Se crea una cultura anticonformista vinculada al consumo de drogas, el delito, el odio y el separatismo racial».

Seis meses después del veredicto contra los zooters de la pandilla Barrio 38, que parte de la comunidad latina consideró xenófobo, se desató una ola de disturbios protagonizados por los pachucos (algo semejante sucedería medio siglo después, en 1992, en la misma ciudad, con la intervención de miembros de la Barrio 18 y la Mara Salvatrucha) y mexicanos indocumentados.

En plena guerra, pandilleros mexicanos (descendientes de nativos o de inmigrantes) se negaron a enrolarse en el ejército estadounidense, actitud inaceptable para los angloamericanos, a los cuales no pareció satisfacerles que, por otra parte, multitudes de mexicoamericanos se hubieran integrado ya a la milicia. En represalia, los patrullajes militares en Los Ángeles y San Diego se ensañaron contra los pachucos, quienes eran golpeados, tiroteados y privados de la libertad, ante la mirada obsecuente de la prensa. Por ejemplo, *Los Angeles Times*, *The Daily* y *The Herald-Express*.

En respuesta, los pachucos protagonizaron diversos motines callejeros en junio de aquel año, que endurecieron aún más al gobierno. A bordo de taxis, unos dos mil marines recorrieron durante una semana el centro y el este angelinos, apaleando a los jóvenes solivantados —fácilmente identificables por su atuendo—, los cuales eran aprehendidos enseguida por la policía. Los desiguales enfrentamientos dejaron decenas de heridos y detenidos. Pero el alboroto no cesó, los pachucos resistieron cohesionados —estableciendo un impasse en los enfrentamientos entre sus pandillas— hasta que la tropa regresó a sus bases.

Tales episodios siguen siendo considerados una gesta por la comunidad latina; se cuentan entre los fundamentales para la reivindicación de los derechos civiles de las minorías étnicas en Estados Unidos, y permitieron revelar a las comunidades nacional e internacional algo de la dramática realidad detrás «de la cortina de hierro» —como la llamó el abogado Carey McWilliams— que separaba a las minorías latinas del este de Los Ángeles del resto de la población.

El 4 de octubre de aquel año (1943) los esfuerzos del Comité de Defensa de Sleepy Lagoon, una iniciativa ciudadana en defensa de los pachucos responsabilizados del homicidio de José Díaz, fructificaron: el Tribunal de Apelaciones de California revocó la sentencia dictada en enero, argumentando que la policía había aportado pruebas falsas y el juez actuado con prejuicio racial. «Lo más impresionante fue la respuesta de la comunidad mexicana, que se agolpó en los corredores de la Corte, que estaban atestados de gente que jubilosa lloraba y se reía ante el triunfo», cuenta Mariángela Rodríguez. Los pandilleros de la Barrio 38 quedaron en libertad y en sus suburbios se les recibió como a héroes (Valdez).

En el tronco del árbol genealógico de la pandilla Eighteen Street o Barrio 18 —que con la Mara Salvatrucha es una de las dos de mayor potencial de expansión global en la actualidad— es posible encontrar bandas callejeras juveniles del este de Los Ángeles que datan de los primeros decenios del siglo pasado y consiguieron sobrevivir largo tiempo.

A su vez, los barrios, las pandillas juveniles y sus múltiples expresiones culturales, y los movimientos sociales de los mexicanos en Estados Unidos a lo largo del siglo que discurre desde la apropiación del territorio mexicano por el gobierno de aquel país —a mediados del xix—, son un poderoso sedimento para este tipo de inconformismo juvenil (el de las pandillas urbanas) que, con sus particularidades, se muestra en los sesenta como la reiteración del ciclo que dos décadas antes habían recorrido los pachucos.

Se agregan a los componentes de este escenario, el que los mexicoamericanos que se habían enrolado para combatir en la guerra volvieron sólo para constatar que seguían siendo ciudadanos de segunda; la deportación (1953-1956) de los más de un millón de mexicanos que habían llegado en la primera oleada del Programa Bracero; y, sin duda, la brisa vivificante de las luchas por los derechos civiles de la comunidad afroamericana desde mediados de los cincuenta hasta finales de los sesenta.

El chicanismo, reafirmación identitaria de la raíz mexicana, emergió entonces desafiante hacia la sociedad hegemónica (la angloamericana), con una diversidad de manifestaciones estéticas y políticas. En los suburbios del este de Los Ángeles, como parte del recambio generacional, los pachucos y su traza descarada se esfumaron del paisaje para ceder paso a unos pandilleros adolescentes llamados «cholos», quizá más concientes de su marginalidad y en ciertos casos más violentos y mejor armados.

El apelativo *cholo* —«Mestizo de sangre europea e indígena», según el Diccionario de la Real Academia Española— se aplicó antes de la apropiación de territorio mexicano por parte de Estados Unidos a los prisioneros que eran confinados en el territorio de California, «individuos sin educación, que causaban problemas en la provincia» (Rodríguez, 2005).

Acerca de la transfiguración del pachuco en cholo, José Manuel Valenzuela, del Colegio de la Frontera Norte, describe en una ponencia:

El pachuco devino cholo, homi, homboy y homeler, vato loco, ruca firme, morros y jainas que [a su vez] recuperaron, transmutada, la herencia del pachuco. El cholo también se apropió de los barrios, tatuó los cuerpos, las paredes y los coras [...], recuperó la condición cabalística del 13 y sus connotaciones como M, treceava letra del abecedario; M de México, M de mariguana y luego M transmutada a sureño. El cholo amplió el acervo lingüístico del caló del barrio, se apropió de la tradición muralística iniciada en México varias décadas atrás y refuncionalizada por el movimiento chicano como un movimiento simbólico [...] poblado de temas y problemas culturales del pueblo mexicano. Los cholos también amplificaron

las disputas entre el Barrio y los tentáculos de la vida loca de los
años sesenta, setenta y ochenta [...].

La interacción de toda índole entre las pandillas angelinas,
y en especial de las de procedencia mexicana, fue lo que principalmente condensó la energía violenta que caracteriza hoy a
la Barrio 18.

Para eludir los traumáticos ritos de iniciación o los requi-
sitos de ingreso, o sobrevivir dentro de su propio barrio, en
los cincuenta cualquier joven podía iniciar su propia pandilla
convocando a familiares o amigos de la infancia. De forma
soterrada, este fenómeno fue parcelando el espacio urbano
de las comunidades minoritarias y creando diminutas incuba-
doras de pandilleros que al despuntar saltaban a agrupaciones
juveniles de mayor calado y articuladas a la delincuencia organizada.

En *Gangs. A guide to understanding street gangs* Al Valdez
ha realizado una de las más agudas reconstrucciones históricas de la Dieciocho. Sostiene que la Clanton Street era una
pandilla creada en la década de 1920 por jóvenes caucásicos
(en la calle del mismo nombre) y a la que cuarenta años más
tarde ingresaron adolescentes latinos, hasta convertirla en una
pandilla predominantemente mexicana.

A los aspirantes a ingresar se les imponía «que demostraran
ascendencia 100% mexicana» y se les negaba el acceso si eran
indocumentados o hispanos no mexicanos. Muchos de los
rechazados, mexicanos sobre todo, iniciaron o intensificaron
sus actividades delictivas y cayeron en prisión, donde tampoco
fueron aceptados por la célula carcelaria de la pandilla Clanton
Street. Fundaron entonces su propia banda: los Black Wrist,
«influenciados por el nombre de una prostituta llamada Sade»,
en cuya casa, situada en la esquina de las calles Magnolia y
Pico, concurrían hasta que a ella la mató una sobredosis.

Cambiaron su nombre un par de veces y vieron aumentar sus huestes. Pasaron a ser Latin Kings (ésta podría ser el origen de la actual pandilla surgida en el seno de la comunidad ecuatoriana de Los Ángeles, que se esparció por Ecuador y hoy tiene miembros entre los inmigrantes de ese país latinoamericano en España e Italia) y luego Baby Spiders. Cuando se sintieron lo suficientemente vigorosos, se confrontaron con los Clanton Street, la pandilla que los había desdeñado y en la cual inspiraron la suya propia. Una de las razones de su rápido crecimiento fue que estuvieron dispuestos a aceptar jóvenes de toda procedencia étnica.

En 1966, refiere Al Valdez, los Baby Spiders se convirtieron en la pandilla Eighteen Street, «porque la 18th Street era una pequeña calle entre la Magnolia y la Venecia, cerca del Bulevar Pico. Se escogió de forma natural porque ahí los Baby Spiders afiliaban a sus nuevos miembros» (en el actual sector Rampart, al este de Los Ángeles). No sólo no les afectó que a unas calles estuviera el territorio de la Clanton Street, sino que miembros de ésta se les adhirieron en masa.

En el origen, el sesgo particularmente violento de la Eigtheen Street resulta de una creciente participación y especialización en el consumo y comercio de heroína, cocaína y otras drogas, y armas semiautomáticas y automáticas; una mayor segregación social producto del endurecimiento policíaco; el crecimiento urbano de Los Ángeles, cuyas enormes vialidades fueron aislando a diversas zonas entre sí; la incorporación de miembros de pandillas implicadas en homicidios y asaltos, y un par de liderazgos que alcanzan dimensión mítica.

Cuando los cholos fundadores habían muerto o, como parte de la dinámica generacional, se marcharon, fueron llegando a la pandilla más y más adolescentes de las minorías étnicas, incluidos no sólo latinos (que nunca han dejado de ser el grupo dominante), sino afroamericanos, asiáticos e indios nativos. Contra la creencia general, se sumaron, además, caucásicos.

En la década de 1970, los hermanos Rocky y Mark Glover, descendientes de indios del norte de América y de alemanes, se sumaron, imponiendo una brutalidad hasta entonces inédita. «Rocky desarrolló la reputación de ser el miembro de la Eighteen Street más violento de esa época», afirma Al Valdez, «se sabía que mataba de un tiro a cualquiera que diera problemas a la pandilla».

La Mara Salvatrucha

Con la herencia que les viene desde las bandas neoyorquinas irlandesas de principios del siglo XIX, pandillas urbanas originarias de Estados Unidos como las hegemónicas Barrio 18 y Mara Salvatrucha han ido construyendo una parafernalia que al interior las cohesiona, les provee de infinitos recursos de expresión y las recrea, y hacia afuera las torna crípticas, intimidantes, retadoras y punibles.

Según esta dicotomía, normas internas, indumentaria, tatuajes y graffiti, gestualidad, ciertos colores y gustos musicales, argot y actividades delictivas son, al mismo tiempo, recursos dinámicos de comunicación interpersonal y tribal —que abarca de forma predominante la función didáctica—, e instrumentos de delimitación territorial, reivindicación identitaria, desafío y supervivencia frente a pandillas adversarias y la sociedad de los paisas, de los no pandilleros.

Mara Salvatrucha, la Emeese, la MS13 o MSXIII, la Mara o la Trece contiene en cada una de éstas variantes de su denominación —hoy tan expandida y satanizada— una parte de las claves de ese lenguaje cholo que se entrevera con su misma historia y la de otras pandillas étnicas más antiguas e igualmente originarias del condado de Los Ángeles.

La raíz histórica, social, cultural y urbana de la Mara Salvatrucha es la misma que la de la Eighteen Street. Son, de hecho, pandillas hermanas. Sólo que aquí no vale el mito de Abel y Caín. No son una buena y la otra mala. Se mantienen confrontadas a muerte para hacer honor a la reivindicación de su existir marginal entre la xenófoba sociedad angloamericana y porque eso, andar crispadas, en pie de guerra, les da cada vez una razón de ser.

En el caso particular de la Trece se agrega el componente de los migrantes salvadoreños (y de otros países centroamericanos) que llegaron a Los Ángeles (entre otras ciudades estadounidenses) a lo largo de los ochenta, huyendo de la pobreza, las guerras civiles y la brutalidad de las corruptas dictaduras militares impuestas, armadas y avaladas por el gobierno de Estados Unidos; en especial durante las administraciones de James Carter (1977-1981) y Ronald Reagan (1981-1989).

Los salvadoreños emprendieron un nuevo ciclo, uno más de los que cada cierto tiempo, a partir de las primeras inmigraciones de irlandeses, a principios del siglo XIX, produjeron suburbios de grupos étnicos segregados y explotados de donde, a la vez, pronto asomaron las pandillas —como una de las tantas formas de resistencia.

«Todas las presiones y las tensiones de la vida como inmigrantes ilegales crean una patología de grupo que conduce al abuso doméstico y abandono de los hijos. Los jóvenes fueron los más afectadas por estas condiciones. Vivían con el estigma de la separación familiar y/o la pérdida de padres o parientes cercanos a manos de los escuadrones de la muerte», opina sobre esa época de llegada de los salvadoreños James Diego Vigil en *A Rainbow of Gangs: Street Cultures in the Mega-*

city. Y completa: «A consecuencia de estas experiencias y los problemas en sus vidas antes de que ellos llegaran a Estados Unidos, son sobre todo vulnerables. La mayoría de los jóvenes vivían abandonados en la comunidad de Pico Union, por lo cual se refugiaron en las pandillas de sus barrios».

La historia de la ciudad de Los Ángeles inicia en septiembre de 1771, cuando Junípero Sierra, el franciscano que encabezó la exploración y conquista espiritual de la Alta California, fundó la Misión de San Gabriel en ese territorio, hasta entonces perteneciente a tribus de indios nómadas. Diez años más tarde, el grupo de doce familias españolas que se había establecido ahí se mudó a un valle de los alrededores, en la ribera del río de Nuestra Señora Reina de los Ángeles de Porciúncula, dando ese mismo nombre al nuevo asentamiento.

En 1822, California quedó bajo la jurisdicción de México y en 1848 fue cedido por el gobierno mexicano, como parte del Tratado de Guadalupe-Hidalgo, a Estados Unidos. Dos años más tarde, en febrero de 1850, al convertirse en un nuevo estado de la Unión Americana, California se dividió políticamente en 27 condados, entre los que se contaba el de Nuestra Señora Reina de los Ángeles de Porciúncula.

Los Ángeles, uno de los 58 que constituyen en la actualidad el territorio californiano, es el condado más poblado de Estados Unidos, con sus 10,226,506 habitantes (hasta enero de 2005), casi un tercio del total de dicho estado. Después de la Segunda Guerra Mundial y hasta los años setenta del siglo XX experimentó un intenso crecimiento urbano, de modo que fue quedando surcado por grandes vialidades, las cuales aumentaron el aislamiento de algunos de los barrios históricamente ocupados por mexicoamericanos o inmigrantes de origen hispano.

Una de las pandillas de origen mexicano surgidas en aquel proceso de expansión urbana (que explica por qué ahora el área metropolitana de Los Ángeles está formada por 88 ciudades) y correspondiente segregación es la Barrio Maravilla, llamada así por la denominación de los proyectos habitacionales del este angelino donde surgió. Desde los cuarenta, la Maravilla ha conseguido sobrevivir, en parte, debido al tráfico de drogas, según Gilbert M. Griñie en *An historical perspective on the growth of gangs in Los Angeles, past, present, and future*, citando a su colega Joan Moore, apunta que

> el uso creciente y la distribución de drogas entre pandillas era una respuesta «racional» a su inhabilidad para penetrar el mercado de trabajo. En la jerarquía de las pandillas, finalmente los veteranos controlaban el tráfico de drogas que prosperó entre los miembros de las pandillas de la vecindad. La creencia de la investigadora [Moore] es que el deterioro de la estructura de familia, la carencia de educación, alojamiento, asistencia médica y empleo motivaron que las pandillas subsistieran por ese medio [el narcomenudeo] en la era moderna.

Conforme se disputaba el liderazgo con otras pandillas célebres, como la White Fence, Big Hazard, Temple Street y la Barrio 38 (cuyos miembros habían protagonizado a principios de los cuarenta el caso de Sleepy Lagoon), la Maravilla absorbió y acuñó diversidad de símbolos reivindicatorios que fueron adoptando en los cincuenta, bandas adversarias y que en el siglo XXI se han globalizado a través del impacto mediático de la Eighteen Street y la Mara Salvatrucha. Asimismo, forjó su reputación mediante actos violentos y sanguinarias venganzas que terminaron imponiendo un estilo de ser pandillero y aportaron al estigma bajo el cual ha vivido toda pandilla de origen latino.

Al Valdez en *Gangs. A guide to understanding street gangs* ha enfatizado que ésta es la época en la cual «cambió el vocabulario de pandillas». Por caso, para aludir al barrio o al «varrio» desde entonces algunos jóvenes «utilizan de forma intercambiable las letras "v" o "b"», y «para honrar a la madre de todas las pandillas, *La Maravilla* [...], comenzaron a tatuarse símbolos especiales, como el número 13. Ese número significaba la treceava letra del alfabeto: M. La letra representaba a su vez a *La Maravilla* [...]. Ese tatuaje ganó popularidad inmediatamente entre los miembros de pandillas mexicanas en Los Ángeles...». Aparte del «nombre de la pandilla algunos miembros también comenzaron a tatuarse con las palabras "puro" y/o "chicano"».

Así, al mediar los años cincuenta La Maravilla se encontraba articulada al mercado negro de drogas y armas; disponía de arsenales para sus brutales incursiones; ejercía influencia y control dentro de las prisiones de la zona y —en cuanto a usos y costumbres— representaba el prototipo de una organización delictiva juvenil.

Puesto que la policía respondió con puño de hierro, en poco tiempo las cárceles estuvieron atestadas de jóvenes hispanos que, en muchos casos por instinto de supervivencia, no hicieron más que reproducir en el encierro la estructura de sus bandas y aplicar lo que habían aprendido en las calles: extorsionar, robar, matar, comerciar con drogas y sexo, vender protección.

Entre 1956 y 1957, bajo el liderazgo de Luis Flores, el Güero, miembros de la pandilla 13 Eslos (contracción de «este de Los Ángeles») recluidos en el Duel Vocational Institute, de Tracy (California), crearon la Mexican Mafia, Mafia Mexicana o la Eme, la más célebre banda penitenciaria de origen mexicano, cuya estructura jerárquica se compone de jefes, generales, tenientes y soldados —por lo cual el FBI la considera un grupo criminal militarizado—; predominantemente latina, antiafroamericana y aliada, paradójica y coyunturalmente, a la pandilla supremacista Aryan Nation: Nación Aria. Desde las cárceles aún hoy regentea parte del mercado callejero de drogas, el sicariato, el robo y la falsificación, y tiene diversas ramificaciones a través de Estados Unidos.

Por esa época, un suceso determinante en el contexto de la guerra fría dinamizó el mercado de estupefacientes. Para financiar los campamentos paramilitares y las incursiones desde Florida contra la Revolución cubana (1959), la Agencia Central de Inteligencia estadounidense (CIA, por sus siglas en inglés) puso en las calles cantidades industriales de morfina y heroína, a través de las nacientes pandillas surgidas en los barrios de cubanos exiliados en Miami y alentadas, armadas y adiestradas por burócratas del gobierno estadounidense (como parte de la Operación Mangosta —1962—). «Boyd ordenó que se ofrecieran degustaciones gratuitas a todos los adictos de la ciudad y el grupo repartió una considerable cantidad de su mierda completamente gratis [...]. Después pasaron de la filantropía al negocio. Rondaron el Barrio en sus coches, por parejas, y vendieron su basura con las armas a plena vista», fabula James Ellroy en *América*, su cruda novela en torno de los sucesos que desembocaron en el asesinato del presidente estadounidense John F. Kennedy (1963).

Merced a los nexos criminales entre las pandillas urbanas y la mafia siciliana, las acciones de la CIA para hacerse de fondos de manera ilegal tuvieron un impacto que alcanzó otras ciudades con fenómenos de pandillerismo juvenil a lo largo de su historia, como Nueva York, Nueva Orleáns, El Paso y Los Ángeles.

De forma paralela a la aparición de la Mexican Mafia, «la pandilla *El Paso Tip* [surgida en los años veinte, en la prisión texana de Huntsville, cerca de El Paso] se convirtió finalmente en el *Texas Syndicato* entre 1950 y 1960. Los miembros de la pandilla utilizaban el término "ese" para llamarse entre ellos y para representar la letra "S" que abrevia la palabra *Syndicato*», escribe Al Valdez.

En Los Ángeles, los pandilleros del este adoptaron casi en automático el uso del «ese» para comunicarse entre sí, a la vez que la «S» se convirtió en abreviatura de sureño (por su utilización originalmente entre los pandilleros texanos) o habitante (y, en consecuencia, pandillero) del sur de Los Ángeles o del resto de California.

La inseguridad pública debida a las bandas urbanas empujó a familias hispanas con cierto poder adquisitivo a mudarse del este de Los Ángeles a ciudades de la zona metropolitana (algunas de ellas al sur y al oeste), provocando que jóvenes —como había sucedido ya en las prisiones— reprodujeran las formas de agrupación que habían dejado o visto formarse en sus viejos barrios. Es por ello que a partir de los sesenta se ahondó la división entre pandillas originarias del este (como lo es hoy la Barrio 18) y el sur, el norte y el oeste.

Al poco tiempo de surgir en el este angelino (en 1966) y como parte de la dinámica expansiva que la llevaría a convertirse en una de las más cautivadoras entre los jóvenes hispanos y poderosas, la pandilla Barrio 18 fue topándose con los tentáculos de la Eme, que iban extendiéndose a las prisiones del estado (como San Quintín, donde a la vez sus miembros establecieron contacto con algunos de la Barrio Maravilla); con la hostilidad de las pandillas sureñas; con los intereses de Nuestra Familia, filial de la Eme creada por esos mismos años también por jóvenes de origen mexicano, en las prisiones del norte de Los Ángeles y California.

La dimensión explosiva de la confrontación entre pandillas aparece nítida en las llamadas *Shoe Wars*. En 1968, Robert Salas, el Robot, un general de la Eme, compartía celda en San Quintín con Héctor Padilla, el Matón, integrante de Nuestra

Familia. Hasta entonces aliadas, ambas organizaciones delictivas rompieron violentamente después de que Padilla acusó a Salas de hurtarle un viejo par de zapatos Florsheim, y el general de la Eme, en respuesta, lo atacó, hiriéndolo de muerte. De acuerdo con la página virtual de la Mafia Mexicana, las Shoe Wars continúan hasta la fecha.

A finales de los sesenta un salvadoreño que ha pasado a la historia sólo como el Flaco Stoner, emigró a Los Ángeles, encontrando una ciudad compartimentada por la violencia de las pandillas hispanas y su participación en el crimen organizado. La Maravilla, la Barrio 38, la Eigtheen Street, la Eme y Nuestra Familia predominaban por sus numerosas huestes, la conquista sistemática de nuevos territorios y sus vastos intereses en la distribución de drogas y armas, la venta de protección, la extorsión y las ejecuciones sobre pedido.

El Flaco Stoner es personaje clave en la historia del pandillerismo de origen hispano en Estados Unidos porque, según la tradición oral dentro de la Mara Salvatrucha, en 1969 fundó en Los Ángeles la que ha de considerarse la primera pandilla de origen salvadoreño: la Wonder 13 (o Maravilla 13).

En sus ponencias para el Coloquio Internacional *Las Maras, Identidades Juveniles al Límite*, José Manuel Valenzuela (de El Colegio de la Frontera Norte) y Martín Íñiguez Ramos (del Centro de Estudios Migratorios del Instituto Nacional de Migración) concordaron en que el Flaco Stoner había sido guerrillero en su país. El segundo investigador expuso que ya en California, el salvadoreño fue a prisión acusado de varios robos y ahí, con compatriotas suyos, ejerció de mensajero y asistente de líderes de la Mafia Mexicana.

Al ser puesto en la calle de nueva cuenta habría echado mano de su adiestramiento militar en la guerrilla y su aprendizaje con la Eme para, con otros salvadoreños, engendrar la Wonder 13. La imposición de este número denota la influencia de la Mafia Mexicana que, como otras del mismo origen étnico, usaba como distintivo la M, decimotercera letra del abecedario. Esta pandilla se fortaleció al ritmo de la creciente presencia de centroamericanos en Los Ángeles a lo largo de los setenta, hasta que a mediados de la década posterior irrumpió entre la comunidad salvadoreña de aquella urbe de la costa oeste de Estados Unidos la enigmática, expansiva y temible Mara Salvatrucha.

Durante el siglo XX, El Salvador vivió un lapso de sesenta años especialmente cruento. La más pequeña nación del Pacífico centroamericano («el paisito», como le llaman con afecto entrañable sus habitantes) estuvo la mayoría de esos años sojuzgada por dictaduras militares. Tal ciclo deprimente —donde el gobierno de Estados Unidos desempeñó un papel crucial— comenzó a correr en enero de 1932, cuando tras una poderosa insurrección popular en la zona cafetalera occidental, las elites emprendieron una campaña genocida contra la población indígena y la oposición política de izquierda; y se completó en enero de 1992, al firmarse los Acuerdos de Paz entre el gobierno de la República y el Frente Farabundo Martí para la Liberación Nacional, que determinaron el fin de la guerra civil, aunque no de los hondos contrastes sociales.

Su surgimiento en Los Ángeles y la difusión global de la Mara Salvatrucha, incluyendo su aparición en la sociedad salvadoreña a finales de los ochenta, es consecuencia directa de tales sucesos.

En 1932 un puñado de comunistas dirigidos por Agustín Farabundo Martí participó en las elecciones municipales. El gobierno se negó a certificar sus victorias. Martí y sus seguidores llamaron a un levantamiento popular pero alguien los traicionó y su complot se supo. Martí intentó aplazar la revuelta pero los jefes de las cofradías indias o hermandades católicas romanas que habían decidido unirse a la rebelión respondieron a sus propios dioses. ¿Acaso los volcanes en erupción no eran una señal de que había llegado el fin para los crueles terratenientes? En Sonsonate, campesinos armados con machetes asaltaron un fuerte pero fueron rechazados. Estos hombres se reagruparon bajo el mando de una mujer llamada «la Roja Julia» y siguieron peleando hasta que los refuerzos militares los obligaron a ir más abajo.

Este episodio traumático de la historia contemporánea salvadoreña —resumido por el investigador estadounidense James D. Cockcroft en *América Latina y Estados Unidos. Historia y política país por país*— reaparece con frecuencia en la agenda pública, pues gran parte del estado de cosas de entonces se mantiene.

En 1930, inmerso el país en una crisis institucional y económica —debida a las secuelas de la Gran Depresión, entre las que se contaban el desplome de los precios internacionales del café, un producto en el cual se basaba la economía salvadoreña—, Farabundo Martí volvió del exilio a fundar el Partido Comunista Salvadoreño con la afiliación de organizaciones obreras y campesinas.

El 2 de diciembre del siguiente año, el presidente Arturo Araujo fue derrocado por el general Maximiliano Hernández Martínez, vicepresidente y ministro de Defensa, quien resultó ser un dictador delirante y patético —a la altura de los que inmortalizó el realismo mágico— que se aferró doce años al poder (1932-1944) favoreciendo a los terratenientes. «El general Hernández Martínez, que era teósofo, dijo que estaba protegido por "legiones invisibles" que tenían comunicaciones telepáticas con el presidente de Estados Unidos. Cuando en 1944 el arzobispo de San Salvador le pidió que cesara las ejecuciones de sus opositores "en nombre de Dios", él contestó: "En El Salvador yo soy Dios"», documenta Cockcroft.

Semanas después del golpe de Estado contra Araujo —respaldado por la Casa Blanca— en enero de 1932, un fraude electoral contra los candidatos comunistas a las municipalidades condujo al estallido social. Armados con machetes y fusiles, multitudes de obreros y campesinos asaltaron instalaciones civiles y militares, y fincas privadas. El gobierno decretó estado de sitio. Fuerzas militares, la Guardia Nacional y brigadas blancas reclutadas por los latifundistas sofocaron el alzamiento a fuego de metralla, mientras en las costas, a bordo de buques de guerra, tropas estadounidenses e inglesas aguardaban para proveerles refuerzos.

La ofensiva de la dictadura sembró de terror, muerte y hambre el suelo salvadoreño. Cockcroft sostiene que perdieron la vida treinta mil personas, equivalentes al cuatro por ciento de la población, siendo indígenas (descendientes de mayas y nahuas) y campesinos el grueso de las víctimas. El 31 de enero una corte marcial condenó a muerte a Farabundo Martí, quien fue fusilado en el Cementerio General de San Salvador.

Cockcroft recrea de este modo aquellas horas sombrías:

Ahora las filas de las víctimas atadas por los pulgares retrocedieron y llenaron la plaza. El oficial al mando, uno de los ladinos de la región, ordenó al grupo siguiente junto a la mesa que cavara un hoyo gigantesco en la plaza. Luego los campesinos fueron alineados frente a ese gran hoyo, en filas de tres y cuatro. Los camiones avanzaron desde atrás del puesto de mando. Las mujeres y los niños corrieron junto a sus familiares gritando. Las ametralladoras montadas en lo alto de los camiones abrieron fuego. El golpeteo de los cuerpos que caían se acompañó de los gritos que el eco repitió por las cañadas.

Más o menos una semana después un periódico salvadoreño decía en primera página: «El indio ha sido, es y será el enemigo del

ladino». En las páginas interiores un artículo, escrito por un terrate-
niente, afirmaba: «No había ni un solo indio que no estuviera infec-
tado por el comunismo devastador […]. Cometimos un error grave
al hacerlos ciudadanos».

A mediados de 1944, al cabo de una huelga general e
intensas protestas estudiantiles duramente reprimidas, el
mesiánico general Maximiliano Hernández Martínez abandonó el país, siendo sustituido por una junta militar. Las
décadas siguientes se caracterizaron por la persistente organización y resistencia ciudadanas. Los derrocamientos entre
facciones castrenses, los fraudes electorales, las protestas
por la democratización, las matanzas, detenciones masivas,
torturas, desapariciones forzadas y expulsiones del país fueron
sucediéndose de forma cíclica, hasta que en 1979 la dictadura
militar cedió el poder a un civil.

Tiempo fatal el transcurrido entre los sesenta y los setenta. En
plena paranoia anticomunista, «el presidente John F. Kennedy
elogió a la administración de [el teniente coronel Julio Adal-
berto] Rivera observando que "Los gobiernos del tipo civil-
militar de El Salvador son los más eficientes para frenar la
penetración comunista en América Latina". La Alianza para
el Progreso canalizó millones de dólares a su "escaparate"
centroamericano. Durante un tiempo estas políticas aplazaron
la revolución, a la vez que sembraban más semillas revolucio-
narias», observa Cockcroft.

Solapadas y financiadas por el gobierno estadounidense,
las fuerzas armadas crearon a partir de finales de los sesenta
grupos paramilitares (del tipo de la Organización Democrática Nacionalista —Orden—) y escuadrones de la muerte (con
organizaciones derechistas) con denominaciones pomposas
como Frente Político Anticomunista, Fuerza Armada de Liberación Anticomunista-Guerra de Exterminio, Escuadrón de la

Muerte, Brigadas de Maximiliano Hernández Martínez, Unión de Guerreros Blancos, Bloque Antiguerrilla Oriental, Comando Domingo Monterrosa, Partido de Liberación Nacional Ejército Secreto Anticomunista, Escuadrón de la Muerte Nuevo y Organización para la Liberación del Comunismo (Cockcroft). Estas jaurías fueron soltadas contra toda forma de expresión opositora.

El escenario se torna complejo porque, además, «la integración cada vez mayor de los militares con el crimen organizado y con el tráfico de drogas se remonta probablemente al decenio de 1970», advierte Cockcroft, y añade que las propias elites militares, a través de intermediarios comerciales, proveían de armas a los diversos grupos guerrilleros.

En 1972, 1974 y 1977 los militares repitieron los fraudes electorales contra la izquierda, la socialdemocracia, la democracia cristiana y otras corrientes de oposición. El 19 de julio de 1972 tropas del ejército ocuparon la Universidad de El Salvador, cuyas autoridades fueron exiliadas. La tarde del 30 de julio de 1975 se llevó a cabo una manifestación estudiantil en protesta por la intromisión gubernamental en la Facultad Multidisciplinaria Occidental de Santa Ana y para reivindicar la autonomía universitaria. Resguardados por tanquetas, la policía y el Ejército dispersaron a tiros y bombazos a la multitud, asesinando a unas cincuenta personas y llevando detenidas a otras cuyo paradero aún se ignora.

La resistencia popular se intensificó, lo mismo que la represión gubernamental (que con la asesoría del gobierno israelí agregó a sus tácticas el bombardeo aéreo en zonas de influencia socialista) y el activismo de los derechistas escuadrones de la muerte. En febrero de 1977 un nuevo fraude electoral condujo al poder al general Carlos Humberto Romero y detonó una enérgica respuesta de la sociedad. El día 27 de ese mes una concentración en la Plaza Libertad de San Salvador fue nuevamente dispersada a fuego, dejando un centenar de muertos y decenas de dirigentes detenidos o desaparecidos (Cockcroft).

El declive formal del imperio castrense en El Salvador comenzó en octubre de 1979 —tres meses después del triunfo de la Revolución popular sandinista, en Nicaragua—. El Partido de Conciliación Nacional, creado por el teniente coronel golpista Julio Adalberto Rivera a principios de los sesenta y que desde entonces había gobernado, perdió la hegemonía tras un nuevo golpe de Estado. Fue impuesta una junta cívico-militar que intensificó la violencia contra la oposición.

El 22 de enero de 1980 diversas organizaciones opositoras convocaron una movilización pacífica para conmemorar el 48 aniversario del levantamiento armado y la masacre de 1932. Como se había vuelto costumbre, la policía y los militares disolvieron el acto, matando o desapareciendo a decenas de personas. El 24 de marzo fue asesinado a tiros el arzobispo Óscar Arnulfo Romero mientras oficiaba una ceremonia religiosa. El jerarca religioso había fustigado a los militares por las matanzas y desapariciones, y en particular por las de sacerdotes de la Teología de la Liberación. Y en octubre se creó el Frente Farabundo Martí para la Liberación Nacional, FMLN, como resultado de una fusión de cinco grandes organizaciones de izquierda.

Estos tres hechos desataron una nueva crisis. En diciembre del mismo año el demócrata cristiano José Napoleón Duarte fue nombrado jefe de Estado, como recurso de legitimidad por parte del gobierno estadounidense, aterrado frente a la emblemática victoria sandinista en la cercana Nicaragua. «Después de haber entrevistado al director de la CIA William Casey, poco antes de su muerte en 1987, el periodista Bob Woodward informó que Duarte fue un "recurso" de la CIA desde 1980», dice Cockcroft.

Parece un contrasentido que la primera gran diáspora salvadoreña a Estados Unidos motivada por el terrorismo de Estado —y a resultas de la cual nació la Mara Salvatrucha, en las calles de Los Ángeles— tuviera lugar durante la década de 1980, es decir, cuando al menos formalmente los militares se habían quitado de en medio en el atribulado país centroamericano.

Es evidente que los gobernantes civiles representaban fuerzas políticas afines o serviles a las elites castrenses. La Alianza Republicana Nacionalista, Arena, que en coalición electoral o sola gobernó en los ochenta, fue fundada por el mayor Roberto D'Abuisson, un fascista sospechoso de dirigir escuadrones de la muerte e instigar el homicidio del arzobispo Romero.

En marzo de 1989 ganó las elecciones presidenciales el candidato de Arena, Alfredo Cristiani, quien sucedió a Duarte. Para septiembre el nuevo mandatario realizaba conversaciones con el FMLN —en México y Costa Rica, sucesivamente—, que no obstante eran boicoteadas por el ala radical de su propio partido. Mientras fuerzas del FMLN hacían una drástica incursión militar en San Salvador (conocida como «la ofensiva de 1989»), la noche del 15 de noviembre el batallón Atlacatl del ejército salvadoreño, camuflado, tomó las instalaciones de la Universidad Centroamericana y hacia la madrugada del día posterior masacró a seis sacerdotes jesuitas, una cocinera y su hija, tratando de simular un ataque guerrillero. El caso alarmó al mundo y obligó al gobierno a negociar con la guerrilla.

A lo largo de los quince años que median entre la represión del 27 de febrero de 1977 en la Plaza Libertad —de San Salvador— y la firma de los Acuerdos de Paz entre el régimen de Alfredo Cristiani y el FMLN, el 16 de enero de 1992 —en el Castillo de Chapultepec de la ciudad de México—, la guerra civil costó la vida a 75 mil salvadoreños y dejó decenas de miles de heridos, presos, desaparecidos o exiliados, aparte de los cientos de niños y jóvenes forzados por el ejército y la guerrilla a empuñar un arma; que quedaron huérfanos o fueron abandonados por padres que huyendo de la violencia se marcharon a Estados Unidos; o cuyos padres los mandaron con familiares residentes en ese país para ponerlos a salvo.

El sismo del 10 de octubre de 1986, con una magnitud de 5.4 grados en la escala de Richter y que según el Servicio Nacional de Estudios Territoriales es el que ha causado el mayor número de muertes en la historia de El Salvador (1,500), tuvo asimismo sus efectos en una mayor pobreza, orfandad y emigración entre su población. En la actualidad, después de la zona metropolitana de San Salvador, la de Los Ángeles es la segunda ciudad en el mundo con más salvadoreños.

Alexander Antonio Sánchez Enríquez se entregó a una precoz determinación. Aventurándose desde El Salvador, a través de Guatemala y México, marchó hacia el norte llevando consigo la fragilidad de sus ocho años cumplidos, unos rasgos indígenas y la imagen difusa de sus padres en la mente. Se hacía acompañar de su hermano Óscar, un año mayor. Entre aquellas rutas inhóspitas y traicioneras concurridas por los indocumentados centroamericanos, la única fuerza de ambos era que sabían del valor de tomar sus propias decisiones: a mediados de los setenta, movidos por la guerra civil, el pavor a los escuadrones de la muerte y el hambre, sus padres los habían abandonado temporalmente para refugiarse en Estados Unidos, encomendándolos, por mera formalidad, a una familia vecina.

En territorio mexicano, cubrieron la mayor parte del trayecto a la frontera norte a bordo de lentos ferrocarriles cargueros, haciendo rodeos extenuantes por la selva, el monte, el semidesierto, las zonas industriales, para eludir asaltantes, violadores y homicidas —policías y agentes migratorios incluidos—, y la vigilancia migratoria en la periferia de las ciudades. Así, miles de kilómetros después llegaron a Tijuana (Baja California). Sin un centavo en los bolsillos, cruzaron la línea fronteriza a valor. Y prosiguieron hasta avistar Los Ángeles.

Un cuarto de siglo después de aquella gesta anónima, en su oficina como director del Programa Educativo de Homies Unidos (asociación civil de miembros calmados de la MS13 y la pandilla Barrio 18 con matriz en San Salvador) en el West Olympic Bulevard de Los Ángeles, Alex Sánchez evoca sus pasos desde que decidió venir a California para buscarse una vida nueva. Esto posee una valía especial porque muestra con claridad raíces étnicas, sociales y geográficas de la Mara Salvatrucha.

Como niño inmigrante de origen latino, era candidato ideal a cholo; poseía el perfil de los cientos de pequeños centro-americanos indocumentados que no demoraban en engrosar las filas de la Barrio 18. «Las pandillas de chicano/latinos que se unen en el condado de Los Ángeles entre 1970 y 1980 tienen integrantes de hasta 8 años, y los padres de estos niños parecen incapaces de hacer algo sobre ello. Los jóvenes son animados a afiliarse por un miembro adulto de la familia o un pariente que es miembro activo. Los muchachos y las mucha-chas comienzan temprano su proceso de socialización en la pandilla vistiéndose y hablando como lo hacen los "homboys" y las "homegirls» del barrio», apunta Gilbert M. Griñie.

Cuando Alex Sánchez llegó a Los Ángeles, las bandas hispanas mantenían su fuerza expansiva y su empuje sincré-tico. La Eme, Nuestra Familia, la Barrio 38, la Big Hazard, la Maravilla, la Fresno Bulldogs (en el *north side*) y principal-mente la pandilla Barrio 18, la temida Eighteen Street, contro-laban todo movimiento en los suburbios latinos y las prisiones californianas. Esta última ejercía especial atractivo en muchachos cada vez menores, a pesar de que el ritual de brincarse el Barrio se había hecho todavía más brutal —lo mismo que los enfrentamientos entre bandas— y el tráfico de drogas era una actividad inevitable para el pandillero y demasiado arriesgada: el Departamento de Policía de Los Ángeles estableció unidades anti-pandillas de alta especialización.

Cada estancia en la cárcel confería prestigio, ascenso en la jerarquía pandilleril y nuevas experiencias útiles en la calle. Al Valdez expone, a propósito, que «los pandilleros veteranos en prisión obtuvieron el grado de honor más alto entre las pandillas callejeras» y que «hubo un código que estandarizó los comportamientos esperados para las pandillas de la calle y en prisión. Éste dictaba el modo apropiado de vestirse, hablar, actuar y conducir un negocio. Los veteranos también se encargaron de castigar a quienes violaron estas reglas».

A principios de los ochenta Alex Sánchez se estableció con sus padres al oeste de Los Ángeles, en el área de Pico Union, conocida como barrio centroamericano y que es nada menos que el reducto proletario donde nació la Mara Salvatrucha. James Diego Vigil advierte en *A Rainbow of Gangs: Street Cultures in the Mega-city* que entre los años cuarenta y cincuenta esa zona estaba habitada por oficinistas y comerciantes que fueron desplazados dos décadas más tarde por inmigrantes mexicanos, la mayoría de los cuales, a su vez, dejaron el espacio a miles de indocumentados salvadoreños, hondureños y guatemaltecos expulsados cuando los conflictos armados en Centroamérica entraron en su fase más crítica, después del triunfo del sandinismo en Nicaragua.

Vigil agrega que «aproximadamente 94,000 salvadoreños vivían en Estados Unidos a principios de los años 1980, mientras que sólo cinco años más tarde pudieron haber aumentado a unos 500,000» (indocumentados la mayoría, concentrados principalmente en Los Ángeles y Washington, DC), y que la violencia de los escuadrones de la muerte los persiguió hasta allá. «A finales de los años 1980 [...] los escuadrones de la muerte salvadoreños comenzaron a amenazar a los refugiados que estaban en Los Ángeles. Muchos... recibieron amenazas por medio de llamadas telefónicas anónimas o cartas [...] firmadas por "E. M." (Escuadrón de la Muerte)». Y no fueron sólo amenazas, sino que tuvieron lugar secuestros, violaciones y torturas contra refugiados en Los Ángeles, que casi nunca fueron denunciados porque las víctimas eran indocumentados y temían a la deportación.

Inmersos entre tantas energías hostiles (su pasado en Centroamérica; la policía anti-pandillas; la pobreza, los peores empleos, el hacinamiento y la ausencia de expectativas; el abandono por parte de sus padres; el racismo de los angloamericanos, los afroamericanos y las pandillas de origen mexicano; la delincuencia callejera, las mafias de la droga y las armas, y las amenazas de los escuadrones de la muerte), orillados a vender drogas para sobrevivir, decenas de jóvenes salvadoreños (con otros centroamericanos) que concurrían en el parque de la avenida Normandie de Los Ángeles formaron su propia organización alrededor de 1985.

Hay versiones que dan por hecho que la Mara Salvatrucha es una agrupación creada con propósitos delictivos y como reacción ante la violencia y el racismo que la pandilla Barrio 18 y jóvenes de origen mexicano ejercían contra los salvadoreños y otros muchachos centroamericanos. La realidad es algo más compleja.

La MS13 apareció sin duda como mecanismo de defensa, pero asimismo como ámbito donde se hablaba un tipo de español y compartían con libertad hábitos étnicos, comportamientos juveniles o pandilleriles (no delictivos) del país de origen, historias personales y el gusto por el rock pesado. Muy pronto, ciertamente, comenzó a configurar ese rostro, esos modos y esa letalidad que hoy le son característicos, y exhiben la frustración, el resentimiento y la furia reconcentrados.

Tampoco hay duda de que su posterior historial de confrontación con la Barrio 18, empezando por la lucha hegemónica en el área angelina de Rampart, la condujo a escalar su capacidad de violencia.

La salvadoreña Silvia Beltrán, actual directora ejecutiva de la organización Homies Unidos en Los Ángeles, llegó indocumentada a esa ciudad, acompañando a su madre, en 1985 (año que se fija como el de fundación de la Emeese). Dice que las olas de paisanos suyos que iban migrando se esparcieron sobre todo por Los Ángeles, San Francisco, Houston, Washington, DC y Long Island (en Nueva York), y que uno de los grandes problemas desde entonces era la desintegración familiar y el abandono de los hijos.

Sobre la MS13 en aquel contexto, recuerda que «comenzó de una manera bien inocente, si se puede decir, con los muchachos salvadoreños de unos dieciséis, diecisiete años, quizá de una generación anterior a la mía, jugando fútbol *soccer* en el parque de la Normandie [Avenue], lo cual marcó una diferencia, porque muchos de los chicanos no jugaban fútbol; además, les gustaba la música heavy metal y fumaban mariguana [...], recuerdo que cuando estaba muy jovencita y empecé a juntarme con ellos, me llevaron a un cementerio en la noche, pues según ellos eran diabólicos. Ya de ahí no me junté más con la Emeese sino mucho con los de la Barrio 18; no me simpatizó seguir con la Emeese porque yo era muy católica».

«Mara» (por las voraces hormigas marabunta) es uno de los términos del habla coloquial más corrientes en El Salvador. Después de estar expuesto al bombardeo mediático contra las Mara Salvatrucha, cualquier extranjero que llegue a San Salvador u otra ciudad salvadoreña se aterrará momentáneamente al escuchar expresiones como «¿A qué vino toda esa mara?», «¿Qué quiere esa mara?», «¿Esa gran mara espera el bus?», «Fui con mi mara al cine», «Me voy a la casa; tengo que dar de merendar a mi mara». Las personas de todas las clases sociales lo utilizan en dos sentidos: grupo anónimo («bola», como se dice en México), o familiares o grupo de amigos cercanos (la «palomilla», como decían en México).

«Trucha», por otra parte, es una expresión acuñada por los pachucos y luego por los cholos como sinónimo de «alerta» (quizá por analogía con la naturaleza vigorosa y ágil de la trucha, ese salmónido que remonta el caudal del río para desovar). «Salvatrucho», por otra parte, era una forma despectiva con la que otras minorías hispanas de Los Ángeles aludían a los salvadoreños. Tal es el origen de la denominación Mara Salvatrucha, y cuando se le menciona por sus iniciales (MS) se le superpone el «13», pues la «M» es la decimotercera letra del alfabeto —la Wonder 13 (o Maravilla 13), primera pandilla de salvadoreños en Los Ángeles, fundada en 1969 por el Flaco Stoner, inició el uso de este guarismo (el 13) influida, a su vez, por la Mexican Mafia.

En el principio se llamó Mara Loca (algo que equivalía a «barrio loco», «pandilla loca»). Después, debido a la preferencia de sus miembros por el hard rock, Mara Salvatrucha Stoner (en general, durante los ochenta se llamaba «stoner» a las congregaciones más o menos espontáneas de jóvenes, casi siempre hispanos, que escuchaban heavy metal bajo el influjo de drogas y se mantenían al margen de las pandillas convencionales). Más tarde, Mara Salvatrucha. Y finalmente, para sellar un pacto con la Mexican Mafia y otras sureñas de origen mexicano, MS13 o MSXIII.

«Hacia 1993 la MS13 se implica formalmente en el tráfico de drogas, extorsión, robo y asesinato. También se alió con otras pandillas del sur de California y más tarde con la Mafia

Mexicana, después de negociar el pago de un tributo. Es así como las clicas de la MS comenzaron a usar el número "13" junto al nombre de su pandilla, para significar la alianza con las pandillas sureñas», documenta Al Valdez.

Entre sus primeras clicas se cuentan 7-11 Locos, Normandie Locos Salvatruchos y Berendos Locos (denominadas así por las calles en torno de las cuales residían sus fundadores). Conforme aumentaban las olas migratorias centroamericanas a Estados Unidos, durante la segunda mitad del decenio de 1980, más adolescentes captaba esta banda juvenil en sus diversos enclaves de Los Ángeles.

Reunida la familia y establecida en Pico Union, en 1980, la madre de Alex Sánchez ejercía de lavandera en un hospital y el padre distribuía diarios en la madrugada. Alex fue inscrito en la Hobart Boulevard Elementary School, pero acabó expulsado tras una pelea con un compañero mexicano, y con siete pequeños indocumentados salvadoreños creó su pandilla, la cual pronto creció a quince miembros, incluyendo dos niñas. Todos optaron por abandonar sus casas y se dedicaron a robar autopartes, cometer asaltos callejeros y ejercer de camellos. Bajo el influjo de la moda carcelaria, como tantos cholos se cortaron el cabello a rape y adoptaron el caló pocho.

Alex Sánchez cuenta que a los catorce años, con todo ese bagaje previo, se brincó el Barrio: mediante una golpiza de trece segundos, en 1985 se hizo miembro de la aún denominada Mara Salvatrucha Stoner. Entre otras cosas, compartía con sus jombois el placer de escuchar a todo lo que daba la música de Pink Floyd, Judas Priest, Ozzie Osborne, King Diamond y Metallica, esa popular banda de heavy metal originaria también de las turbulentas calles angelinas (1981).

Ya no tenía nombre. Para su clica era el Rebel o el Rebelde. Como todo jomboi que se preciara, lucía cabello a rape y barba de chivo; camiseta blanca, pantaloncillos holgados Docker y tenis Nike; y sabía defenderse con una cadena, un cuchillo o un revólver. Los tatuajes fueron tapizando la piel morena de sus brazos, espalda y pecho. La muerte y la cárcel se le revelaron: al salir de la escuela su jomboi Rocky fue abatido por pandilleros rivales, que le pegaron tiros de revólver .38 en el rostro y la nuca. Entonces, recuerda, cayó en la cuenta que para él ser pandillero había dejado de ser juego de niños. Luego fue a la correccional y a prisión por conducir ebrio o drogado, portar armas, robar automóviles.

El Rebelde, puede verse, llegó a la vida con la Mara Salvatrucha.

La MS13 apareció en el mismo escenario cultural y urbano que la Eighteen Street, dos décadas más tarde. Esto le permitió abrevar de su savia chola y pendenciera, y ponérsele a la par. Pero no necesariamente fueron rivales desde el principio.

Como largos tramos de la historia de las pandillas Barrio 18 y Mara Salvatrucha, las causas de su actual y sangrienta guerra se conocen por transmisión oral. En el Coloquio Internacional *Las Maras, Identidades Juveniles al Límite*, José Manuel Valenzuela, de El Colegio de la Frontera Norte, sostuvo que, según testimonios de pandilleros, al principio ambas gangas no sólo coexistieron en paz, sino que miembros de la Dieciocho se pasaron a la Emeese Trece, en tanto que muchos de los salvadoreños prefirieron quedarse en la primera.

El control del mercado de la droga, advierte Valenzuela, hizo germinar el encono:

> en los barrios [...] se generaron intereses especialmente cuando un sector de las pandillas se involucró en una disputa por el control del tráfico de drogas o de personas, de documentos, de venta de armas

o de venta de protección. Esa fue la base objetiva de la cual deri-
varon las disputas entre la Barrio 18 y la MS, y el desencuentro se
selló de manera dramática [cuando] una muchacha que tenía relaciones sentimentales con un miembro del Barrio 18 comenzó a salir
con uno de la MS; la rivalidad amorosa devino en enfrentamiento
físico [...] la anécdota es que al joven [...] Aurelio le sacaron las
uñas y los ojos, y posteriormente lo quemaron vivo. Desde entonces
la escena ha sido la marca fundacional y mojón que define la rivalidad.

Parece una adaptación despiadada de *Romeo y Julieta*.
Parte de esa versión coincide con la recogida entre pandilleros
salvadoreños por José Miguel Cruz y Nelson Portillo Peña,
autores de *Solidaridad y violencia en las pandillas del gran
San Salvador*. Ellos implican la diferenciación cultural entre
la B18, otras pandillas y la MS13, y sitúan el principio de la
rivalidad a comienzos de los años noventa:

Los informantes mencionaron que la Salvatrucha no surge como
una respuesta antagónica y hostil a la Pandilla de la Calle 18, pero
sí como un grupo cultural distinto de otras pandillas, incluida
la misma 18. El enfrentamiento declarado entre ambas pandillas, la Calle 18 y la Mara Salvatrucha, no toma lugar sino hasta
comienzos de los años noventa.

Algo más:

Los informantes de ambas pandillas coincidieron en [...] un acontecimiento concreto como el precipitante de la enemistad entre las pandillas y el inicio de la guerra sin cuartel que actualmente libran en las
calles ([...] tal guerra está circunscrita a las calles y no a las prisiones
o los centros educativos). El incidente, según lo narrado por los pandilleros, consistió en una trifulca durante una fiesta en la que partici-

paban salvadoreños de la 18 y la MS. Esta trifulca dio origen a un conflicto creciente entre ambos grupos que con el tiempo se convirtió en una guerra declarada. El suceso parece estar rodeado de elementos de confusión y revela cómo un suceso menor dio inicio a un enfrentamiento extremadamente sangriento que ha sobrepasado las fronteras.

Deportados

El 12 de abril de 1989 *Los Angeles Times* consignó esta noticia en la sección Metro:

> Una fuerza de tarea compuesta por agentes federales de inmigración e investigadores de la policía de Los Ángeles ha deportado a 175 extranjeros ilegales implicados en pandillas y actividades relacionadas con narcóticos, desde [...] diciembre pasado, informaron funcionarios [...]. Las autoridades dijeron que los pandilleros —la mayoría identificados como ciudadanos mexicanos y salvadoreños— fueron enviados de regreso a sus países tras cumplir condenas de prisión [...] o ser capturados durante redadas callejeras [...]. Según ellas [las autoridades], en un caso la fuerza de tarea desmanteló el liderazgo de la Mara Salvatrucha, una pandilla callejera salvadoreña. «El impacto positivo para el sistema es que no tendremos que salir y buscar otra vez a esas personas una vez que fueron deportadas» [precisó la fuente].

La información daba cuenta de lo que parecía una más de las operaciones policiales de contención de las gangas juveniles en Los Ángeles, en una época en donde la violencia pandilleril se desbocaba a causa de la confrontación homicida entre bandas por el control del narcomenudeo en la zona metropolitana. Fue lo que poco después condujo, también, a la rivalidad entre las de origen hispano Barrio 18 y Mara Salvatrucha que persiste hasta ahora.

Se trataba en realidad de un suceso que detonaría la expansión global de esas agrupaciones —a finales de 1988, según se desprende de la propia nota—, aunque abordado de manera superficial por *Los Angeles Times*, como si se tratara de un hecho policial aislado y sin mayores consecuencias.

Ocurrido al final de la atroz administración del presidente Ronald Reagan (1981-1989), el hecho fundaba una política federal de deportación a gran escala de jóvenes mexicanos y centroamericanos con antecedentes penales o sospechosos de ser delincuentes, que se mantiene aún en 2006, y que con la potencia de un torrente inoculó a las pandillas Dieciocho y Trece, su parafernalia matizada por el consumismo, su estilo violento y los costos sociales de su encono, entre cientos de adolescentes de los empobrecidos y convulsos países de El Salvador, Honduras y Guatemala.

Lo anterior sucedió en las postrimerías de la Guerra Fría. Si bien no hay hasta ahora evidencias documentales de que el gobierno estadounidense tomara esa decisión para, de manera deliberada, enturbiar más las guerras civiles en Centroamérica, conciente o inconcientemente las deportaciones masivas de pandilleros exportaron un tipo de violencia juvenil y contribuyeron a ahondar las crisis sociales en cada una de esas naciones. José Miguel Cruz, director del Instituto Universitario de Opinión Pública de la Universidad Centroamericana, piensa que, en todo caso, «fue una política torpe cuyas consecuencias no previeron y de hecho todavía agencias como el Comando Sur y el FBI siguen actuando bajo estos modelos de cero tolerancia sin calcular adecuadamente su impacto».

Las consecuencias, en efecto, se prolongan hasta hoy, al propiciar que las crisis sociales se mantengan y sirvan a los gobiernos como fundamento retórico para captar fondos internacionales, preservar Estados policíacos y manipular a sociedades aterradas ante la creciente presencia (real o mediática) de esos muchachos de aspecto atemorizante, devotos de la vida loca.

Sobre esto último, una viñeta: en el contexto de las campañas presidenciales hondureñas de 2005, el candidato del Partido Nacional, Porfirio Lobo, imprimió en su propaganda un guantelete de hierro, símbolo de la «mano dura» contra «las maras». Prometía reformas legales para establecer la pena de muerte contra «los mareros» y aparecía en la televisión metido en un karategui impecable, exhibiendo con seño adusto katas de karate mientras aseguraba que exterminaría a «las maras». Por cierto, nada de esto impidió que, en noviembre de ese año, lo derrotara Manuel Zelaya, del Partido Liberal y actual presidente.

Los hondureños de algún modo estaban habituados a tales excentricidades: al propio presidente Ricardo Maduro (2002-2006), correligionario de Lobo, le encantaba protagonizar montajes mediáticos en los que se le veía comandando redadas policiales contra pandilleros de suburbios lejanos, varios días seguidos, acompañado —como reyezuelo en intrépida partida de caza— de su leal ministro de Seguridad, Óscar Álvarez. Su par de la nación contigua, el derechista salvadoreño Francisco Flores (1999-2004), tomó afición también al singular deporte.

En el tránsito de los ochenta a los noventa los diagnósticos acerca de la expansión pandilleril en las calles de California eran inquietantes, lo mismo que la visión del fenómeno desde la perspectiva de la industria mediática. El 17 de diciembre de

1989, un año después de que dieran comienzo las deportaciones de pandilleros o jóvenes con aspecto cholo, pero no miembros de gangas a Centroamérica, *Los Angeles Times* publicó una historia cuyas fuentes oficiales presentaban la violencia en los barrios hispanos angelinos como prolongación del agitado ambiente centroamericano, merced a la presencia en la zona metropolitana de Los Ángeles de «una nueva generación de pandillas juveniles» entre los refugiados.

De acuerdo con las fuentes del Departamento de Policía de Los Ángeles citadas por el influyente diario, por esas fechas las gangas «de hombres jóvenes con raíces en El Salvador, Guatemala y otras naciones centroamericanas conforman aproximadamente el cinco por ciento de las casi trescientas pandillas juveniles de la ciudad». Y si bien era un porcentaje aún marginal, la policía y expertos advertían que «la influencia de estas pandillas centroamericanas crece conforme establece nichos en la ciudad y San Fernando Valley». Otro motivo de preocupación, según palabras de Manuel Velásquez, portavoz del Community Youth Gang Services Agency, era que los integrantes de las bandas estaban habituados, desde sus países de origen, «a bombas y cuerpos decapitados», de modo que «se ríen de los tiroteos».

Sobre la joven Mara Salvatrucha, el texto de *Los Angeles Times* afirmaba que para trabajadores sociales especializados en pandillas, era la agrupación «más difícil para trabajar», porque sus secciones (clicas) «son nómadas, se esfuman de una zona y aparecen en otra». Aparte, ofrecía el testimonio de Smiley, una mexicoamericana de veinticinco años que se enamoró de un jomboi de la Emeese que la golpeaba; su conclusión tras tal experiencia era que los miembros de esta pandilla «crecen con el asesinato dentro».

El epicentro de las peleas entre la Barrio 18 y la Mara Salvatrucha, en las que tomaban parte asimismo otras de origen latino, era Pico Union. El paisaje se enturbiaría más al integrarse jombois de la MS13 a la Mexican Mafia (en 1993) para ampliar sus horizontes en la distribución de estupefacientes: «La procuraduría de Los Ángeles ha sugerido que debido a su relación con la *Eme*, la *Mara Salvatrucha* ha extendido el tráfico de drogas a las 33 cárceles estatales de Estados Unidos», afirma James Diego Vigil en *A Rainbow of Gangs: Street Cultures in the Mega-city*.

Como parte de su incesante dinámica de alianzas y rivalidades, las pandillas se pertrecharon mejor, hicieron más arteros sus ataques, ejecutaron venganzas más sangrientas y dejaron más cadáveres despatarrados (incluidos los de personas inocentes) al cabo de prolongados tiroteos callejeros, que además se habían extendido ya a escuelas, templos y otros sitios públicos. Los comportamientos violentos eran exacerbados por el consumo de cocaína y crack, sustancias de moda entre la sociedad estadounidense.

En *Gangs. A guide to understanding street gangs*, Al Valdez afirma que durante los años noventa «la ciudad de Los Ángeles era considerada la capital de las pandillas en el país. Las principales bandas étnicas en el condado de Los Ángeles eran de hispanos y afroamericanos».

Tal es el escenario donde sobrevinieron los disturbios raciales de 1992, exactamente medio siglo después del caso de Sleepy Lagoon, sucedido en agosto de 1942 también en Los Ángeles, y que condujo a los motines de junio de 1943 como reacción de los pachucos a un veredicto judicial contra miembros de la pandilla Barrio 18, por el homicidio de su compañero José Díaz y otros delitos.

La madrugada del 3 de marzo de 1991, cuatro agentes de la División Foothill apalearon a Rodney King, un afroamericano de veinticinco años que había cometido una infracción de tránsito. Lo sometieron con una pistola de descarga eléctrica y enseguida lo golpearon hasta hacerle perder el conocimiento. Entre otras lesiones de gravedad, sufrió once fracturas en la base del cráneo y la rotura de la cuenca del ojo derecho. Al quedar registrado en video por una persona que lo vendió a la televisión, el suceso atrajo la atención mundial y sigue siendo un referente para el debate acerca de la sistemática violación de los derechos humanos contra las minorías étnicas en Estados Unidos.

Como en el de Sleepy Lagoon, el caso de Rodney King crispó la atmósfera de los suburbios angelinos, desde donde la gente siguió con expectación el juicio. Transcurrido algo más de un año, el 29 de abril de 1992 un jurado absolvió a los agentes del Departamento de Policía de Los Ángeles que habían intervenido en la agresión. En los cinco días posteriores, miles de personas salieron a protestar y desahogar su frustración. La agitación dejó varios muertos y heridos, y barrios enteros saqueados y destrozados.

Entre aquellas muchedumbres, cientos de miembros de la Barrio 18 y la Mara Salvatrucha, entre otras gangas, armados y drogados actuaron como ejércitos predadores, «quemaron la ciudad y específicamente la parte de Pico Union. Originaron disturbios también en Hollywood, donde habita mucha gente blanca», narra en entrevista el escritor estadounidense James Diego Vigil. «Rompieron ventanas, asaltaron comercios y rociaron con gasolina algunas calles […], también los pandilleros se metieron en el *freeway* y obstruyeron el tránsito.»

Es evidente que los disturbios rebasaron con mucho la protesta contra el jurado que favoreció a quienes agredieron a Rodney King. Vigil explica al respecto que «toda esa gente protestó por su inconformidad ante la vida que llevaba. Se quejaban por lo reducido de los departamentos, además de [exigir] mejores escuelas y empleos».

Una investigación de Thomas C. Bruneau para el *Strategic*

Insights (mayo, 2005), mensuario electrónico del Center for Contemporary Conflict —perteneciente a la Naval Postgraduate School—, concluye que, en particular, «los miembros de esa pandilla latina [la MS13] fueron considerados elemento clave de la violencia, la cual sólo pudo ser sofocada con el apoyo de la Guardia Nacional y el ejército».

En un reportaje a cinco años de estos hechos, el 28 de abril de 1997, el diario británico *The Financial Times* citaba a «legisladores de Washington» según los cuales fueron robadas durante los motines alrededor de diez mil armas cuya distribución en el mercado negro contribuyó a fortalecer el poder de las pandillas.

Además de desvelar una vez más las contradicciones de la sociedad estadounidense, las asonadas de 1992 dieron a la administración de George Bush padre (1989-1993) un argumento sostenible para intensificar las deportaciones de miles de jóvenes latinos a México y Centroamérica, independientemente de que muchos de ellos, siendo hijos de latinos, habían nacido en Estados Unidos y no conocían los países de sus padres, ni mucho menos el idioma, o emigraron con sus familias desde muy pequeños y sus lugares de origen les eran tan extraños como para cualquier extranjero.

Una estrategia para restar visibilidad a las pandillas surgió ese mismo año por iniciativa de Joe Morgan, jefe de la Mexican Mafia. Al Valdez sostiene que mediante «lo que se conoció como el Edicto de la Eme», Morgan ordenó reducir la violencia en las calles de Los Ángeles, dando principio a una tregua. Pero que si bien miembros de dicha organización afirmaban que se trataba de «un servicio social», «la historia refiere que había un motivo escondido para ordenar la llamada tregua de pandillas. Tal parece que la Eme pretendía ampliar su control a todas las pandillas hispanas del sur de California.

Lo que en realidad intentaba… era controlar la venta de drogas en Los Ángeles y condados circundantes».

Una de las consecuencias casi inmediatas del Edicto de la Eme fue la alianza de esta organización con la Mara Salvatrucha, en 1993, que llevó a la segunda a adoptar el número 13 (MS13) y, sobre todo, le permitió integrarse plenamente a los circuitos de distribución de drogas, lo que al mismo tiempo agudizó su encono con la pandilla Barrio 18.

En su faceta del Rebelde, jomboi de la MS13, Alex Sánchez —hoy uno de los directivos de Homies Unidos en California—, vivió con intensidad esa época. Como tal vez nunca supuso, las deportaciones en masa lo obligarían a él mismo a repetir la odisea que había hecho, con sólo ocho años de edad —en 1979—, de El Salvador a California, a través de Guatemala y México.

En 1994, cuando completaba ocho años de pertenecer a la MS y veintitrés de edad, fue llevado a prisión por robo. Ahí se enteró del nacimiento de Alex junior, su primer hijo. Como sucede con muchos pandilleros al rebasar la adolescencia, tener un descendiente le cambió la existencia. En su despacho del West Olympic Boulevard, explica que los pandilleros llaman a sus niños «hijos de la fatalidad» y que les consuela perpetuarse a través de ellos, estando convencidos, como están, de que, confinados en la vida loca, morirán de forma violenta y prematura. Allison Anders, en su película *Mi vida loca*, lo expone desde una pragmática y fatalista óptica femenina, resumiéndolo en la siguiente frase didáctica puesta en boca del personaje de Angélica, apodada Giggles: «Debemos adquirir nuevas habilidades, porque cuando nuestros hijos tengan 21 años, [sus esposos] estarán presos, lisiados o muertos. Es terrible, pero así es. Debemos criar solas a nuestros hijos, debemos pensar en el futuro».

Para Alex Sánchez, en cambio, la noticia de ser padre le trajo la certeza de que deseaba vivir para cuidarlo. Un mes después del nacimiento de su hijo fue trasladado de la prisión al entonces Servicio de Inmigración y Naturalización, de donde fue deportado, llegando a El Salvador el 31 de octubre de 1994. Puesto que quince años atrás había dejado su país, era un extranjero. «Los deportados nos convertimos en forasteros», dice. Y no era sólo el tiempo que estuvo ausente lo que lo distanció, sino el idioma (hablaba pocho), la falta de redes sociales y los tatuajes.

Como es habitual entre miembros de la Barrio 18 y la Mara Salvatrucha, moverse a través de países en su marcha desde Centroamérica a Estados Unidos impone un desafío de cazadores, echar mano de todo lo aprendido en las calles, bueno y malo. Con su hijo en mente, rehuyendo de un país que hacía tiempo había dejado de ser el suyo, Alex Sánchez partió en autobús de El Salvador a Tecún Umán, en Guatemala, y de ahí, en lancha al estado de Oaxaca, en el sur mexicano. Avanzó por la costa del Pacífico, hasta Acapulco, y luego, en arduos trayectos de autobús, cruzando por lo ancho México, alcanzó Matamoros, en el Golfo. Una madrugada traspuso la frontera y se internó por Brownsville (Texas). Un pollero le cobró dos mil dólares por el tour completo (El Salvador-Estados Unidos). Y otro lo condujo en ferrocarril a San Antonio, de donde voló a Las Vegas, para llegar a Los Ángeles por tierra.

Por ser reincidente y porque sus tatuajes lo hacían demasiado visible, vivió algunos meses en la clandestinidad, evitando en lo posible el riesgo de ser enviado a la cárcel o deportado otra vez.

Entretanto, en Los Ángeles emergían nuevos fenómenos relacionados con las pandillas y ciertas disposiciones oficiales que sólo ahondaron el conflicto. El mismo año en el que Alex fue deportado a El Salvador y reingresó ilegalmente a Estados Unidos (1994), la agitación étnica volvió a apoderarse de la ciudad, ahora a causa de la Proposición 187. Se trataba de una ley que formalizó los postulados xenófobos de la campaña «Salven nuestro Estado», a través de la cual grupos ultraderechistas pretendían enfocar la causa de los problemas sociales y económicos de California en la presencia creciente de inmigrantes indocumentados (mexicanos, sobre todo).

Para elevar su popularidad, respaldado por una onerosa estrategia propagandística de corte racista financiada por su partido, el gobernador republicano Pete Wilson (1991-1999) basó la campaña electoral hacia su segundo mandato en la Proposición 187, que no sólo obligaba a profesores y médicos a negar los servicios educativos y de salud a indocumentados, sino a denunciarlos ante el Servicio de Inmigración y Naturalización.

Wilson consiguió reelegirse y, en consecuencia, la aprobación de la mayoría del electorado a su Proposición 187. Pero al mismo tiempo una ola de repudio nacional e internacional se cebó sobre su gobierno. El sur de Los Ángeles vivió la mayor manifestación en la historia de la ciudad, en un momento en el que ésta se hallaba todavía en reconstrucción debido a los disturbios de dos años atrás por el caso Rodney King.

La Proposición 187 nunca entró en vigor plenamente. La presión de las organizaciones civiles obligó a la administración de Wilson a anular la mayoría del articulado. En 1998 fue declarada inconstitucional por un tribunal federal y en 1999 derogada. Nada de esto significa que no haya en la actualidad otras leyes federales con un espíritu y unas disposiciones semejantes a los de aquélla.

El proceso evolutivo hacia pandillas latinas más grandes y mejor estructuradas y armadas siguió su curso, mimetizado con la agitación en los suburbios de inmigrantes contra la legislación racista y electorera ideada por el gobernador californiano. Como reacción a la violenta hegemonía de las pandillas Barrio 18, Mara Salvatrucha y otras de envergadura semejante, apareció en ese mismo decenio un nuevo tipo de grupo juvenil: los party crews. Al Valdez dice en su investigación que si bien «permitieron el ingreso de cualquier persona» —como lo había hecho la Eighteen Street—, la mayoría de sus miembros eran hispanos, y que «igual que los tagger crews [pandillas de graffiteros surgidas desde finales de los ochenta], los party crews nacieron con la idea de alejarse de la violencia de las pandillas tradicionales», aunque «la convivencia cercana con otros pandilleros» y la necesidad de defenderse «pronto influyó para que [...] se volvieran [...] violentas».

Así, «los partys se convirtieron en el espacio idóneo para la lucha entre pandilleros. Sigue siendo frecuente que un pandillero se acompañe de sus aliados para asistir a fiestas en el territorio de pandillas enemigas», provocando enfrentamientos en los que era habitual que murieran jóvenes.

Siempre a la sombra carcelaria, servida de tentáculos luengos e invisibles, la Eme, la pragmática Mexican Mafia agitó a sus peones y alfiles en las barrios, incluidos los camellos que además llevaban encima las letras de la ensoberbecida Mara Salvatrucha. Y, por si no bastara, «en esta década [los noventa] se rumoró que La Eme se vinculó con la pandilla Eighteen Street, la más grande de hispanos en Los Ángeles, con el fin de mantener el negocio de la venta de drogas», refiere Al Valdez, aunque más adelante advierte que «las investigaciones sugieren que la Eme no se alió a la Eighteen Street, sino que sólo intentó presionarla para que sacara de sus filas a los pandilleros que no eran hispanos».

En cualquier caso, la Barrio 18 reclutaba oleadas de miembros de tagger y party crews, a la vez que trasponía los límites de California, de modo que, según el mismo autor, «para finales de los 1990 la Eighteen Street ya era considerada una pandilla a nivel nacional».

El imperio de la cocaína y la heroína comenzó a declinar levemente ante la popularización de las metanfetaminas (en un proceso que continúa). Los pandilleros de origen mexicano y centroamericano —algunos por cuenta de la Eme— se especializaron en producirlas, transportarlas y comercializarlas en las calles, además de ellos mismos abusar de su consumo. Si esto marcó un nuevo hito fue porque, en alguna medida, bajo el influjo de la droga se perdió lo que Al Valdez denomina «la ética de las pandillas de 1950 y 1960»; los pandilleros dejaron de respetar a los habitantes de sus barrios y a sus propias familias; el uso de armas de fuego se hizo corriente; «el respeto estaba basado en el miedo y la intimidación», y ya no en la edad o la experiencia; mientras más violento un crimen, mayor reputación alcanzaba el autor dentro de su propia pandilla.

Hasta que el narcotráfico y su ímpetu corruptor se colaron al Departamento de Policía de Los Ángeles.

El 2 de noviembre de 1996, Día de Muertos en México, a instancias del Instituto de Opinión Pública de la Universidad Centroamericana (El Salvador) nació Homies Unidos, organización integrada originalmente por 22 pandilleros de igual número de clicas de la Barrio 18 y la Mara Salvatrucha, deportados ese año de Estados Unidos. «Establecimos esa fecha conmemorativa para recordar a todos aquellos jóvenes que han muerto por violencia», expone Luis Romero —Panzaloca, para sus jomis de la Dieciocho—, salvadoreño ex convicto en California y actual director de dicha asociación civil con sede en San Salvador. El proyecto buscó desde el principio promover la paz entre ambas pandillas y la reinserción social voluntaria de sus miembros.

Al lado del sacerdote Gregory Boyle, los inmigrantes salvadoreños Alex Sánchez, el Rebelde de la Mara Salvatrucha —después de su deportación y reingreso a Estados Unidos optó por dejar de delinquir— y Silvia Beltrán —salió de su país en 1985 con su madre, una sindicalista cuya vida peligraba— crearon en 1998 la oficina de Homies Unidos en Los Ángeles, desde cuyo seno propiciaron las primeras treguas y diálogos de paz entre Big Palabra de la Eighteen Street y la MS13.

Silvia Beltrán recuerda que precisamente 1996 «fue el año crítico de las deportaciones», con repercusiones «no sólo entre las pandillas, sino para toda la inmigración», pues «se hizo la reforma de migración y el acta antiterrorista, después de los ataques terroristas de Oklahoma».

Se refiere a la Antiterrorism and Effective Death Penalty Act of 1996 (Ley de Antiterrorismo y Pena de Muerte Efectiva de 1996), promovida por la administración de William Clinton tras el atentado contra el Alfred P. Murrah Federal Building, la mañana del 19 de abril de 1995, en Oklahoma, cometido por excombatientes de la primera guerra del Golfo Pérsico afiliados a la organización ultraderechista Milicias de Michigan y a causa del cual murieron 168 personas.

«Con esa ley federal en mano procesaron a dos o tres terroristas relacionados con los sucesos de Oklahoma, pero al mismo tiempo han sido deportadas más de un millón de personas. Lo que hizo esa reforma legal fue, por ejemplo, convertir la felonía en un delito agravado, seas o no pandillero; así, manejar bajo la influencia de droga justifica que te deporten, lo mismo que robar cinco dólares de una tienda o invadir una propiedad privada.»

En particular, precisa la activista salvadoreña, «hay muchos casos de violencia intrafamiliar no graves que llevan a la deportación […], el 48% de los deportados a El Salvador fueron acusados de violencia doméstica y me atrevería a decir que lo mismo sucede con los mexicanos deportados. Este tipo de violencia es un problema de salud pública, pero se le criminaliza y, al producir deportaciones, se deja a las familias sin un padre».

Uno de los principales obstáculos que se levantaron ante este activismo inédito (que llevó a la fundación de Homies Unidos en California) fueron los antecedentes de Alex Sánchez, con dos ingresos ilegales a Estados Unidos y dos estancias en prisión. El Departamento de Policía de Los Ángeles echó a andar contra el salvadoreño su maquinaria de acoso a indocumentados, a través de su unidad de choque antipandillas Community Resources Against Street Hoodlums, la siniestra CRASH, con apoyo del Servicio de Inmigración y Naturalización y el FBI.

De aquella época, Alex Sánchez recuerda que recibió llamadas telefónicas intimidatorias de la policía y un acoso sistemático. Por caso, después de un brusco interrogatorio en la estación policíaca de Wilshire, oficiales del CRASH lo condujeron a bordo de una patrulla a cierto barrio dominado por una pandilla adversaria, para causar la impresión de que era informante. Durante una fiesta de cumpleaños dada por Alex para una joven que había abandonado las drogas, la policía efectuó una redada. Una incursión semejante tuvo lugar en un restaurante, cuando él impartía una charla sobre Homies Unidos; los oficiales lo arrestaron y se lo llevaron esposado.

En septiembre de 1999, mientras en el Senado Estatal de California tenía lugar un foro para documentar la hostilidad del Departamento de Policía de Los Ángeles contra los inmigrantes —en el que, entre otros, declaró Alex Sánchez—, estalló un escándalo de corrupción que implicaba a decenas de agentes policiales: el paradigmático escándalo de la División Rampart.

Rafael Pérez, miembro de CRASH en la División Rampart, que incluye el área de Pico Union (conocido como barrio centroamericano, donde nació la Mara Salvatrucha) se declaró culpable de regentear una red de camellos —pandilleros de los suburbios hispanos—, para lo cual robaba drogas de la propia comisaría y de distribuidores de otras bandas.

Sus confesiones revelaron asimismo diversos nexos de la policía con el crimen organizado y la brutalidad de la que era capaz el CRASH, algunos de cuyos miembros habían torturado, cometido ejecuciones, robado, extorsionado, levantado falsas acusaciones (incluido un caso contra miembros de la Barrio 18) y sembrado evidencias contra ciudadanos. Resultó que otras divisiones, además de la de Rampart, tenían problemas semejantes. El condado debió pagar más de cien millones de dólares en indemnizaciones a víctimas de este circuito de corrupción. Y aunque estaban directamente implicados alrededor de setenta agentes, sólo Pérez y su compañero Nino Durden fueron a prisión, si bien con penas reducidas por haberse declarado culpables. En marzo de 2000, el CRASH fue desaparecido, para dar lugar a la creación del actual Community Impact Action Teams.

En este caso el doble discurso de mandos del Departamento de Policía de Los Ángeles se hizo evidente. Por una parte deportaban a jóvenes con aspecto cholo o conculcaban los derechos de las minorías étnicas, sirviéndose de un discurso que enfatizaba la acción mortífera de bandas hispanas como la Barrio 18 y la MS13, y por la otra usaban a pandilleros con distintos propósitos delictivos.

En cuanto a Alex Sánchez, le ha correspondido lidiar contra la burocracia policíaca y de inmigración, que lo condujo varias veces a la cárcel. En 2000 se creó la campaña Free Alex, alen-

tada por organismos religiosos y civiles, abogados y legisladores locales —entre ellos, Antonio Villaraigosa, actual alcalde
angelino— y congresistas —como Hilda Solís—, que atrajo la
atención de medios del tipo de CNN. En 2006 continúa gestio-
nando su regularización migratoria, de modo que está imposibilitado legalmente para salir de Estados Unidos.

Casi una década después del inicio (diciembre, 1988) de las
deportaciones de jóvenes a Centroamérica y México, el 10
de agosto de 1997 *The New York Times* publicó un amplio reportaje de Larry Rohter bajo el significativo encabezado «In
U.S. Deportation Policy, a Pandora Box». Comienza por precisar que «el programa pretendía reducir el costo del delito en
Estados Unidos, liberar espacio en las prisiones y ahorrar el
dinero de los contribuyentes estadounidenses, deshaciéndo-
se de personas que no eran ciudadanos y que probablemente
cometerían nuevos delitos después de haber cumplido condenas de prisión». Y añade que tal «política puede haber tenido
un pequeño efecto en esas direcciones, según funcionarios de
Estados Unidos, pero también una gama de efectos secunda-
rios involuntarios mucho más delicados».

Según el influyente diario, básicamente los impactos negativos de las deportaciones fueron la acelerada expansión de
las pandillas hispanas y su violencia hacia los países centroamericanos; su capacidad para vulnerar la débil estructura
institucional de tales naciones —todavía no recuperadas tras
las prolongadas y cruentas guerras civiles—, pues además
mantienen contactos en Los Ángeles y otras ciudades estadounidenses de las cuales salieron; y en especial eso que el
diario califica como «efecto bumerán»; es decir, «el veloz
regreso a Estados Unidos de criminales que fueron deportados recientemente», a los cuales «la deportación les ha

permitido forjar nuevas conexiones para la distribución de droga y otros circuitos delictivos en sus propios países», «potenciando su capacidad para cometer nuevos delitos en Estados Unidos».

Y algo igual de grave fue, según advertía *The New York Times*, que la rigidez de las leyes migratorias en las que se habían sustentado las deportaciones, marcaban a un número «pequeño pero significativo» de inmigrantes que en otras circunstancias habrían sido personas productivas, respetuosas de la ley.

La siguiente advertencia del rotativo acerca de lo que sucedía con las pandillas en El Salvador vale para el resto de Centroamérica y, potencialmente, para México después de 2000, y vale en particular para la Barrio 18 y la Mara Salvatrucha: «la guerra de pandillas trasplantada de Estados Unidos se yergue como una nueva amenaza para la seguridad».

Los gobiernos de las naciones afectadas, consigna, respondieron con preocupación y enojo: «la situación quizá sea especialmente seria aquí, pero no significa que El Salvador esté solo en su alarma ante la política de deportaciones de Washington. En toda América Central y el Caribe, del este de Guatemala a Guyana, los funcionarios de gobierno han expresado cólera y frustración por una crisis que consideran les fue endosada por Estados Unidos y rebasa su capacidad de control».

Todo esto se ha revelado en los países de Centroamérica en su plenitud descarnada, y comienza a aparecer en las fronteras y las zonas connurbadas de México. Pero lo que Larry Rohter, el autor de la sólida historia de *The New York Times*, no podía vislumbrar era que las elites locales capitalizarían de varias maneras la crisis social planteada por la expansión de la Eighteen Street y la Emeese, hasta llegar a las partidas de caza de los presidentes Maduro y Flores contra los jóvenes pandilleros, y las katas de karate con las que el candidato derechista Lobo pretendía exhibir, ante millones de televidentes hondureños, su supuesta aptitud para exterminar a las pandillas.

SEGUNDA PARTE

Modelo de intervención

Giovanni Martínez perteneció a la pequeña ganga Silver Lake, adversaria de clicas de la Mara Salvatrucha en el área metropolitana de Los Ángeles. Ahora trabaja como voluntario en la sede de Homies Unidos, en San Salvador. Tiene veintitrés años. Es moreno claro, de cara redonda, y va pelado a rape, con el nombre de su pandilla tatuado en la parte posterior del cráneo. Usa tenis blancos y playeras largas que algo revelan de su historial cholo. Da una primera impresión ambigua; parece un muchacho retraído, pero también alguien demasiado seguro de sí como para ser tímido.

La realidad es que hasta hace no mucho era un sujeto de revólver .45 a la cintura, al que una mirada, un ademán, una palabra bastaban para encontrarle las cosquillas; como personaje vallejiano de *La Virgen de los sicarios*, alguien capaz de matar a cualquiera «por la simplísima razón de andar existiendo». Su silencio es porque no acaba de adaptarse al castellano, su arrumbada lengua materna, y a la idiosincrasia salvadoreña. Sigue perplejo, es un roble joven extirpado de tirón, trasplantado en un entorno que para él podría equivaler a otro planeta.

Nació en el municipio de San Marcos, al sur del Gran San Salvador. En 1983, cuando tenía año y medio sus padres partieron hacia a Estados Unidos. Ajeno por completo al sueño de una tierra promisoria, fue llevado en brazos por Guatemala y México, siguiendo la dolida marcha de los migrantes centro-americanos.

Su familia se estableció en Hollywood y comenzó a asistir a la iglesia evangélica The Big I Am. Fueron obteniendo trabajo y paz, algo que no abundaba en el país que habían dejado. Hasta que el único hijo varón les resultó cholo. «No puedo decir que vivíamos en la pobreza, porque tenía todo. Pero desde los once años empecé a escaparme para ir con los amigos. Le decía a mi mamá que me iba a estudiar, pero no, me iba a joder; todo estaba cambiando, también porque yo era agresivo», narra Giovanni.

Después de reñir a gritos con sus padres —ellos en español, él en inglés, de modo «que casi no nos entendíamos»— y de que lo golpearan, abandonó su casa para irse «con mis cheros» de la pandilla Silver Lake. «Sentía que era un poco más adulto.» Tres compañeros le propinaron durante quince segundos una golpiza cuya satisfacción fue que le permitió brincarse el Barrio. «Todo sangrado, me levantaron, me lavaron, me pusieron nueva ropa y me dieron de todo […]. Luego me peloneé, me vestí con pantalones flojos, y antes de los doce me hice el primer tatuaje, detrás de la cabeza. Puro cholo.»

Los siguientes años transcurrieron entre líos con la justicia. A los dos meses de huido, la policía lo devolvió a su casa. Tres meses después paró en un centro de detención juvenil por porta-ción ilegal de arma. A los diecisiete años volvió a ser detenido, como sospechoso de homicidio, y absuelto casi tres años más tarde. Enseguida la policía lo sorprendió sacando un arma para hacer frente a miembros de la pandilla The Crazies. «Puras locuras; iba a dispararles porque eran enemigos.» Corrió, con una patrulla pisándole los talones. Se agazapó en un tiradero y se cubrió con basura, mientras desde un helicóptero le ponían el ojo.

Antes de los veinte estaba convertido en un veterano de las lides callejeras, «mis padres no habían podido pararme, se resignaron a tener un hijo cholo». Asaltando se sostenía y compraba mariguana, cocaína o cristal, «que era lo que consumía solamente». El gobierno de Estados Unidos decidió sacudírselo como pelusa, tras un juicio en el que tuvo que escoger: cárcel o deportación. Optó por la segunda. Y aquí está, detrás de un escritorio, atendiendo los teléfonos, tomando recados, cumpliendo sencillas encomiendas, aprendiendo a no usar la violencia, guareciéndose por momentos en el recuerdo de sus glorias como chero de la Silver Lake.

Casi nadie se pregunta cómo transporta el gobierno estadounidense a los miles de jóvenes centroamericanos metidos en problemas legales que deporta cada año desde 1988, ni qué panorama deben afrontar dejados a su suerte en un país desconocido para ellos. Las historias son de una diversidad interminable. Pero la de Giovanni apesta al *american style* que el mundo conoció con detalle después de las invasiones a Afganistán e Irak, a resultas de los atentados del 11 de septiembre de 2001 en Nueva York y Washington. En su proporción, recuerda los tratos vejatorios de las prisiones militares de Abu Ghraib y Guantánamo contra reos sospechosos de atacar Estados Unidos.

Según sus palabras, en 2003, bajo fuerte custodia policial, encadenado y sin pasar por las salas habituales de pasajeros, en California, fue subido a un avión cuyas características no pudo ver y metido en una jaula individual instalada en la parte trasera, al mismo tiempo que otros 19 muchachos; como miles lo habían sido antes y lo fueron después. «Habíamos de pandillas rivales», entonces «veníamos diciéndonos de todo». Al llegar a la ciudad de San Salvador los echaron, sin más, a la calle. «Estaba perdido. Lo que tenía aquí de familia me miraba mal porque sabía que era cholo; mis abuelos me discriminaban. No tenía trabajo.»

Cuando Giovanni volvió al país que había dejado hacía dos décadas, siendo un crío, lo hizo decidido a calmarse, harto, dice, de «tantos años de estar jodido». Consiguió el modesto empleo en Homies Unidos, se enamoró, se casó, procreó un hijo que hoy tiene un año, y su madre le dio los dólares para comprar la casa donde ahora vive en su natal San Marcos.

Nada de esto lo libra. Bajo la regla de que una vez brincando el Barrio nadie puede salir vivo de él, miembros de la pandilla Silver Lake (que tiene al menos una clica en San Salvador) indagan su paradero. La policía, amparada en las «leyes de mano dura», acosa a las personas con tatuajes, y él ya estuvo cinco días en la cárcel por eso. Aún peor es lo que debe hacer todos los días: usar el transporte público. Lo mismo que en ciudades de Guatemala y Honduras, en las de El Salvador los pandilleros de la Barrio 18, la Mara Salvatrucha y otras bandas menores, montan retenes para verificar entradas y salidas a sus territorios, con el fin de preservar el mercado de drogas, rentear —cobrar cuotas por permitir a vendedores, conductores de transportes de pasajeros y prestadores de otros servicios públicos transitar sus territorios— y, de paso, eliminar adversarios. «Suben y nomás se te quedan viendo. He mirado cómo a algunos pasajeros les levantan la camisa, buscándoles tatuajes. ¡Si te encuentran un tatuaje que sea de la pandilla enemiga, pum, te matan!» Esto lo obliga a hacer absurdos y extenuantes rodeos para ir y venir desde su casa.

Aparte están los escuadrones de la muerte. Luis Romero, director de Homies Unidos en El Salvador, denuncia que, amparados por los cuerpos policíacos, son una fuente de violación sistemática e impune a los derechos humanos de los jóvenes, y no sólo de los que pertenecen a pandillas; por ejemplo, «creemos que la Sombra Negra, un grupo de exterminio que operaba en los noventa, sigue existiendo y ha estado asesinando jóvenes en las calles».

El 30 de octubre de 2005, Robert J. López, Rich Connell y Chris Kraul publicaron en *Los Angeles Times* una historia en la que se aportaba una de las escasas cuantificaciones sobre los pandilleros deportados de Estados Unidos a Guatemala, Honduras y El Salvador: «En los 12 años pasados [o sea, a partir de 1993], las autoridades de inmigración estadounidenses han registrado más de 50,000 deportaciones de inmigrantes con antecedentes penales a América Central».

Giovanni Martínez, como se ha dicho, llegó a El Salvador resuelto a abandonar la vida loca. Pero entre las oleadas de deportados, miembros de la Barrio 18 y la Mara Salvatrucha hallaron en la juventud centroamericana un paisaje fértil para clonar sus bandas, y convencieron u obligaron a los pandilleros nativos a afiliarse a alguna de las dos, honrar la histórica rivalidad entre ambas y adoptar, en cada caso, sus usos y costumbres. Incluidos parafernalia, métodos violentos, uso de armamento y especialidades criminales como distribución de droga en el mercado de menudeo, venta de armas, robo de autos, asesinatos a la carta y renteo.

El gobierno estadounidense inoculó a los empobrecidos países centroamericanos el fenómeno de las pandillas —particularmente la MS13 y la B18—, lo cual ha ido revirtiéndosele. Los periodistas de *Los Angeles Times* concluían que a Estados Unidos le «ha salido el tiro por la culata», porque provocó que el problema se extendiera «a través de América Central y en otras partes de Estados Unidos», y ahora «las células recién organizadas en El Salvador han vuelto para establecer fortalezas en la zona metropolitana de Washington, DC, y otras

ciudades estadounidenses. Las prisiones en El Salvador se han
hecho centros nerviosos [desde] donde los líderes deportados
de Los Ángeles se comunican con grupos de sus propias pandillas a través de Estados Unidos».

En su autobiografía, William Clinton habla de un recorrido
por Centroamérica en su papel de huésped de la Casa Blanca
(1993-2001), colando de pasada un tibio e impersonal *mea
culpa*:

> [...] me fui de viaje durante cuatro días a Nicaragua, El Salvador,
> Honduras y Guatemala, para inaugurar el principio de una nueva era
> de cooperación democrática en una zona en la que, hasta hacía poco
> tiempo, Estados Unidos había apoyado a regímenes represivos que
> cometían horribles atentados contra los derechos humanos, siempre
> con la única condición de que fueran anticomunistas. Durante mi
> viaje, supervisé la colaboración de las tropas estadounidenses en las
> tareas de socorro después de los desastres naturales que asolaban
> la zona y pronuncié un discurso en el parlamento de El Salvador,
> donde los que antaño eran enemigos en una sangrienta guerra civil
> ahora se sentaban juntos en paz. También me disculpé oficial-
> mente por las pasadas acciones de Estados Unidos en Guatemala;
> me parecía que todo eran señales de una nueva etapa de progreso
> democrático que yo me había comprometido a apoyar.

Las deportaciones de pandilleros de origen centroamericano con antecedentes delictivos, que no han cesado a lo largo
de casi dos décadas, se cuentan entre las decisiones de los
gobiernos estadounidenses, a través de la historia, que exhiben
con claridad la visión geopolítica de Washington hacia los
países de América Central. Aunque de las más perniciosas

socialmente, son apenas un tramo de las «pasadas acciones» a las que se refiere con vaguedad Clinton.

Entre el proyecto de Abraham Lincoln de fundar en la región una suerte de reserva para afroamericanos libertos (1862) —como sucedió con Liberia, en África, como si no estuviera refiriéndose a naciones, sino a baldíos de los que pudieran disponer— hasta el desplome de los precios internacionales del café, que hizo crisis a principios de 2000 y obedeció a la irrupción de Vietnam como segundo productor internacional, ha transcurrido casi siglo y medio de políticas estadounidenses con efectos devastadores.

Como sucedió con el resto de América Latina, el principio de la dispareja relación histórica entre la potencia y las naciones del istmo centroamericano terminó de dibujarse y se formalizó en la tercera década del siglo XIX, con la Doctrina Monroe. El 2 de diciembre de 1823, James Monroe (1817-1825), el quinto presidente de Estados Unidos, la expuso al Congreso en los siguientes términos:

> […] se han estimado como ocasión propicia para sustentar, como un principio en el cual se involucran los derechos e intereses de los Estados Unidos, el hecho de que los continentes americanos, por las condiciones de libertad e independencia que han asumido y mantenido, no deben ser considerados, de hoy en adelante, como entidades sometidas a una colonización futura de cualquier potencia europea […].
>
> No nos hemos inmiscuido, ni lo haremos, en las colonias o dependencias que ya poseen algunas naciones europeas. Pero tratándose de los gobiernos que han declarado y mantenido su independencia y la cual hemos reconocido al considerar lo justo de sus principios, no podríamos contemplar la intervención de ninguna potencia europea que tendiera a oprimirlos, o a controlar de cualquier otro modo su

destino, sino como una demostración de sentimientos poco amistosos hacia los Estados Unidos.

[…]. Es imposible que las potencias aliadas extiendan su sistema político a cualquier parte del Continente Americano sin poner en peligro nuestra paz y felicidad; nadie puede creer, tampoco, que nuestros hermanos del sur lo adoptaran por ellos mismos, de buen grado. Por consiguiente, no nos es posible contemplar con indiferencia cualquier forma de intromisión. Si establecemos una comparación entre la fuerza y los recursos de España y los que poseen los nuevos gobiernos, así como la distancia que hay entre una y otros, resulta evidente que España no debe sojuzgar a éstos. Los Estados Unidos sustentan como su verdadera política la de dejar que las partes interesadas resuelvan sus propios asuntos, confiando en que otras potencias imitarán ese proceder…

Al oficializar su reconocimiento a los gobiernos emanados de los movimientos de independencia de las antiguas colonias españolas, Estados Unidos aprovechó para, con fundamento en dicha doctrina, reivindicar su hegemonía sobre América Latina, desplazando a España y conteniendo la expansión comercial de Inglaterra con un discurso anticolonialista.

La Doctrina Monroe posee un fundamento religioso aportado por los puritanos europeos asentados en la costa este de Norteamérica a principios del siglo XVII: el Destino Manifiesto, originalmente con un espíritu pacifista y según el cual Estados Unidos es la nación elegida por la providencia; una potencia política y económica, adalid de la libertad y la democracia, por designio divino. James D. Cockcroft escribe que bajo este paraguas ideológico la potencia justificó su apropiación de la mitad del territorio mexicano a mediados del siglo XIX.

Los actos intervencionistas del gobierno estadounidense; su forma de mirar y comprender América Latina, y la actitud patrimonialista con que ha dispuesto históricamente de sus recursos naturales, sus habitantes y sus territorios, está permeada por la Doctrina Monroe.

Durante la Guerra de Secesión (1861-1865), el 14 de agosto de 1862 el presidente Abraham Lincoln (1861-1865) hizo pública su *Propuesta de emigración de los negros a Liberia o América Central*. En esencia, sus argumentos eran que

> La colonia de Liberia ha existido desde hace largo tiempo. En cierto sentido es un éxito [...]. Y si la gente de color está convencida de ir a cualquier parte, la pregunta es ¿por qué no ahí?
>
> Una razón para su renuencia a hacerlo es que algunos de ustedes prefieren permanecer cerca de su región de origen. No sé cuánto apego le puedan tener a su raza. No he encontrado que tengan el mayor motivo para amarla. Sin embargo, aún están unidos a ella en todos los casos.
>
> El lugar que pienso para una colonia está en América Central [...]. Para cualquier pueblo la región tiene singular excelencia pues cuenta con grades recursos y ventajas naturales y en especial porque el clima es similar a su tierra nativa, lo cual se aviene a su condición física (Suárez Argüello, 1998).

País fundado por Estados Unidos en los cuarenta del siglo XIX —en una porción «comprada» a Sierra Leona y donde habitaban desde tiempos inmemoriales dieciséis grupos étnicos—, en Liberia las contradicciones raciales provocadas por este experimento se manifiestan con intermitencia, hasta hoy, como encarnizados conflictos civiles.

Si bien se anunciaba como alternativa digna para los afroamericanos liberados tras la abolición de la esclavitud (cuya ley firmó el propio mandatario al mes siguiente), en Centroamérica la idea no prosperó. Lo importante ahora es que denota el interés de sacudirse sin más a ese grupo étnico —como a finales de los ochenta del siglo XX se hizo con los inmigrantes centroamericanos, incluidos los jóvenes pandilleros de la Barrio 18, la MS13 y otras organizaciones—; la convicción de que la igualdad por la que se suponía luchaba Lincoln jamás se alcanzaría, y la actitud persistente de no considerar como actores con expectativas de vida y derechos a los habitantes de esos países que, con la población reubicada, serían los afectados directos.

Un siglo después, el mismo comportamiento se reprodujo en la guerra sucia avalada y financiada por la Casa Blanca contra las diversas expresiones opositoras especialmente en Guatemala, Honduras, El Salvador y Nicaragua, en el contexto de la paranoia anticomunista, plasmada desde finales de los cincuenta en la Doctrina de Seguridad Nacional, una teoría que alineaba contra «la subversión» y «el enemigo interno» a los ejércitos latinoamericanos, bajo los dictados del Pentágono. El costo social y económico de las guerras civiles creó las condiciones que hacia finales de los noventa propiciarían el auge inédito de la Eighteen Street y la Mara Salvatrucha en la región.

El hito centroamericano de ese intervencionismo fue el golpe militar contra el presidente guatemalteco Jacobo Arbenz, en 1954, ejecutado desde Honduras. Philip C. Roettinger, antiguo funcionario de la Agencia Central de Inteligencia, CIA, y coronel de la infantería de marina de Estados Unidos, escribió en julio de 1986 un artículo que se reprodujo en varios diarios, donde confirmaba el papel de su país en aquellos sucesos:

> Como funcionario de la CIA entrené a exiliados guatemaltecos en Honduras [para] que invadiesen su país y derrocasen a su presidente Jacobo Arbenz, elegido democráticamente. Nuestro funcionario de enlace con el ejército hondureño era Néstor Sánchez, que ahora es

subsecretario de la Defensa y uno de los principales responsables de la formulación de las políticas en la guerra actual [de los Contras] contra Nicaragua.

Allen Dulles, director de la CIA, nos dijo entonces exactamente lo mismo que Reagan le dice ahora al pueblo estadounidense: que el apoyo de Estados Unidos a los rebeldes impedirá la difusión del comunismo. Más tarde supe que Dulles nos mintió. El comunismo no era en absoluto la amenaza contra la cual luchábamos: la amenaza era la reforma agraria.

Cuando yo autoricé a Castillo Armas, que entonces estaba en una casa de seguridad en Tegucigalpa (Honduras), a regresar a Guatemala y asumir la presidencia, no tenía idea de las consecuencias que tendría nuestra intromisión. La Operación Éxito fue un fracaso. El nuevo régimen quemó libros. Privó de sus derechos civiles a tres cuartas partes del pueblo guatemalteco. Desmanteló reformas sociales y económicas tales como la redistribución de la tierra, la seguridad social y el derecho a sindicalizarse.

El golpe de Estado que yo ayudé a dar en 1954 inauguró una era sin precedentes de gobierno militar intransigente en América Central. Los generales y los coroneles actuaban con impunidad para eliminar la disensión y amasar fortunas para ellos y sus compinches. Ahora considero mi participación en el derrocamiento de Arbenz como un error terrible, un error que esta administración parece inclinada a repetir en Nicaragua. He madurado. Ojalá mi gobierno también madurase (Cockcroft, 2001).

Esta disrupción del proceso democrático en Guatemala tuvo como contexto la Guerra Fría y fue legitimada por la Organización de Estados Americanos. En *América Latina y Estados Unidos. Historia y política país por país*, James D. Cockcroft dice que John Foster Dulles (hermano de Allen Dulles, el director de la CIA), fue a Caracas para persuadir a la Organización de Estados Americanos (OEA) de que aprobara una resolución que censuraba la amenaza comunista a la seguridad. Todos sabían que el blanco era Guatemala. Los delegados de la OEA que votaron por la resolución representaban a algunos de los dictadores más notorios de la historia. Sin embargo, estos representantes no pudieron evitar aplaudir el elocuente discurso del delegado guatemalteco que denunció la intervención planeada por Estados Unidos. Guatemala fue el único voto «en contra». México y Argentina se abstuvieron de votar.

Detrás de la retórica anticomunista estaban en juego los intereses de las empresas petroleras y mineras estadounidenses, y sobre todo de la United Fruit Company, trasnacional frutera con matriz en Boston que desde principios del siglo XX se apropió de grandes extensiones de tierra en Centroamérica y el Caribe, depredó los ecosistemas, explotó la mano de obra, impuso gobiernos e inhibió cualquier expresión de activismo sindical o ciudadano, echando mano aun de ejércitos privados cuando las fuerzas públicas eran incapaces de contener alzamientos sociales.

En la Mamá Yunay, como le llamaban irónicamente, confluían capitales de empresarios y políticos estadounidenses, y es la madre de las repúblicas bananeras (al provocar que las economías de esas extenuadas naciones se basaran en la producción de plátanos, piñas y otras frutas). Arbenz había propuesto una reforma agraria que esta corporación consideraba lesiva.

Las tropas golpistas recibieron financiamiento estadounidense, fueron armadas y entrenadas en campamentos de Honduras y Nicaragua, y durante su incursión contaron con el apoyo de un intenso bombardeo de la CIA y la fuerza aérea de Estados Unidos, que se abatió sobre la ciudad de Guatemala. El coronel Carlos Castillo Arenas —formado en la Command

and General Staff School de Fort Leavenworth, Kansas— siguió las incidencias del golpe militar desde Honduras y tras la dimisión de Arbenz llegó triunfal a su país a bordo de una aeronave estadounidense.

Eduardo Galeano retrata en *Memoria del fuego* el instante de sombrío gozo, con su caudal de confabulaciones:

El arzobispo de Guatemala declara: *Admiro el sincero y ardiente patriotismo del presidente Castillo Armas*. En ambiente de gran algarabía, Castillo Armas recibe la bendición del nuncio papal, monseñor Genaro Verrolino.

El presidente Eisenhower felicita en la Casa Blanca a los responsables de la CIA. Les dice: *Gracias por haber eliminado una cabeza de playa soviética en nuestro hemisferio*.

El jefe de la CIA, Allen Dulles, encarga a un periodista de la revista «Time» la redacción de una nueva Constitución para Guatemala.

La revista «Time» publica un poema de la esposa del embajador de los Estados Unidos en Guatemala. Dice el poema que el señor y la señora Peurifoy están *optimistic* porque Guatemala ha dejado de ser *comunistic*.

En la primera reunión con el embajador después del triunfo, el presidente Castillo Armas expresa su preocupación por la insuficiencia de las cárceles locales, que no disponen de las celdas necesarias para encerrar a los comunistas. Según las listas enviadas desde Washington por el Departamento de Estado, los comunistas guatemaltecos suman 72,000.

Se celebra una fiesta en la embajada. Cuatrocientos guatemaltecos invitados cantan a coro el himno de los Estados Unidos de América.

Y Cockcroft concluye:

> El derrocamiento de Arbenz [...] distrajo la atención del público
> norteamericano de la recesión de 1953-1954, después de la guerra
> de Corea y de un asalto aterrador lanzado por policías contra los
> barrios estadounidenses de origen mexicano, que duró dos años y
> fue conocido con el nombre de Operación Espaldas Mojadas. El
> millón y medio de trabajadores mexicanos que servían de chivos
> expiatorios en los tiempos difíciles fueron rodeados y encarcelados
> o deportados al otro lado de la frontera. Los cateos casa por casa
> en los barrios dieron lugar a que muchos ciudadanos de Estados
> Unidos fueran detenidos y se encontraran, al día siguiente, al otro
> lado de la frontera, desorientados y sin patria.

Veinte años atrás (1932), también respaldados por la Casa
Blanca, los militares se habían hecho del poder en El Salvador.
El año del golpe militar contra el presidente guatemalteco
Arbenz, el gobierno de Honduras firmó un tratado militar con
Estados Unidos, amedrentado al cabo de una huelga nacional
de trabajadores de las empresas bananeras. Poco más tarde
(1956) el nicaragüense Anastasio Somoza (el primero de su
estirpe dictatorial) fue herido mortalmente por el poeta Rigo-
berto López Pérez y sucedido por Luis Somoza Debayle, su
hijo mayor.

En 1959 triunfó la revolución en Cuba y dos años después,
el presidente estadounidense John F. Kennedy (1961-1963)
lanzó la Alianza para el Progreso (1961), una especie de
Doctrina Monroe —con dedicatoria al activismo soviético y
la influencia cubana en la región— enfocada en el desarrollo
social y económico de América Latina con créditos y asesoría
de Estados Unidos, cuya finalidad explícita era «mejorar la
vida de todos los habitantes del continente», conjuntando «las
energías de los pueblos y gobiernos de las repúblicas ameri-

canas para realizar un gran esfuerzo cooperativo que acelere el desarrollo económico y social de los países participantes de la América Latina, a fin de que puedan alcanzar un grado máximo de bienestar con iguales oportunidades para todos, en sociedades democráticas que se adapten a sus propios deseos y necesidades».

Además de producir mayor endeudamiento y dependencia de Estados Unidos, la Alianza para el Progreso no alivió la pobreza de las sociedades centroamericanas ni hizo menguar la crudeza de las dictaduras. Cockcroft precisa que los 38 años que permanecieron al mando los militares guatemaltecos, tras la caída de Jacobo Arbenz, tuvieron un costo humano de «160 mil muertos, 40 mil desaparecidos, seiscientos pueblos indios destruidos y más de un millón de refugiados».

En cuanto a Cuba, un ejemplo de la guerra sucia de Estados Unidos que acabó revirtiéndosele fue la Operación Peter Pan. Casi medio siglo después, el presidente cubano cuenta a Ignacio Ramonet acerca del

secuestro, prácticamente, de catorce mil niños de este país, después de que nuestros adversarios inventaran una atroz calumnia de que la Revolución les iba a quitar a los padres la patria potestad. Y enviaron clandestinamente a Estados Unidos a catorce mil niños de este país, y en ese secuestro participaron algunos sacerdotes católicos que estaban contra la Revolución y también sacerdotes católicos de Miami.

[...] Dijeron otra cosa más horrible: que íbamos a convertir a los muchachos en carne enlatada.

[...] Que los íbamos a mandar para la URSS, que en la URSS los iban a convertir en carne enlatada y que iban a mandar carne enlatada para acá.

[...] Hay gente que quería irse; pero este caso fue terrible, los padres se quedaron esperando, muchos pensando que la Revolución no duraba mucho, y que mandarían luego a buscar a sus hijos de regreso; pero mandaron a catorce mil niños, muchos de los cuales ahora que son mayores critican a sus padres. Y allá no tenían adónde meterlos; los metieron, incluso, en lugares que eran casi de delincuentes, donde fuera; una masa de niños cubanos sin padres regada por todo Estados Unidos.

Castro no lo dice, pero es posible inferir que una parte de esa masa de pequeños virtualmente huérfanos nutrió las pandillas cubanas que pulularon en Florida y otros estados a partir de los años sesenta y setenta, especializándose en la distribución de cocaína, el robo y los ajusticiamientos a cuenta de terceros.

Las décadas de 1970 y 1980 fueron quizá las más cruentas para los pueblos de Centroamérica. Lo ilustra la Operación Calipso, mediante la cual las dictaduras militares argentinas (1976-1983) exportaron a esta área continental la tecnología del terror que habían asimilado de los exiliados nazis en el Cono Sur y la Escuela de las Américas, y perfeccionado en sus centros de exterminio de opositores.

Con la cobertura de la lucha anticomunista, emulando la Operación Cóndor (desplegada por los regímenes militares de Argentina, Chile, Brasil, Paraguay, Uruguay y Bolivia durante los setenta, para exterminar a la resistencia política mediante acciones extraterritoriales) e hinchando sus cuentas bancarias con millones de dólares al crear empresas fantasmas, los militares golpistas argentinos Emilio Eduardo Massera, Jorge Rafael Videla y Eduardo Viola hicieron fluir a través de la Operación Calipso, adiestramiento, armas (mediante triangulaciones con el Estado de Israel), asesores y métodos de tortura, en especial para el régimen somocista en Nicaragua.

En *El dictador. La historia secreta y pública de Jorge Rafael Videla*, María Seoane y Vicente Muleiro advierten que no obstante que el 1 de octubre de 1978 entró en vigor la denominada enmienda Humphrey-Kennedy, la cual prohibía al gobierno estadounidense conceder empréstitos militares a gobiernos violadores de derechos humanos, «sería inocente pensar que el presidente [James] Carter desconocía la política de reclutamiento de la CIA y el aval a las "Special Operation Forces" de los militares anticomunistas de todo el continente. Un aval y una alianza (intercambio de información, entrenamiento de agentes, montaje de negocios comunes en Miami) que se repitieron en el caso de los "cóndores" y en el Operativo Calipso en Centroamérica».

Y añaden que

> la tensión entre la política de "principios" sobre los derechos humanos de Carter y la irrenunciable estrategia anticomunista de la Guerra Fría por razones de seguridad nacional del mismo Carter producía efectos paradójicos sobre el gobierno de Videla [dictador argentino en turno]: daba aire a [José Alfredo] Martínez de Hoz [ministro de Economía] para abrir aún más el comercio con la URSS y favorecía a los sectores más aventureros y ultras del Proceso [de Reorganización Nacional] que presionaban para abrir canales de importación y exportación non sanctos de equipos militares (contrabando de armas y financiamiento espurio de actividades extraterritoriales, como los operativos Cóndor y Calipso).

En 1979 triunfó la revolución sandinista en Nicaragua. El hecho es de relevancia para la posterior expansión de las pandillas Barrio 18 y Mara Salvatrucha, porque éstas pulularon en Centroamérica al hallar un campo abonado a lo largo de una década de intensificación de la guerra sucia anticomunista financiada por el gobierno estadounidense, que produjo más miseria, desplazamientos masivos dentro de la zona y hacia Estados Unidos, Canadá y México; muertes y desapari-

ciones forzadas con su saldo de huérfanos; adolescentes enrolados por la fuerza en los ejércitos o las guerrillas; ciudades
semidestruidas o bombardeadas con napalm; el saqueo de los
bienes del Estado que hicieron las dictaduras y la concentración de armamento.

Esa intensificación de la guerra sucia, con el sello de intervención estadounidense, se dio a través de acciones como la
Operación Calipso. Un gobierno socialista en Nicaragua, en
sintonía con el régimen de Fidel Castro en Cuba y los movimientos revolucionarios en Guatemala y El Salvador, fue la
base sobre la que los regímenes de James Carter (1977-1981)
y Ronald Reagan (1981-1989) justificaron inmiscuirse en los
asuntos de las naciones centroamericanas.

Los pasos de la CIA muestran que todo se valía. Sus acuerdos
con el dictador argentino Videla, explican María Seoane y
Vicente Muleiro,

> fueron revelados en 1987 por el entonces agente del Batallón 601,
> Leandro Sánchez Reisse, ante el Senado de los Estados Unidos [...]
> confesó que, junto con un agente civil de la inteligencia militar,
> Raúl Guglielminetti [...], estableció un negocio encubierto en Fort
> Lauderdale en Florida, con colaboración de la CIA, que actuó como
> centro de las operaciones para las actividades militares argentinas en
> Centroamérica desde 1978 hasta 1981. También que la CIA colabo-
> raba con ellos y que los argentinos realizaban operaciones a nombre
> de la CIA.

Los autores argentinos insertan esta cita:

> Sánchez Reisse declaró: «Teníamos que estar presentes en Fort
> Lauderdale para facilitar los embarques de armas y dinero en apoyo
> de las actividades centroamericanas de tropas y asesores argentinos
> y de personas que desde los Estados Unidos trabajaban en esa área».

Bajo la supervisión de Suárez Mason [uno de los altos mandos militares golpistas y quien dirigió centros de tortura], y el entonces jefe del Batallón 601, [Alberto] Valín [...], los militares argentinos formaron para la CIA el llamado Grupo de Tareas Exterior (GTE).

Lo más comprometedor de aquello que se documenta en *El dictador. La historia secreta y pública de Jorge Rafael Videla* es que «Al parecer, la naturaleza y extensión de las actividades del GTE —manejaba fondos encubiertos en varios países, entre ellos Estados Unidos y Suiza para transacciones financieras ilegales, lavado de dinero, tráfico de drogas y de armas— fueron posibles gracias a la connivencia de la CIA, empeñada en las últimas batallas de la Guerra Fría».

Entre esas «últimas batallas» está también el plan Irán-contras, en 1986, donde instancias del gobierno de Estados Unidos tampoco mostraron escrúpulos. En apariencia, la administración de James Carter fue sensible a la sistemática violación de los derechos humanos de los regímenes centroamericanos, y el Congreso estadounidense decretó un embargo de material bélico hacia Guatemala —con Honduras, enclave de la estrategia contrainsurgente de Estados Unidos—. Pero la CIA mantuvo sus actividades subrepticias, garantizando a las dictaduras el abastecimiento de aeronaves y armas automáticas de Israel, interviniendo en la Operación Calipso, entrenando en tácticas antiguerrilleras y métodos de tortura a militares y policías, así como solapando la proliferación de escuadrones de la muerte; con denominaciones tan descaradas como Mano Blanca, Ojo por Ojo, Ejército Secreto Anticomunista, Frente Anticomunista para el Noreste, Banda de Buitres, Banda de Halcones, Banda del Rey, Centuriones, Escuadrón de la Muerte, Orden de la Muerte, Comando Anticomunista del Sur u Organización Cero (Cockcroft).

El sucesor de Carter en la Casa Blanca, Ronald Reagan, asumió con vehemencia la lucha anticomunista, favoreciendo a los gobiernos de Guatemala y El Salvador, que afrontaban revoluciones, y a la Contra nicaragüense, grupo paramilitar formado por ex somocistas bajo el auspicio de la CIA y el Consejo Nacional de Seguridad de Estados Unidos, que desde Guatemala, Honduras y Costa Rica hostilizaban al gobierno surgido de la revolución sandinista en Nicaragua.

Una prohibición expresa contra cualquier tipo de apoyo económico estadounidense a la Contra nicaragüense, emitida por la Cámara de Representantes de Estados Unidos en 1982, no surtió efecto, y aquellas instituciones dependientes de la Casa Blanca, aparte de mantener sus actividades en Centro-américa, en 1985 emprendieron una operación ilegal de venta de misiles al gobierno iraní —en un principio, con la interme-diación de Israel—, para seguir financiando a la Contra con las utilidades.

El 5 de octubre de 1986, cohetes sandinistas derribaron en la selva una aeronave militar C-123 que transportaba cinco toneladas de armamento. Un sobreviviente, Eugene Hasenfus, reveló que la carga sería entregada a la Contra, como parte de una operación más amplia. El 3 de noviembre siguiente, el magacín libanés *Ash-Shiraa* reveló la venta de armas de Estados Unidos a Irán, así como el destino de las ganancias, desatando el *Irangate*. Tras el escándalo se conocería asimismo que el plan antisandinista incluía un circuito de lavado de dinero a través de capitales en Arabia Saudita y Brunei, y que el Cártel de Medellín, del colombiano Pablo Escobar Gaviria, entregaba también ayuda a la resistencia somocista contra la revolución nicaragüense a cambio de permitírsele transportar cocaína a través de Centroamérica e introducirla a Estados Unidos.

La década de los noventa trajo atisbos de paz a los países centroamericanos. Bajo la inspiración del Grupo Contadora (propuesta para promover una salida pacífica en la región, surgida en 1983 por iniciativa de los gobiernos de Colombia, México, Panamá y Venezuela reunidos en la isla panameña de Contadora en ese mismo año), en agosto de 1987 los presidentes de Costa Rica, Guatemala, El Salvador, Honduras y Nicaragua firman el Acuerdo de Esquipulas, donde se comprometen a:

- Asumir plenamente el reto histórico de forjar un destino de paz para Centroamérica.

- Comprometernos a luchar por la paz y erradicar la guerra.

-Hacer prevalecer el diálogo sobre la violencia y la razón sobre los rencores.

- Dedicar a las juventudes de América Central, cuyas legítimas aspiraciones de paz y justicia social, de libertad y reconciliación, han sido frustradas durante muchas generaciones, estos esfuerzos de paz.

- Colocar al Parlamento Centroamericano como símbolo de libertad e independencia de la reconciliación a que aspiramos en Centroamérica.

E incluyen esta especie de dedicatoria a la Casa Blanca:

Pedimos respeto y ayuda a la comunidad internacional para nuestros esfuerzos. Tenemos caminos centroamericanos para la paz y el desarrollo, pero necesitamos ayuda para hacerlos realidad.

Pedimos un trato internacional que garantice el desarrollo para que la paz que buscamos sea duradera. Reiteramos con firmeza que paz y desarrollo son inseparables.

El acuerdo recibió el aval de Naciones Unidas y la Organización de Estados Americanos, pero el proceso pacificador todavía demoró algunos años en cuajar. En los casos de Guatemala, Honduras y El Salvador fueron de lo más violentos.

La Casa Blanca aprovechó los últimos estertores de la Guerra Fría para suprimir voces disidentes, fortalecer a los Contras e invadir Panamá, en 1989, mediante la Operación Causa Justa, que derrocó y secuestró al presidente Manuel Antonio Noriega, antiguo personero de la CIA.

En Nicaragua, el 25 de febrero de 1990 la candidata de la Unión Nacional Opositora, la derechista Violeta Barrios de Chamorro (1990-1997), derrotó en las elecciones presidenciales a Daniel Ortega (1985-1990), uno de los comandantes del Frente Sandinista de Liberación Nacional y quien pretendía reelegirse. Entre las primeras gestiones de su gobierno se cuentan el cese al fuego y el desarme de la Contra, lo cual consiguió en junio del mismo año. Ni la simpatía de la administración Bush (padre) le permitió estabilizar la economía, que a lo largo del decenio anterior había sufrido el embargo estadounidense, la ineficiencia burocrática del gobierno sandinista y los daños de la guerra civil.

En enero de 1992, el gobierno y el Frente Farabundo Martí para la Liberación Nacional firmaron en la ciudad de México el Acuerdo de Paz con el que zanjó la guerra civil en El Salvador. En diciembre de 1996, el gobierno de Guatemala y la Unión Revolucionaria Nacional Guatemalteca signaron a su vez el Acuerdo de Paz Firme y Duradera.

Honduras tenía la economía más precaria de la región, un ejército poderoso y corrupto que en los hechos gobernaba (desde principios de los años treinta, con breves lapsos de gobiernos constitucionales), y una resistencia popular de izquierda incipiente (articulada desde 1983 en el Directorio Nacional Unido). Este país fue la base desde la que Estados Unidos desplegó todas sus operaciones militares y contrainsurgentes en Centroamérica (formalmente, a partir del acuerdo de cooperación de 1954). Impulsado por los vientos de Esquipulas, experimentó un proceso de transición democrática, quizá el más lento de aquellas naciones. En 1980 la última junta militar que lo gobernó cedió el poder a un gobierno provisional (el del general Policarpo Paz Gracia) que organizó elecciones en septiembre del año siguiente, merced a las cuales ocupó la Presidencia el médico liberal Roberto Suazo Córdova (1982-1986).

Aún así, Honduras siguió siendo el enclave estadounidense en la zona. En octubre de 1989, agrupaciones obreras, campesinas, universitarias y magisteriales lanzaron la Plataforma de Lucha por la Democratización de Honduras, como una propuesta de reforma social y económica. Fue una importante semilla de la sociedad civil en la construcción democrática todavía en marcha. Entre las secuelas de la guerra sucia con las que tuvo que lidiar estaban las 73 mil minas terrestres antipersonales «sembradas» por la Contra en parte de la franja limítrofe con Nicaragua.

> Los presidentes de los países centroamericanos informaron que la guerra civil del decenio causó la muerte de 120 mil personas, y que se malgastaron miles de millones en pertrechos militares, dejando al 60% de los 30 millones de habitantes de la región «en una pobreza extrema». A pesar de los miles de millones de dólares de ayuda estadounidense para librar la guerra, el ingreso per cápita de América Central había bajado 20%. El analfabetismo seguía abarcando a la mitad de los habitantes de Guatemala y Honduras. La tenencia de la tierra continuaba siendo asimétrica, y las granjas de más de 30 hectáreas representaban el 7% de las propiedades y el 73% de la tierra [...].

Esto lo aporta como conclusión el investigador James D. Cockcroft.

Al mismo tiempo que tomaba forma Esquipulas, en diciembre de 1988 Estados Unidos echó a andar su estrategia de deportación masiva de jóvenes con raíces centroamericanas, sembrando en la región las primeras semillas de un fenómeno social que se manifestaría con toda su violencia una década después: la expansión de las pandillas Barrio 18 y Mara Salvatrucha.

Aquello coincidió también con la imposición al mundo del Consenso de Washington (1989), el acre recetario neoliberal aplicado por el gobierno estadounidense y los organismos financieros internacionales para la reforma estructural que puso a las economías latinoamericanas en sintonía con la globalización.

Era como si la Casa Blanca se propusiera eternizar la histórica desventaja con la que las naciones de Centroamérica habían arribado a los procesos históricos, exportando a estos territorios un nuevo foco de violencia y crisis social, propiciando fenómenos de crimen organizado no vistos aquí en tales dimensiones.

El Consenso de Washington significó la reconversión de la guerra sucia militarizada por una guerra sucia económica comandada desde la metrópoli, en donde los militares acabarían siendo desplazados por tecnócratas de aspecto anodino igualmente sumisos a la gobernanza global, funcionales a la delincuencia trasnacional y proclives a la represión y al negocio del miedo. Estas nuevas elites financieras produjeron más pobres.

Segmentos de la B18 y la MS13 serían instrumentalizados por estos nuevos poderes. Impondrían un estilo de identidad que enfatizaba sus rasgos violentos y una parafernalia basada en productos de marca que exigía dinero o al menos la audacia de ir a tomarlos de los transportes o los aparadores; justificarían políticas de mano dura, y proveerían de ejércitos de «burros», «camellos», vigías, empacadores y sicarios a los cárteles de la droga y otros grupos delictivos.

En su apartamento del escarpado barrio de La Leona, donde el maridaje del tinto y unos ventanales transportan directo al alma las noches impredecibles de Tegucigalpa, el cineasta Mario Jaén, director de *Limpiando chaqueta* —de las primeras recreaciones cinematográficas que abordaron en Honduras el drama implícito en la generalización de las pandillas Barrio 18 y MS13— identifica un nuevo ciclo de la historia, algo azorado él mismo: «Para mí las pandillas son la nueva guerrilla urbana sin ideología y han agarrado una fuerza tal, que los dueños de estos países, las burguesías nacionales, están aplicando en su contra las mismas tácticas que utilizaron con las guerrillas: Represión, mano dura, guerra sucia».

Dice también lo que alcanza a ver: «Una cosa que me llama la atención es el nivel de organización y la numerosidad de esas pandillas; en Honduras hay más pandilleros ahora que guerrilleros hace veinte años. Los gobiernos podrán contenerlos un poco, pero tengo entendido que los nuevos miembros ya no están tatuándose porque saben que por ahí los identifican. Quiere decir que están mutando, lo cual les permitirá sobrevivir quién sabe cuánto tiempo».

Antes del Diluvio

A lo largo de los noventa, miles de jóvenes centroamericanos, principalmente de los países del norte, comenzaron a abandonar sus tradicionales pandillas de barrio para conformar clicas militarizadas que reivindicaban —unas veces de forma brutal— su pertenencia a las matrices Barrio 18 y Mara Salvatrucha, articulándose, sin saberlo, a un orden identitario y criminal de alcance global, que posee un ímpetu y una avidez semejantes a los de las corporaciones trasnacionales.

Esa transición fue determinada por las deportaciones masivas de jóvenes con antecedentes penales que hizo el gobierno estadounidense —desde diciembre de 1988— a la región, pero al mismo tiempo por el pandillerismo que había en Centroamérica y que quedó al descubierto conforme cesó la violencia de las revoluciones al consolidarse los procesos de paz.

Si por sus consecuencias sociales el auge centroamericano de las B18 y la MS13 puede equipararse con un diluvio, ¿qué había en la era antediluviana? Las expresiones pandilleriles anteriores a la irrupción de la Eighteen Street y la Mara Salvatrucha en Guatemala, Honduras y El Salvador, resultan del explosivo crecimiento urbano-industrial latinoamericano a

partir de mediados del siglo XX y pueden hallarse rastreando
(con dificultad, sobre todo en el caso de Honduras) la adopción de patrones juveniles estadounidenses, mexicanos y mexicoamericanos a través del cine, la música y otras industrias
culturales; la integración de bandas juveniles a actividades
ilegales como el robo y el narcotráfico, o la combinación de
ambos procesos.

«Pandillas, bandas, rockeros, punks, cholos forman y
conforman un desfile inusitado, perplejo, inaudito, paradójico, desbordado espacial y temporalmente, por encima, alrededor y en medio de la ciudad-campamento-campo de concentración, que son hoy por hoy, las urbes tercermundistas»,
reflexiona Francisco Gomezjara en *Pandillerismo en el estallido urbano*.

El modelo de desarrollo basado en la sustitución de importaciones, impuesto a partir del decenio de 1930, provocó en
Latinoamérica una acelerada proletarización, donde las bandas
fueron uno de los pocos ámbitos de interacción de los jóvenes.
Gomezjara opina que las pandillas

representan un fenómeno urbano original nacido no más allá de 36
años atrás [escribió esto a mediados de los ochenta]. Componen con
los subocupados, las minorías contestatarias culturales-sexuales-
ecologistas y los colonos y pobladores de las barriadas y ciudades
perdidas, los nuevos *actores sociales emergentes*. Su lugar no
estaba previsto en el modelo modernizador lumpencapitalista, y por
lo tanto, no pudieron cobijarse bajo el alero del progreso. La ironía
sube de tono cuando todos estos sectores, precisamente, son quienes
definen el *panorama social urbano* reciente. Encarnan nada menos
que al 65 por ciento de la población «citadina», cuyas ciudades
metaformoseadas fueron incapaces de cumplir la tarea de ser las
portaestandartes de la modernidad y recipiente demográfico cabal.

Amparo Marroquín, profesora de la Universidad de Centro-américa José Simeón Cañas, de San Salvador, afirma que «se tiene la idea de que los deportados trajeron la *mala semilla*, pero antes había pandillas violentas; aquí en El Salvador, por ejemplo, existían la Mara Mao Mao y la Mara Chancleta; había ya un proceso social de pandillerismo. Lo que trajeron las personas de Estados Unidos, muchas de ellas no necesaria-mente deportadas, fue la adscripción generalizada a la Barrio 18 o la Mara Salvatrucha». La franquicia, digamos.

En el caso de Honduras, entrevistada por el diario mexi-cano *El Universal* (octubre 5, 2001), Itsmania Pineda Platero, presidenta de Xibalba Arte y Cultura, dijo que la influencia de «películas estadounidenses sobre pandilleros que se exhibieron en Honduras a partir de los noventa, transformó a las bandas de barriada que operaban en las zonas urbanas de Tegucigalpa y San Pedro Sula desde principios de la década de los 60».

Al principio de *Por qué ingresé en las pandilla,* su reciente libro, Pineda Platero precisa que durante los años 1964-1965, «en Honduras, los líderes de las pandillas solicitaban al perió-dico *El Cronista*, que se escribieran sus historias, de esa manera lograban el reclutamiento de más miembros», y que en diferentes épocas «el cine y la TV han dictado los patrones de la moda, películas como *Rebelde sin causa, Los intoca-bles*, [las de] *Bruce Lee, Sangre por sangre, La guerra de los cholos, Los guerreros* y *American Me* [...], encaminaron [a] las pandillas existentes a un nuevo modelo con mas violencia y consumo de drogas».

Por su activismo en la prevención y reinserción social de pandilleros, Pineda Platero fue postulada al Premio Nobel 2005, dentro del proyecto 1000 Mujeres de Paz. Entrevistada de nuevo por *El Universal* (febrero 13, 2005), volvió sobre la fase previa a la que pandillas de adolescentes en la zona metropolitana de Tegucigalpa comenzaran a nuclearse en torno de la Barrio 18 y la Mara Salvatrucha:

> Me crié en una zona rodeada de barrios muy pobres […]. Estudié en el colegio María Auxiliadora […], y como vivía cerca de la iglesia de Comayagüela, mi abuela me llevaba todos los días […]. Al mismo tiempo, poco a poco el ambiente iba recrudeciéndose, porque había más pobreza y crecían los barrios marginales. Los curas abrieron en el centro parroquial una escuela de valores, adonde llegaban los niños de toda la zona y se organizaban en equipos de futbol; entonces nos llamó la atención el nombre con el que nombraron a uno: los Vatos Locos.

De esos equipos de futbol resultaron «lo que llamamos aquí los *piqués*, que son piruetas tipo *breakdance*, a través de los cuales los jóvenes hacen figuras de baile en las calles, formando con el cuerpo números para identificarse con la pandilla contraria; era una manera de lo que llaman *tirar el Barrio*, de confrontarse con otras pandillas, de retarlas a través del *rap*». Y añadía que un síntoma de aquella mutación era la veloz popularización de las drogas.

El reporte *Maras y pandillas en Honduras*, del jesuita Equipo de Reflexión, Investigación y Comunicación confirma que era evidente que estaban recurriendo más que nunca a las drogas y la violencia, y sitúa el florecimiento de las pandillas juveniles locales en Tegucigalpa a mediados de los ochenta y en San Pedro Sula a principios de la década posterior, cuando además comenzaron a aparecer «en los periódicos algunos artículos sobre las pandillas en Los Ángeles y los hondureños involucrados en ellas».

Cita el «caso famoso» de un pandillero

> apodado «Pico de Oro», que asesinó a un dirigente deportivo llamado Gabriel Kattán, el 24 de abril de 1994 en San Pedro Sula. El joven fue llevado al Centro de Readaptación El Carmen por cuarta vez donde, a los pocos días, y también por cuarta vez, se escapó. Muchas fotos le tomaron al joven. Su descripción no correspondía a la de los miembros de las maras que ahora conocemos: no estaba tatuado, la ropa no era floja y en ningún momento ocupó sus manos para hacer alguna señal que lo identificara con alguna agrupación.

Guatemala es la nación de Centroamérica con las pandillas locales más antiguas y mejor desarrolladas, lo cual quizá se relacione con que los jóvenes de la capital tuvieron un mayor activismo político en el siglo xx y por ello padecieron con más crudeza la violencia de los estados autoritarios.

Los universitarios, por ejemplo, destacaron en las movilizaciones obreras y campesinas protagonistas de la Revolución de Octubre, el movimiento liderado por Jacobo Arbenz que en 1944 derrocó a Jorge Ubico Castañeda. Dictador este último con ínfulas imperiales a quien Luis Cardoza y Aragón, en *Miguel Ángel Asturias: casi novela* describe como «generalote primario, incapaz y fatuo», «tubo digestivo con charreteras», que «dio a la oligarquía del café y a la United Fruit Co. permiso para matar».

Desde escuelas, sindicatos y organizaciones de colonos, los jóvenes fueron parte también de la resistencia popular contra las dictaduras militares que, a resultas de la invasión estadounidense de 1954 para deponer a Arbenz, mantuvieron el poder 38 años. Salieron a las calles en 1978 para protestar contra las alzas al transporte de pasajeros; murieron decenas de ellos abatidos por la policía.

Por sí mismos. Un estudio preliminar de las «maras» en la ciudad de Guatemala, de la Asociación para el Avance de las Ciencias Sociales, precisa que la represión que entonces padeció la juventud llevó al aniquilamiento de sus organizaciones y a la cancelación absoluta de espacios de participación política, y que los únicos menores que se veía en las calles eran miles de pequeños indigentes producidos por la guerra civil y las sucesivas e interminables crisis económicas.

Al sobrevenir otra ola de protestas contra el alza al transporte urbano, en septiembre de 1985, reaparecieron los jóvenes tomando las calles, encabezando manifestaciones, incendiando autobuses, confrontando a la policía y saqueando tiendas «en busca de alimentos y mercadería».

Entonces adquirieron visibilidad las bandas juveniles, a las que la policía comenzó a llamar «maras», afirma el estudio *Por sí mismos...*, que además ofrece este significativo testimonio:

Un miembro de la Mara Plaza Vivar-Capitol recuerda que por años había merodeado en la Plaza Vivar con sus amigos de barrio de la zona 7, pero que había empezado a ser una «mara» *por la huelga de camionetas. ¿Se recuerda usted que decían los chavos de la prensa y de la tira ¡allí viene la marabunta!? Y así, como quien dice, nos llega lo primero y nos pusimos la Mara Plaza.* De hecho, un oficial de policía recordó que el nombre había sido tomado de una película de los sesenta, llamada «Marabunta», relativa a hormigas rojas de Brasil, que estaba siendo exhibida en esa época.

Aunque el reemplazo de la expresión «pandilla» por el término de caló «mara» es nuevo, el fenómeno de las pandillas callejeras es viejo.

Desde los cincuenta hasta mediados de los setenta, conforme la ciudad de Guatemala iba creciendo, las pandillas se hacían cada vez más comunes. Compuestas sobre todo por hombres, peleaban entre sí por problemas territoriales con cadenas y cuchillos y usaban drogas. Se oponían a los grupos estudiantiles políticos, a veces atacándolos físicamente. Pero en la medida en que la radicalización política se volvió un asunto masivo a mediados de los setenta, el movimiento popular eclipsó a las pandillas y a la cultura de la droga. Sin haber alcanzado jamás la fama que las maras tienen ahora, las pandillas declinaron conforme la represión incrementó y se perdieron de vista durante el gobierno del general Efraín Ríos Montt, cuando los delincuentes se volvieron blanco de los Tribunales de Fuero Especial. Luego, con el retorno al régimen constitucional, las pandillas empezaron a reaparecer.

Un par de años antes de que el gobierno de Estados Unidos comenzara a deportar pandilleros a Centroamérica, en octubre de 1986 se manifestaron los primeros síntomas de brutalidad pandilleril, cuando jóvenes arrojaron, desde un autobús, una granada a la discoteca La Montaña Púrpura, en la Zona 1 del centro de la capital.

Según el reporte de la Asociación para el Avance de las Ciencias Sociales en Guatemala citado, la nota del diario *El Gráfico* del 6 de octubre recogía el testimonio de un niño de diez años que había sobrevivido, quien «contó que un grupo que viajaba en un bus escolar se abalanzó contra él y otros muchachos, atacándolos con cuchillos y pistolas, robó cadenas de oro y escapó».

En los días posteriores la Policía Nacional atribuyó el atentado a la Mara 33, cuyos miembros, de acuerdo con declaraciones del vocero policial Carlos Escota, recogidas por el mismo estudio, estaban influidos por «los programas de televisión estadounidenses». Desde entonces el tema no dejó de ser debatido, también porque la violencia aumentó; aparecieron indicios de colusión entre pandilleros y policías o miembros de los escuadrones de la muerte; el gobierno hizo un intento de crear espacios institucionales para las pandillas, y «los políticos han hecho de ellas un tópico: su existencia ha sido utilizada para justificar la creciente modernización de la Policía y varios partidos han acusado a otros de manipularlas e inclusive de crearlas», concluye *Por sí mismos. Un estudio preliminar de las «maras» en la ciudad de Guatemala.*

La expansión de organizaciones criminales dedicadas al tráfico de drogas (y, en menor escala, otras especialidades), a partir de los años setenta, desempeña un papel crucial en la proliferación de pandillas juveniles centroamericanas, dándoles —lo mismo que a sus hermanas estadounidenses o del resto de Latinoamérica y el Caribe— un cariz violento.

Del Cono Sur a América del Norte, los cárteles mexicanos y colombianos crearon corredores aéreos, marítimos y terrestres, coludidos ya con la CIA, ya con servidores públicos latinoamericanos de diversos niveles, y grupos guerrilleros y escuadrones de la muerte. Para distribuir al menudeo, proteger territorios y deshacerse de adversarios, enrolaron y armaron a pandilleros, aparte de fomentar el pandillerismo para disponer de ejércitos de lúmpenes bien dispuestos.

Entonces, Pablo Escobar Gaviria fundó el Cártel de Medellín (Colombia), la más poderosa organización mundial de narcotráfico en la historia, y Miguel Félix Gallardo se puso a la cabeza y amplió los intereses del cártel de Sinaloa (México). Ambos establecieron imperios extravagantes y sanguinarios que alcanzaron su clímax en los ochenta.

Su negocio principal residía en el abastecimiento de mariguana primero y luego cocaína a los consumidores de Estados Unidos, algo posible sólo mediante redes de complicidades con mandos policiales y militares, gobernantes y políticos; lavado de millones de dólares a través de empresas legales y por los flujos financieros internacionales; así como organizaciones locales para el transporte de paso hacia el norte (a través de

Centroamérica, el Caribe y México) y la distribución local de droga, mismas que dependían de pandillas para tal cometido.

Punto intermedio entre Colombia, Bolivia y Perú, los países de procedencia de la cocaína, y Estados Unidos, el gran mercado final, Centroamérica se convirtió en una zona estratégica para el narcotráfico. Enlaces entre los narcotraficantes mexicanos y colombianos los hubo de gran relevancia pública, como el cubano Alberto Sicilia Falcón —quien estuvo en prisiones mexicanas de los setenta a los noventa— y el hondureño Ramón Matta Ballesteros, preso en Estados Unidos.

La influencia de las industrias culturales, el narcotráfico, la pobreza, la cultura de la violencia y los intercambios de flujos migratorios produjeron ejes de empatía juvenil desde California o Washington, DC, hasta Guatemala, Tegucigalpa y San Salvador, pasando por México, mucho antes de que se entronizaran en la región centroamericana la Eighteen Street y la Mara Salvatrucha. Así, irradiada desde Estados Unidos, fue globalizándose la moda del cholo, y el cholismo como fase previa a la adopción de la identidad B18 o MS13.

Al caracterizar la parafernalia de los pandilleros de minorías marginales estadounidenses, Jean-Francois Boyer (*La guerra perdida contra las drogas. Narcodependencia del mundo actual*) retrata elementos comunes del estilo pandilleril que se configuró regionalmente (Norte y Centroamérica, y mucho más al sur) en los ochenta, del que se nutrieron y al que contribuyeron, sin duda, los de la B18 y la MS13 desde los suburbios latinos en Estados Unidos:

> Son estadounidenses (negros y blancos), chicanos (mexicoamericanos), americanos de origen jamaiquino o haitiano, mexicanos, salvadoreños o europeos del este recientemente inmigrados, vietnamitas, chinos[...]. Son jóvenes —de 15 a 30 años—, ostentan *bandanas* y tatuajes, flotan en unos pantalones anchos en los que

esconden pistolas y revólveres de grueso calibre. Matan como si nada [...]. No tienen más que una familia, la banda, y no reconocen más que una ley, la de la banda.

Agrega lo siguiente, que vale por supuesto para las organizaciones juveniles centroamericantas antes de que adoptaran las identidades B18 o MS13:

> Las *street gangs* se han convertido en los principales distribuidores de drogas en Estados Unidos. El FBI constata que su participación en la distribución de estupefacientes se ha incrementado enormemente desde finales de los ochenta y desde la aparición masiva del *crack* [...]. El tráfico del *crack* ha dado trabajo e ingresos considerables, de la noche a la mañana, a las pandillas de jóvenes de los barrios pobres que, hasta ese momento, practicaban la delincuencia y la violencia como un pasatiempo más que como actividad criminal organizada.

Como concluye José Miguel Cruz, de la Universidad Centroamericana José Simeón Cañas,

> lo que en todos los países comenzó como un típico problema urbano, de jóvenes que se reúnen en grupos para alterar el orden público, cometer delitos menores y drogarse, fue convirtiéndose en enmarañadas y federativas redes de afiliación, solidaridad ligera y violencia sistemática. El primer país en dar la voz de alarma fue El Salvador, en donde las pequeñas pandillas de niños y jóvenes sobrevivientes de las secuelas de la guerra, rápidamente se integraron a dos confederaciones de maras, sobre las cuales habría de girar toda la escalada de violencia, volviéndolas más ubicuas y brutales. Luego, la misma expresión del fenómeno se extendió a Guatemala y a Honduras.

No existen cuantificaciones metodológicamente sostenibles acerca del número de pandillas y pandilleros antes y después de la aparición de la B18 y la MS13 en Centroamérica. Pero se conoce que estas dos gangas trasnacionales, que vinieron con las deportaciones decretadas desde Washington, aceleraron la integración de las pandillas locales al narcotráfico, potenciaron su capacidad económica y de violencia —por el uso de armamento más sofisticado—, y confrontaron a Estados de suyo frágiles.

Y por supuesto que un modelo económico que supedita las relaciones sociales a la dinámica del mercado es el gran trasfondo en el que sucede todo esto. Carlos Figueroa Ibarra lo pone así:

> Si hay novedad en la violenta realidad [...] acaso sea porque los viejos vinos de la dependencia, el autoritarismo, la expoliación y la impunidad, han sido intensificados por los nuevos odres de un mundo globalizado y neoliberal.
>
> Es la implantación de un nuevo modelo de acumulación capitalista, más expoliador y depredador que el anterior, el que explica que la ciudad se haya convertido en un espacio de segregaciones, en una combinación de amurallamientos y territorios parecidos a un hobbesiano «estado natural». Es este modelo y la búsqueda de la máxima ganancia, lo que explica el auge rampante del narcotráfico y la impunidad con la que actúa el crimen organizado. Hay perversidad, pero también una suerte de rebelión, en los jóvenes delincuentes, en los *chavos banda, maras* o *quadrilhas* juveniles, en las poblaciones que legitiman el poder local de narcotraficantes, en las áreas marginales urbanas, en las comunidades que linchan a presuntos delincuentes.

Clones: «Vivo por mi madre, muero por mi Barrio»

Aparte de su abuela, sus dos hijos pequeños y la madre de éstos, sólo hay alguien que despierta en el Krueger el más hondo afecto: su jomboi el Duende. «Lo traigo acá, en el chacalele», repite sonriente y se palpa sobre el corazón. Se conocieron cuando adolescentes, desde que «vinieron aquí dos chamacos de veinte, veinticinco años, de la Emeese, que eran deportados de Estados Unidos y empezamos a vacilar con ellos.»

Una noche, tras dejar claro que no es marero, sino jomboi calmado; que llamar «marero» en su cara a un miembro de la Mara Salvatrucha puede ser letal, y que «hace tiempo estoy calmado, inactivo», a bordo del destartalado taxi pirata con el que se gana la vida en las crispadas calles de San Salvador, se ofrece a mostrar el que fue su territorio como miembro activo de la MS13: la colonia El Carmen.

De Metrocentro, absceso comercial de la posmodernidad en el corazón del valle, con sus franquicias de enormes anuncios, oceánicos estacionamientos y clientelas ávidas, se demora casi una hora para ascender a ese barrio que a través de los años ha ido echando el peso creciente de su pobreza sobre el lomo pavimentado del cerro.

El Krueger no pierde el talante; acelera, enfrena, le atiza al claxon, se aferra al volante, mira por el retrovisor y se busca en él; sin premuras, deja llevar su cuerpo ágil, de movimientos cholos, por el estruendoso reguetón de Mister Pelón, gloria musical de Usulután (residente en Estados Unidos), cuyo disco pirata lo acompaña siempre en su tediosa jornada de motorista. «Shulton, Shulton», «Shulton, Shulton», retiembla en su estéreo, patea tal estribillo mil veces el cerebro.

En el trayecto hacia sus rumbos platica que «a los doce años fue que esos chamacos de la Emeese me metieron al Barrio; me brincaron por la Terminal de Oriente [de autobuses] y me llamaron el Krueger, por las famosas pesadillas de Freddy Krueger». Enseguida «me empezaron a dar misiones de esas que le ponen a uno para probarlo. No sé, ir a robar, a darle duro a alguien; sabían que yo podía agarrar un cuchillo y meterlo». Poco antes de cumplir los trece se tatuó «MS» en una mano; después otro igual, pero de mayor tamaño, en la espalda; y también una lágrima, «no con ocasión de haber matado a alguien, sino porque me dieron ganas».

Al poco tiempo, «empecé a andar más en la calle y a involucrarme más en lo que era el Barrio. Un tiempo desaparecí de la colonia y sólo anduve por San Martín, El Rosario, La Paz, la Modelo, Mexicanos, lejos, lejos, con mi pistola, mi cuchillo, mi cadena, viviendo en la casa de algún jomboi, sosteniéndome de lo que pedía o robaba, menos de trabajar, porque no era ése el objetivo».

Desde El Carmen se divisa ese espacio donde se confunden la luminiscencia trémula de San Salvador y el opaco firmamento. Es una visión que produce gran melancolía. Pero el Krueger es ecuánime y eso consuela. Mete por los recovecos la trompa del Toyota Corola del 86 que le dan a conducir. Lo hace raudo no sólo porque sea un tipo impetuoso, ni porque conozca como ninguna esta parte del planeta; fuera de su casa, donde esté, corre: por calmarse, después de entrar en una iglesia evangélica, tiene luz verde de la clica Modelo, su propia clica. Para sus jombois, la muerte es la única salida posible de la mara.

Además, a causa de las leyes antimaras, «vos la pasás escondido. Si vas a salir es sólo a hacer algo. Pasás en tu casa o, si estás bien con la clica, en la destroyer o en la casa de un jomboi, y si vas a salir, caminás donde un jomboi y así. Nada de que te vas a quedar en una esquina sentado». Debe, pues, vivir guareciéndose de dos fuegos.

Durante el recorrido por las callejuelas torcidas de El Carmen avanza la noche, desciende la temperatura, vuelven las personas fatigadas del trabajo, salen las familias a comer pupusas de maíz y arroz; entre las ocho y las diez abarrotan alborozadas las pupuserías, esos locales pringosos de atmósfera enrarecida que hay por todas partes.

En algunas esquinas, con la desconcertante ubicuidad que le hace honrar su mote, ocasionalmente aparece el Duende, siempre afanado en la semipenumbra, saludando de mano a los vecinos (quienes le llaman Güicho), corriendo por un encargo, cobrando derecho de tránsito a un vendedor, reuniendo una a una las coras suficientes para su dosis diaria de crack; ensimismado calculando que, si no lo logra, tendrá que ir calle abajo, trasponer las fronteras del barrio, cometer un asalto y volver cargado de bienes ajenos, para comprar su piedra lleno de contento.

Hay vecinos que, a sus espaldas, también lo llaman «marero». Pero la mayoría lo estima y procura, porque lo conoce desde pequeño; nunca violenta a uno del lugar; nada sucede sin que él lo sepa y, llegado el caso, responde con inquebrantable capacidad de violencia en defensa de la comunidad.

«¡Oye, Güicho!», lo interpela el Krueger, «¡mirá!, aquí

traigo conmigo a un periodista que quiere conocerte, oírte, hablar contigo. Es de confianza, va recomendado». «¡Púchica!, es que ando con apuro, no he juntado lo que necesito, ¿él puede sacarme de agüites?», responde, calculando al vuelo si la entrevista solicitada puede rendirle dividendos.

Es muy delgado y más bien bajo de estatura. Pero, ante todo, a «mis 28 balas» es un sobreviviente, porque desde muy pequeño sus padres lo dejaron con su abuela. Sigue activo en la MS13, ha estado preso varias veces, lleva años consumiendo crack y por hacerlo sus cheros le dieron luz verde (su clica proscribió el consumo de piedra); todavía roba; cuando se ofrece, por reivindicar «mis letras» suprime a «un dieciocho» con sus propias manos, y es el único pandillero activo que queda en el Barrio de El Carmen: los demás están muertos, calmados o huidos.

Junto a uno de los accesos empinados de este rumbo, hay una calleja a la que, de tan angosta, no se le conoce nombre. No parece tener fondo, pero haciendo subir la mirada por los peldaños de cemento armado se alcanza a ver una cima de tierra con vegetación. Registra mucho movimiento de gente que sube y baja recelando de la presencia desconocida. Tiene sus hedores. Los insectos se afanan, animando los muros y escalones. Aquí el Duende se siente seguro, se acomoda para evocar parte de su vida, saboreando la cercana expectativa de la piedra.

El principal valor de su testimonio es que muestra en carne propia de qué forma las pandillas vernáculas y miles de adolescentes fueron siendo enrolados por la Mara Salvatrucha o la Barrio 18, en un lento pero fatal proceso que tuvo su origen meses después de que el gobierno de Estados Unidos echó a andar su política de deportaciones masivas de jóvenes de origen centroamericano con antecedentes penales (diciembre, 1988).

Cuando el Duende era pequeño sus padres se separaron. El padre formó otra familia y la madre se estableció en Guatemala. Su abuela materna lo crió. A los trece años abandonó la Escuela Unión, en los alrededores del parque Zurita, y se hizo de su primera adicción: las máquinas de videojuegos, que lo condujeron al asalto.

En 1992, al tiempo que se firmaban en la ciudad de México los Acuerdos de Paz entre el gobierno salvadoreño y la guerrilla del Frente Farabundo Martí para la Liberación Nacional, llegaron a El Carmen los primeros vientos de una guerra diferente, «vinieron varios locos de Estados Unidos aquí a la colonia».

Se contaban entre las primeras oleadas de pandilleros deportados de Los Ángeles. Pertenecían a la Mara Salvatrucha. El Duende se saltó el Barrio, se hizo jomboi de la Emeese, que a sus ojos aparecía gloriosa e invencible. La primera misión que ejecutó su clica fue la de ir a desbaratar una de la Barrio 18 que rifaba en el mercado de El Centenario.

Todavía no predominaban las armas de fuego, el comando MS13 aquel se armó de corvos, fierros, cuchillos y piedras, «fuimos unos cien de acá a hacérselas de verga». Fue la gesta que dio paso a la integración plena de la clica del Duende, la cual tenía como zona de operaciones el parque Zurita, donde «nos tiramos a vivir tres años».

Así le vino su segunda adicción: la cocaína. Había dejado la casa de su abuela, vivía del asalto y «cada que llegaba la hora de la comida, por defender la cuadra, nos tocaba darnos verga con los dieciochos». Los adversarios esperaban también el momento y los agentes de policía merodeaban dejándose sobornar por alguno de los bandos para hacerle fuerte, disparando sus armas si la situación lo ameritaba.

Hasta que aparecieron las armas de fuego: «empezamos a

comprar morteros para salir a matar. Yo me conseguí una .38 de cañón largo».

A los veinte años el Duende fue llevado preso. Ni el juez ni la policía sabían de los cinco que había ido matando en Ilopango, municipio mordido por la expansión de la capital. Por robo y lesiones fue sentenciado a tres años de encierro en Santa Ana, departamento fronterizo con Guatemala. No tenía, y sigue sin tenerlos, tatuajes, lo cual le obstaculizó la relación con sus compañeros de la MS13, cuyo respeto fue granjeándose con los puños. Dos meses después de haber llegado, los Pinta, que llevaban el gobierno penitenciario de facto, advirtieron a todo pandillero que no deseaban más mirin y ni siquiera ver corrillos de MS13 o B18.

Eso fue importunar al diablo. «Comenzamos a armarnos a escondidas, hicimos corvos de platinas y cuando teníamos lo suficiente, empezamos a agarrarnos con los Pintas a corvazos; dejamos dos muertos ahí y a los heridos se los llevaron para otro recinto.» Desde esa vez no pararon «los desvergues». A los diez meses de que el Duende llegó ahí, los de la Barrio 18 cometieron un sacrilegio: durante la hora de visita familiar, atacaron en el Recinto 1 a los enfermos de la Mara Salvatrucha.

Al día siguiente los 260 reos de esta última pandilla concentraron sus armas, derribaron un muro y tomaron desprevenidos a los de la B18, que en ese momento, a su vez, tenían visitas.

No llevaban los chavalas ni cuchillos ni nada. Los hicimos pedazos. Muertos no hubo, pero quedaron todos heridos. Yo sólo a tres pude pillar, porque después a uno se le quedó enterrado mi cuchillo en el ojo y no lo pude sacar. Yo le hacía así [junta y agita las manos]. Él se movía de un lado a otro. El cuchillo no salía. Con otro loco de la Mara agarré una banca de tres cuartones de largo, la levantamos y comenzamos a darle con ella en la cabeza y el pecho para ver si le quitábamos la cabeza. Sólo un ojo le saltó, aunque no murió.

Los custodios sofocaron a tiros el desigual ataque. Todo el mundo se echó al piso. Fueron separando a los pandilleros y conduciéndolos a otros recintos. En los días posteriores los de la Dieciocho se aliaron con los Pinta y proyectaron el exterminio de sus adversarios. Faltó tiempo. Éstos fueron reasignados a otros penales. El Duende quedó hospedado en el penal de Quezaltepeque —bello municipio del departamento de La Libertad—, donde volvió a sumarse a la lucha por la hegemonía de la MS13, que se alcanzó en poco tiempo.

En 2001 salió libre, pero llevaba la consigna de sus jombois de dar luz verde al Krueger y enseguida calmarse para cuidar a su abuela. Ignorándolos, alertó a su amigo entrañable, a su jomboi de la vida, se cambió de clica y se enredó con una jaina. Un día fue a la Enramada a tomar venganza contra un «civil que le tocó las nalgas a esa micha mía». En la riña un jomboi lanzó una papa, cuya explosión atrajo a la policía. Un agente derribó al Duende, quien de manos de otro pandillero tomó un cuchillo «dejándoselo ir al vigilante hasta la cacha». Lo procesaron por tentativa de homicidio y —a causa de la papa— actos de terrorismo. Su padre pagó fianza y lo liberaron.

El 25 de diciembre de 2004 volvió preso a Quezaltepeque, ahora acusado de un homicidio que, sostiene, no cometió. Estuvo siete meses y, puesto que, sin la pretensión de abandonar su identidad de MS13, se distanció de la pandilla para no verse obligado a dar luz verde al Krueger, en la cárcel «me cayeron tres 26, o sea, tres vergueadas de 26 segundos cada una entre cuatro jombois, por no andar en la frecuencia de la Mara».

El Duende, uno de los escasos pandilleros que han sobrevivido en San Salvador para ser historia y presente al mismo
tiempo, sigue andando esas calles polvosas de El Carmen
con la muesca de la Mara Salvatrucha en el tuétano y aquella
lealtad suicida que cada día lo impulsa a saltar de la cama para
conseguir su dosis.

Los pandilleros de la Barrio 18 y la Mara Salvatrucha que padecieron la deportación —entre otros estados— de California
a Centroamérica y México, o fueron echados directamente a
las calles o la policía los puso tras las rejas. Con su caló es-
panglish, sus tatuajes, su comportamiento ostentoso y su vestimenta; su look provocador, su rigurosa «ropa de marca» (incluidos los llamativos pantalones flojos Kaotico, Von Dutch,
Boss, Dickeys, Guess o Ben Davis), su audacia y habilidad en
el uso de armas y para sobrevivir en las calles; la naturalidad y
profusión con la que consumían drogas; su espíritu de cuerpo:
con todo eso lograron seducir a miles de jóvenes que estaban
ya imbuidos por la cultura chola a través de películas, cancio-
nes —rap, hip hop— y la influencia de algunos que habían ido
y venido de Estados Unidos.

El patrón se repitió en Guatemala, Honduras y El Salvador:
propiciar durante los años noventa la interacción directa entre
miembros de aquellas dos bandas provenientes de Estados
Unidos y los de las pandillas vernáculas. El mismo patrón hizo
de prisiones y barrios marginales los más grandes centros de
reclutamiento de muchachos que terminarían enrolándose en
la B18 y la MS13. «En Honduras [...] los jóvenes pandilleros
que iban a la cárcel entraron en contacto con los mareros deportados, quienes les dijeron que tenían que escoger entre la Salvatrucha y la Barrio 18, y así comenzó la división, pero también
la violencia. Los jóvenes pandilleros marcaron sus territorios,

cambiaron su vestimenta y comenzaron a utilizar armas y drogas», ilustra la aguerrida activista Itsmania Pineda Platero en aquella entrevista en el rotativo mexicano *El Universal* en febrero de 2005, cuando su nominación al Nobel.

Y añadía que «los jefes no eran ya aquellos que mejor bailaban rap en las calles, sino los que iban a la cárcel; los que delinquían, los que adquirieran notoriedad por alterar el orden público iban ganando puntos y ascendiendo».

Es así como fue interiorizándose de forma imperceptible el principio de que se ha de matar o morir por ellas, la mística contenida en estas variaciones axiomáticas al seno de las clicas: «Por mi madre vivo, por el Barrio muero», «Por mi Barrio vivo, por mi madre muero», «Vivo por mi madre, muero por mi Barrio», «Por mi madre viví, en mi Barrio crecí y por mi Barrio moriré», «Por mi clica vivo, pero por mi Barrio muero».

Insistiendo en confinar al basurero de la civilización a los jóvenes marginales, sobre todo si eran pandilleros, los medios de comunicación industriales, a través del infoentretenimiento y las industrias culturales globales reforzaron la mímesis centroamericana que hizo de la Eighteen Street y la Mara Salvatrucha actores sociales omnipresentes. «En 1997, por ejemplo, aquí en Honduras se proyectó la película sobre los Vatos Locos titulada *Sangre por sangre*. Trataba de la vida en el sur de los Estados Unidos, con los deportados, los pachucos y los chicanos, y fue tomada por los jóvenes hondureños como patrón», explica Itsmania Pineda, entrevistada también por *El Universal* esta vez el 1 de marzo de 2004.

Además, dice que

Sangre por sangre [...] presenta casualmente un patrón mexicano, el de los Vatos Locos. Desde entonces en Honduras se impuso esa moda, aunque desde 1959 ya teníamos pandillas. Ahora una película que está influyendo es *Ciudad de Dios*, de Brasil. Este tipo de películas cambia los patrones operativos de las pandillas y les enseña nuevas estrategias. Por eso no es correcto que los medios se refieran a los jóvenes como *pandillas* o *maras*; eso les levanta la autoestima y los induce a delinquir para ganar puntos; entre ellos, quien comete más delitos adquiere mayor rango, lo mismo que el que va a la cárcel o aparece con mayor frecuencia en los medios.

Las nuevas pandillas en Centroamérica, al asimilarse a las denominaciones B18 o MS13, se volvieron más autónomas, hasta constituir un poder alterno al institucional, poseedor de normas, escala de valores, sanciones y recursos de poder propios. La dimensión dramática de esto en la vida de las personas puede palparse a través del siguiente episodio referido por Hedy Platero, joven activista de Xibalbá Arte y Cultura, prestigiada asociación civil hondureña que se especializa en la prevención y reinserción social de pandilleros.

A principios de la década de 2000, sin cumplir aún veinte años, recibió una noticia que la hizo estremecerse. De voz confiable supo que «la Mara me había dado luz verde». La muchacha rolliza, de cara redonda y cabello y ojos café claro, es alegre y cándida, pero valiente. Sin decir, tomó un autobús hacia Choluteca, en el sur de Honduras, acompañada de su hermana Rosa, y se dirigió a la prisión. La recibió el Mafia, a quien sin dilación expuso: «Vengo a hablar con Glen, dígale que lo busca Hedy». El joven pandillero la miró con extrañeza, pero ella lo interpretó diferente: «Se me quedó viendo feo, es verdad que me quieren pelar».

Preso y todo, a Glen, Big Palabra de la Mara Salvatrucha en Comayagüela (zona connurbada de Tegucigalpa), no podía acceder cualquiera. El Mafia era apenas uno de sus filtros. Recién trasladado de la Penitenciaría Nacional de Támara, doce kilómetros al norte de Tegucigalpa, el tipo estaba custodiado por un pelotón de jombois y disponía de dos celdas interconectadas, con televisor, estéreo, horno de microondas, ventilación y otras comodidades que sólo unos cuantos podían procurarse en el encierro.

Sobradas razones hacían suponer a Hedy que Glen la recibiría. No se equivocó. Conducida por el Mafia, cuando entró en las celdas del Big Palabra, éste echó a Karla, su jaina de piel tapizada de tatuajes, con la prepotencia seca del macho pandillero: «Vete, no te quiero ver, ya me hartaste».

Para apaciguar su miedo, Hedy lo miró buscando rastros del adolescente con quien había compartido afectos y momentos de la infancia. Él la invitó a sentarse y le ofreció de beber. Sin ánimo para diplomacias, la chica rompió el silencio: «Oye, Glen, me di cuenta de que tengo luz verde y quiero saber el porqué. Vengo aquí, te estoy poniendo mi cara. Quiero que tú me lo digas, para ir heredando lo que tengo, porque sé que con ustedes no se juega». Se retorcía las manos, tenía los labios secos, los ojos llameantes.

Sabedor de que el poder se ejerce también con actitudes, Glen se había vuelto un joven veinteañero taciturno, de pocas y enfáticas palabras. «¿Quién dijo eso?», le preguntó con desdén. «Itzi fue a decírselo a Carol, que es como mi hermana, y ella siente temor porque se parece mucho a mí, algunos creen que somos gemelas. Lo que quiero decirte es que nosotros lo único que hemos hecho es apoyarlos en todo lo que esté en nuestras manos, y si tengo que ir a las otras cárceles y platicar también con los de la otra pandilla [la Barrio 18], tú sabes que es mi trabajo [de activista en Xibalbá Arte y Cultura]. No me llama la atención ninguna de las dos maras, te lo digo en tu cara; no me llaman la atención ni tu Emeese Trece ni la Dieciocho. Respeto todo tipo de decisiones que toman ustedes, pero créeme que me desconcierta esto porque tú y yo nos conocemos desde antes de que empezaras en esta forma de vida, y tu hermana es y seguirá siendo mi mejor amiga. No te podría decir que voy a su tumba todas las semanas, porque sería mentir, pero una vez al mes sí voy, y le llevo gardenias».

Glen le respondió como si pensara en voz alta: «¿Y eso qué tiene que ver, pues? Lady es una onda y yo soy otra... pero de todas maneras, es mi hermana y, simón, yo sé que es así, que la vas a ver, y te lo agradezco». Sobre la sentencia de muerte, aclaró, moviendo despacio, con callejera majestad, cabeza y manos: «No, está mal, está mal, a saber qué pedo. No le hagas caso a la loquita de la Itzi, a lo mejor es que se había fumado algún bate».

Tres días después de esta conversación en el penal de Choluteca, a Itzi —quien difundió, no se sabe si por insidia o porque era cierto, que la MS13 dio luz verde a Hedy— le metieron diecisiete tiros.

Al Fox, su compañero y a quien le quedaron huérfanos de madre dos hijos, no se le ocurrió protestar: un jomboi de la MS13 está obligado a asumir como propias las decisiones de su clica.

Para comprender la anulación del individuo frente a su colectivo, está una escena en *Brother*, del director Takeshi Kitano, cuando en una ceremonia de integración de nuevos miembros a la organización, un orador instruye: «Al beber el sake sagrado que tienen enfrente se convertirán en miembros de la familia Hisamatsu. Como se habrán dado cuenta ya, en el estricto mundo de los Yakuza, aunque su jefe les diga que blanco es negro, deben hacer a un lado sus reservas y concordar con su punto de vista».

Al revelarse, a mediados de los noventa, los primeros efectos sociales graves de esa «confederación de maras», como la califica José Miguel Cruz (2004), de la Universidad Centroamericana José Simeón Cañas, los gobiernos locales expresaron desazón, mal disimulando su protesta por las deportaciones (de pandilleros o no) decididas unilateralmente desde Washington.

Es verdad que la inquietud era por algo más general: las consecuencias económicas y sociales de las repatriaciones masivas de salvadoreños (ya porque se reducirían las remesas de dólares de las que dependía la economía salvadoreña, ya porque aparecerían nuevas demandas de servicios que el Estado estaba imposibilitado de ofrecer). Pero aparecía implícito el tema de los pandilleros y los efectos devastadores que su presencia estaba teniendo al combinarse con la frágil situación de posguerra.

María S. Santacruz Giralt y Alberto Concha-Eastman, autores de *Barrio adentro. La solidaridad violenta de las pandillas*, precisan que

> si bien es cierto que con el cese del conflicto armado se puso fin a la confrontación bélica, también es cierto que después surgieron «nuevos actores y nuevos conflictos, los cuales una vez finalizada la guerra aparecieron en el escenario y se desplegaron en su total dimensión» (Ramos, 1998). En este contexto es que las pandillas se convierten en uno de los principales temas y preocupaciones de la opinión pública salvadoreña. Ramos sugiere que «la década de los noventa ha perfilado a las pandillas como el más importante y complejo fenómeno cultural-generacional que haya tenido el país [...] al concluir el periodo de transición pactado en los acuerdos [de paz], las maras o pandillas juveniles no sólo habían logrado obtener presencia en todo el territorio nacional sino que incorporaban la participación de un segmento de población menos homogéneo en términos generacionales».

Los investigadores hablan de algo sobre lo que se reflexiona poco: los jóvenes que optan por incorporarse a las pandillas son tanto generadores como víctimas de violencia, lo cual se exacerba conforme las pandillas van convirtiéndose en clicas de las matrices Barrio 18 y Mara Salvatrucha. Agregan:

> La relevancia de la situación no radica sólo en la elevada cantidad de jóvenes que día a día se vuelven miembros de las diferentes pandillas, o en la presencia de las mismas a lo largo y ancho del país, sino precisamente en el hecho de que la dinámica que las caracteriza convierte a sus miembros en una de las figuras más importantes de esta violencia, tanto en su calidad de victimarios como de víctimas.

En El Salvador, sectores del gobierno y la sociedad organizada estaban intentando traducir en el plano social los recientes Acuerdos de Paz de 1992, enderezando la economía y restableciendo el orden. Ineludiblemente la política de deportaciones fue interpretada como un recurso de la Casa Blanca para quitarse de encima una parte de los miles de desplazados a su territorio por las guerras civiles y el terrorismo de Estado, cuando no para interferir en el esfuerzo pacificador surgido merced a la iniciativa centroamericana de Esquipulas, que había motivado el recelo de la administración Reagan, en la década anterior.

En el momento en el que el régimen de William Clinton se aprestaba a retirar el estatus especial que protegía a los salvadoreños mediante un programa temporal establecido en 1990 (resultado del activismo de los inmigrantes y que regularizó a más de doscientos mil, dándoles derecho a residir y trabajar de manera legal en Estados Unidos), el 1 de diciembre de 1994 Tracy Wilkinson publicó en *Los Angeles Times* un reportaje que recogía el punto de vista de «funcionarios salvadoreños» temerosos de «que cualquier regreso importante de salvadoreños [en Estados Unidos] sea un golpe devastador a la débil economía de la posguerra [...], el Banco Central salvadoreño estima que las remesas este año excederán 1 mil millones de dólares, casi tanto como todos los ingresos de exportaciones juntos».

En el texto de Wilkinson, Oscar Santamaría, ministro de Asuntos Exteriores, afirmaba que «no estamos listos para tomar a estos inmigrantes», «pedimos al gobierno estadounidense entender que la gente salvadoreña trata de consolidar el proceso de pacificación. Si nuestra petición no es oída, esto pondrá en peligro nuestra estabilidad nacional». Alan Flanigan, embajador estadounidense, abogaba porque la Casa Blanca prorrogara el programa temporal. Rosario Acosta, dirigente campesina del Frente Farabundo Martí para la Liberación Nacional, lanzaba la siguiente premonición: con más deportaciones masivas, «usted tendría aquí un problema social peor que la guerra».

En Guatemala, donde los acuerdos de paz se firmaron hasta 1996, la situación era semejante. La guerra civil había dejado más de cien mil huérfanos y montones de ellos o habían ingresado a una pandilla o estaban en riesgo de hacerlo. Citado en *Por sí mismos. Un estudio preliminar de las «maras» en la ciudad de Guatemala* (1998) de la Asociación para el Avance de las Ciencias Sociales, un columnista de entonces se refería a las maras como sucedáneas de las guerrillas, advirtiendo que sobrevivirían a la pacificación, convirtiéndose en la nueva expresión de las guerrillas urbanas y, por tanto, resquebrajando el avance democrático.

Al diluirse las guerras civiles de los países del entorno, en la medida en la que la sociedad organizada ganaba espacios a las fuerzas armadas y se restablecían los gobiernos electos, en Honduras fue mostrándose la violencia de y hacia los jóvenes. Itsmania Pineda Platero, presidenta de Xibalbá Arte y Cultura, se dice convencida de que esa violencia que implica a la juventud existía ya, pero no se veía por los conflictos de la guerra sucia, y que sólo se exacerbó a causa de las deportaciones, las estrategias represivas y la falta de opciones para los jóvenes en las políticas públicas.

En los tres países del norte de Centroamérica, durante el segundo lustro de los noventa, se consolidó la fase de clonación de los estilos cholos B18 y MS13, mismos que de forma paralela fueron nutriéndose de rasgos idiosincrásicos locales a nivel de cada país, ciudad y barrio; las clicas que empezaron a dominar el horizonte urbano fueron las adscritas a la Dieciocho o la Trece, pero con características propias, sobre todo en el lenguaje, los rituales de iniciación y las prácticas de convivencia.

Pioneros en los estudios cuantitativos sobre maras y pandillas, José Miguel Cruz y Nelson Portillo Peña, de la Universidad Centroamericana José Simeón Cañas, publicaron en 1998 *Solidaridad y violencia en las pandillas del gran San Salvador*, donde afirman que, de acuerdo con las leyes de la calle en esa época, haber pertenecido a una pandilla en Estados Unidos confería estatus dentro de las de la capital salvadoreña; «siete de cada diez pandilleros —de los que han estado en Norteamérica— han regresado al país», y que «existen canales de intercomunicación informales entre los pandilleros de Estados Unidos y los locales», sobre todo de «aquellos que pertenecen a las pandillas cuyo origen se encuentra en Estados Unidos: Mara Salvatrucha y pandilla de la Calle Dieciocho. Los muchachos de otras pandillas no presentan la misma frecuencia de comunicación con el exterior».

Tal combinación de factores —liderazgo de quienes vienen de Estados Unidos, muchos de ellos deportados y que mantienen lazos con sus clicas de origen— habla con claridad del potencial expansivo de las pandillas Barrio 18 y Mara Salvatrucha en Centroamérica.

Dichos autores explican que no ocurrió precisamente «una copia al carbón» «de la problemática norteamericana o de lineamientos provenientes de allá», sino que a la matriz B18 y MS13 los pandilleros locales le añadieron sus propios caracteres identitarios.

> Muchas veces, en el transcurso de la investigación, los miembros más veteranos de las pandillas, que han crecido junto a este fenómeno en Estados Unidos, se quejaban de que la expresión salvadoreña del pandillerismo juvenil cometía hechos que normativamente no estaban permitidos en las pandillas de las calles de Los Ángeles.
>
> *Un pandillero mayor de 25 años y que creció en las calles del este de Los Ángeles lo expresaba de la siguiente forma: «Allá, si uno se encontraba con un vato que es enemigo, de otra pandilla, con su familia, su mamá, por ejemplo, uno no podía hacerle nada: yo mismo no pude hacerles nada cuando ya los tenía sólo para tirarles. Acá, es distinto, no respetan las reglas: uno puede andar con toda su familia y sus hijos y ahí mismo le ponen».* [Cursivas en el original]

O sea, afirman, «no hay evidencias de que el traspaso del modo de ser pandillero se haga sin incorporar los elementos propios de la dinámica local. Al final, la manera de comportarse en las pandillas y de ser pandilleros es el producto híbrido de la herencia de la migración de Estados Unidos y de las condiciones particulares que prevalecen en la realidad salvadoreña».

Ocurrió, pues, una transculturación tamizada por la idiosincrasia local, «para complementar el producto importado, lo que da lugar a una cultura sincrética con expresiones muy particulares».

El huracán Mitch,
el «silencioso Mitch»

Una tarde de finales de octubre de 1998, llamó el director editorial de *El Universal* y, como siempre que había una cobertura de emergencia, dio la orden con la frase más escueta posible: «¿Estás siguiendo lo que sucede con el huracán Mitch? Parece que va a golpear en Cancún. Piensa adónde sería más seguro que volaras, date una vuelta por acá para recoger tu boleto y sal hoy mismo».

El hecho inédito entonces era que podía seguirse la trayectoria del huracán a través de la página virtual de The Weather Channel, cuyas fotografías satelitales disponibles en línea se actualizaban cada hora, o menos. Y si bien el Mitch, de acuerdo con esa fuente, parecía dirigirse a aquel puerto, los vuelos no se habían suspendido y había uno nocturno.

El avión tocó la pista mojada sin contratiempos. Las calles cancunenses lucían desiertas, en semipenumbra. Llovía. El viento, veloz y persistente, castigaba las palmeras y los anuncios espectaculares, grotescos ante esa furia del ambiente. Antros, hoteles y comercios habían cerrado, y las puertas y ventanas de las casas estaban selladas. El mar acechaba, embargándolo todo con su rumor ambiguo. Esa noche, entera, fue de seguir desde una laptop las imágenes satelitales del huracán, cuyo ojo veleidoso mantenía a Cancún en vilo.

Al amanecer siguiente se había alejado hacia el oeste, de forma temporal. Mientras en Cancún se restablecía por ello la actividad, se paralizaba en Cozumel, Tulum y Chetumal, donde llovía copiosamente y los habitantes y turistas abandonaron sus casas y hoteles para resguardarse en los de las partes altas. No llegaba siquiera el mediodía cuando las aves se recogieron, pues el cielo pasó de un capó de estaño a la oscuridad prematura y desoladora que avisa del peligro. Arreció la ventisca.

La mañana del 26 de octubre de 1998, el impredecible Mitch se alejó definitivamente de Quintana Roo, desplazándose unos cuatrocientos kilómetros rumbo al sureste, según los reportes de The Weather Channel, hostilizando el nordeste de Honduras, vapuleando impío las ciudades de la costa atlántica y a sus gentes. Las lluvias torrenciales se abatieron en este país del norte centroamericano con vientos de hasta 250 kilómetros por hora. La lentitud del Mitch —entre tres y nueve kilómetros por hora— amplificó los estragos.

El 30 se movió hacia el sur, internándose en territorio hondureño, donde inundó la costa atlántica, el centro y el sur, desbordó los cauces, arrasando y matando como pocos huracanes lo habían hecho a lo largo del siglo xx.

El recuento de la Organización Panamericana de la Salud precisa que hubo 6,600 muertes confirmadas (que con las de El Salvador y Nicaragua completaron unas diez mil), desaparecieron más de ocho mil personas y resultaron lesionadas 11,998. El número de damnificados fue cercano al millón y medio. Sufrieron daños severos veintiún ciudades. Escuelas, hospitales, carreteras, caminos, puentes, aeropuertos, las redes eléctrica, de drenaje y alcantarillado, y el resto de la infraestructura quedaron dañados o destruidos. La agricultura y la industria perdieron cientos de millones de dólares. Tegucigalpa, la capital, cuantificó sus daños en quinientos millones de dólares: aquí el meteoro pasó dos veces.

En esos días de aguaceros y vientos, a cientos de miles de hondureños se les trastornó la existencia. Aun donde se tenía escasa o ninguna memoria de ríos, para azoro de los pobladores las crecidas se desbordaron, arrastrando consigo, en su ímpetu prodigioso, núcleos habitacionales enteros, porciones de cerros, construcciones enormes, vehículos, vidas y capitales familiares. Zonas de Cortés, Atlántida, Colón, Gracias a Dios, Yoro, Olancho, Francisco Morazán, El Paraíso y Choluteca (donde ocurrió el mayor número de decesos) se tornaron mares interiores cuyas aguas terrosas se estancaron dejando asomar no más que las azoteas.

Los primeros días de noviembre, extenuado entre el lodazal, Honduras no podía ni atenderse sus heridas. Millones quedaron incomunicados y a oscuras; sin techo, desplazados y enfermos; sedientos y con hambre; ateridos, solos en el caos, traumatizados. El cálculo del gobierno y la Organización Panamericana de la Salud fue que la economía sufrió un retroceso de tres décadas, agravando las condiciones de pobreza y marginación. Sus 6.2 millones de habitantes resultaron afectados en diversos grados; una cifra de damnificados por un huracán aquí no tenía precedente, y alrededor del diez por ciento de la población fue alojada en albergues por tiempo indefinido.

Buscar a los desaparecidos, velar y enterrar a sus muertos, hacer largas filas para procurarse alimento, agua, medicinas y atención médica, fue durante meses la normalidad de los damnificados. Todavía no hay diagnóstico sobre el número de niños que murieron, pero se sabe que suman miles. También quedaron varios cientos de ellos huérfanos o desamparados por padres que no tenían tiempo más que para mantener a flote a la familia. Muchos de los 1,375 albergues (sobre todo en las grandes zonas urbanas de San Pedro Sula, Tegucigalpa y Choluteca) se convirtieron, así, en centros de reclutamiento de las organizaciones Barrio 18 y Mara Salvatrucha, cuya implantación en Centroamérica, a través de las deportaciones masivas de pandilleros, cumplía una década.

En Tegucigalpa hubo iniciativas ciudadanas como Xibalba Arte y Cultura, Arte Acción (surgido en aquella difícil coyuntura) y Casa Alianza que, financiadas por organismos internacionales o grupos religiosos, se esforzaron para prevenir la integración de los niños y adolescentes de los campamentos a esas pandillas de origen estadounidense, recurriendo lo mismo al acopio de ayuda, el apoyo psicológico y la denuncia de incumplimientos oficiales, que al arte, con todo el valor y empuje que puede tenerse.

Pero, en mayor o menor proporción, esos esfuerzos fueron desbordados por la indolencia institucional, la arrolladora capacidad de seducción de los pandilleros de estilo cholo y la falta absoluta de opciones para esas multitudes de pequeños parias huérfanos o abandonados. Los activistas, el gobierno, la sociedad hondureña se encontraron de forma abrupta y plena con ese fenómeno colectivo ineludible de los marginados, que Francis Ford Coppola resume en *Rumble fish* cuando, al consolar a Rusty-James —el personaje protagónico—, hace decir al chico de la motocicleta: «Alégrate, volverá a haber pandillas [...]. La gente seguirá intentando formar parte de algo».

Aparte, en un ensayo sobre los peligros que acechan a los indocumentados en la frontera de México y Guatemala, Olivia Ruiz explica que

los efectos del huracán Mitch se sintieron casi inmediatamente después de su acontecimiento [al incrementarse de manera ostensible las emigraciones de Honduras]. A finales de noviembre, el mes del desastre, empezó a aumentar el número de violaciones. Si en Talismán-El Carmen la población detenida y expulsada creció 184 por ciento entre octubre y noviembre de 1999, el número de migrantes perjudicados ascendió a 280 por ciento. Como era de esperar, una gran parte de los agraviados fueron hondureños. Finalmente, creció el número de violaciones cometidas por autoridades. En los dos meses anteriores al desastre las violaciones [de derechos humanos] por autoridades constituían alrededor de 11 por ciento, para diciembre representaban 34 por ciento y un mes después, las autoridades eran responsables de más de la mitad.

El proceso de expansión de la Eighteen Street y la Mara Salvatrucha que se nutrió de la destrucción y el desgobierno producidos por el Mitch, puede seguirse a través del testimonio del Pobre, que fue Big Palabra de los Cháropar SPLS (Sombra del Parque de los Locos), poderosa clica de la pandilla Barrio 18 en la colonia Ebenezer (sector Chamelecón) de la ciudad costera de San Pedro Sula, la segunda en importancia y entre las más afectadas por el huracán.

La historia nace de una dramática decisión, a principios de 1999, durante un mirin general. «Habíamos sólo cabecillas del Barrio», cuenta el Pobre una noche de noviembre de 2005 en su refugio montañés al norte de Tegucigalpa. «Éramos unos ciento veinte, en un mirin presidido por tres Big Palabra, que me fueron diciendo, *Pobre, el Barrio ha decidido que tú te vas para Tegucigalpa a los albergues.* Así fue que me mandaron de San Pedro Sula a levantar el Barrio en Amarateca».

La misión tenía proporciones de conquista. Se perseguía intensificar en la zona central de Honduras la presencia y el control territorial de la B18. Los líderes vislumbraban que desde la costa (San Pedro Sula) era posible exportar a la zona

metropolitana de Tegucigalpa clicas de la Dieciocho, capitalizando el drama de los niños y adolescentes desplazados de sus
colonias, sus casas y sus familias, usando como señuelo una
expectativa y un sentido de vida para convertirlos en tropa.

«No solamente era recibir la orden, sino tenía que cumplirla»,
dice el Pobre, quien para ello debía comenzar por resignarse
a perder temporalmente sus privilegios de Big Palabra; es
decir, dejar el mando de sus casi trescientos jomis, así como
el control sobre los rendimientos de la venta de drogas y los
robos, el arsenal de armas de asalto, los automóviles y las casas
de seguridad.

Aunque en las calles cada decisión del mirin es ley divina,
agobiado por volver a ser un soldado más, apostó al respaldo
de su prestigio para saber por qué lo eligieron: «Respondieron
delante de todos que necesitaban levantar el Barrio en Tegucigalpa; que aunque se miraban muchos paisas que alucinaban
el Barrio, no había ahí nadie de cora y necesitaban a uno de
cora para eso. Tomé la decisión, porque me encantaba siempre
decir *sí* en todo lo malo que el Barrio decidía para mí».

Detrás del discurso pastoral reivindicatorio de las letras
BXVIII, aquellos hombres estaban en realidad ampliando su
mercado de venta de cocaína al menudeo y buscando diversificar su influencia y potencial de negocios en el robo, el renteo
y el vicariato hacia la capital del país, aprovechando el desgobierno imperante en los meses que siguieron al huracán. «Al
tercer día del mirin me mandaron, acompañado del Genio.» El
Pobre se convirtió desde entonces en un adelantado.

Las clicas de Tegucigalpa sabían de su llegada, de modo
que lo recibieron como a un pretor. «El Barrio nos dio la bien-
venida por todas partes. Cuando llegamos al mercado Galindo
[en Comayagüela, ciudad connurbada], nos dijeron, *Bienve-
nidos, jomis*; fueron presentándose uno por uno y nos preguntaron qué nos llevaba para allá; mi respuesta fue: *Tal vez ya les*

*ha cotorreado el Barrio, venimos en una misión de levantar el
Barrio en Amarateca y no sabemos por dónde empezar.»*

El Pobre fue introducido en los bajos fondos de la Eighteen
Street local y los mercados subterráneos de la droga y las armas,
consiguiendo al mismo tiempo colarse como damnificado en
los albergues Trébol 1 y 2. Tuvo la paciencia mezquina de
un evangelizador mercachifle y hablantín de Pare de Sufrir.
«Empecé a reclutar pandilleros entre los soldaditos paisas. Les
hablaba de la pandilla. Caminaba con mi mochila llena de droga
y dinero para enamorarlos. Les juraba: *Si están con nosotros,
nadie me los va a tocar.»* Poner a funcionar el circuito capaz de
financiar su apostolado era su especialidad desde hacía tiempo:
asaltaba él o daba la orden de hacerlo a los jomis locales o a
los soldados paisa recién enrolados; con ese dinero compraba
armas y cocaína, crack y mariguana.

Como era previsible, encontró adversarios. «Arriba, abajo,
por todos lados estaban los enemigos. Me topé [por ejemplo]
con los Vatos Locos [pandilla también de origen latino, más
antigua que la MS13 y en la actualidad adscrita a ella].» Para
contrarrestarlos se centró en crear un escuadrón de jóvenes
temerarios, violentos, convencidos de que no tenían qué
perder.

El primero de éstos era un muchacho drogadicto en situación
de calle, de dieciséis años. «Llegó el chavito con un bote de
Resistol y me quedó viendo. No me gustaba que me quedaran
viendo, y le dije, *¡Qué me mirás, paisa!* El sólo respondió,
Nada, jomi. Le quité el Resistol y le dije, *Ponte vivo, ¿quieres
ser del Barrio?* Se negó, pero le insistí, *Mirá, el Barrio te va a
tratar bien, no vas a caminar todo juco como andás.»* Después
de convencerlo, «al séptimo día traje tres pandilleros, que eran
el rip Siner, el rip Tayson y el rip Sereno», para que lo brin-
caran al Barrio; enseguida el Pobre lo llamó el Peligro de la
Dieciocho, «cosa que le gustó tanto, que mataba a muchas

personas, hasta volverse de los más violentos dentro de la pandilla».

Un día, sin embargo, encareció al Pobre que le cambiara la taka, que lo rebautizara porque la policía lo tenía muy identificado ya. Sugirió llamarse el Crimen, «porque dijo que la verdad es que era un criminal. *Fírmese*, le contesté, *si es que en verdad deseas tener esa taka*, y fue necesario que se volviera a brincar el Barrio». Tras el Crimen llegaron a la clica el Lowly, el Cholo y el Micro; estos dos últimos «luego se nos pesetearon» y huyeron, uno a San Pedro Sula y otro a Choluteca.

El gobierno asignó el valle de Amareteca al asentamiento de nuevas colonias de algunos de los miles de desplazados por el Mitch que permanecían en albergues, y como un afectado más el Pobre se sumó a quienes pasaron semanas en la faena de desbrozar los predios donde se levantarían sus nuevas casas, al mismo tiempo que avanzaba en su verdadera misión. «Nadie se había dado cuenta de que yo era pandillero, no sólo porque no tengo tatuajes en la cara y ocultaba los que tengo, sino porque trabajaba a la par de la gente, aunque sin perder nunca la idea de levantar el Barrio».

De los palabreros de San Pedro Sula llegó a Tegucigalpa una nueva encomienda para el Pobre: asesinar a dos en La Ceiba, puerto hondureño en el Caribe. Salió de Amarateca sin avisar, porque no debía dejar rastro de la acción. Ésta fue rápida. Llegó a la zona a las cinco de la tarde, «seguí las instrucciones y di con el Lingo y el Cholo, de la Emeese. [...] Me quedaron viendo mal y no les dije nada, sino que los analicé y pensé, *Estos vatos no tienen que pasar de hoy en la noche*». A las once «contacté a dos paisas firmes, para avisarles que debíamos matar a fulano y a fulano».

Antes de la medianoche encontraron al Lingo. «Lo agarré equivocado, le dije que era pandillero de la MS. Vino y me preguntó, *Simón, ¿tu mara en dónde anda?*, y me enseñó su estómago, donde andaba la MS en gótico. En ese momento le dije, *Yo soy del Barrio, soy el Pobre de la Dieciocho*. Le puse el arma en la cabeza. Me rogaba, *No me mates, que yo ando en esto pero no hago daño, no ando ni armado.* Y le contestaba, *Pero, ¿cómo, mierdoso? ¡Tú te vas a morir hoy, vos sabés que la mierda no puede permanecer a la par del Barrio!* Me lo llevé para tal sector y lo maté. Después le dimos también al Cholo.»

Al día siguiente el Pobre reapareció en Tegucigalpa, para proseguir la encomienda de los palabreros de San Pedro Sula, de donde en otra salida fugaz, por cierto, volvió con siete jomis experimentados que reforzaron su nueva clica y su tarea expansiva. «Traje al rip Brai, al rip Genio, a Sony, Pigüi, el Shagy, el Morro y el Demente, todos ellos de los Cháropar SPLS»: su vieja clica.

El Pobre ocupó su vivienda de interés social en la colonia La Joya —una de las del valle de Amarateca— con una jaina que para entonces era su pareja, y sus jomis llegados de la costa y los de la nueva clica. Miraba su ministerio delictivo y pensaba ufano, «el Barrio ya está levantado». Hasta que a principios de 2002 una noticia aparecida en el periódico lo perturbó, «era sobre una persona que salió en la primera plana diciendo que ya no nos aguantaba a nosotros los pandilleros, porque mucho daño hacíamos».

Por lo que narra, no se trataba de una voz influyente siquiera, sino de una mujer a la que recuerda con el mote de Paty Chichotes, «una paisa normal, conocida en la calle, resistolera». Aparte de sentirse amenazado, aquello le afectó de manera personal, se creyó traicionado de manera injusta. «No sé por qué ella nos denunció, si siempre la traté bien. Al leer que pedía ayuda al presidente [Ricardo] Maduro para que nos encerrara, dije a los jomis, *¡Mirá esta magaya, mirá lo que sale a hacer.* Vinieron y me respondieron, *Bueno, Pobre, tú tienes la palabra, sabes lo que tienes que hacer.*»

El pasaje siguiente denota el estilo personal de gobernar su pandilla que caracterizó al Pobre y que se ha sofisticado en las clicas de la Barrio 18 y la Mara Salvatrucha; viene a ser su legado como estratega de la Dieciocho: Un día por la noche fui a traerla a la casa de ella, la saqué y me la llevé; le dije, «*Vente, vamos a fumarnos un puro de mariguana rociado.* Lo armé, le eché coca y todo, y nos fuimos a un sector solitario, detrás de la colonia El Porvenir. *¿Por qué estamos fumando aquí tan largo, si siempre fumás en la calle y vos no te escondés?*, me preguntó extrañada. Luego le di la razón: *Estamos fumando aquí porque hoy te toca la muerte*».

Paty Chichotes quiso correr. El Pobre le dio un tiro de escopeta a bocajarro, matándola al instante. «Me senté en el cadáver y me seguí terminando la bacha. Mandé traer un galón de gasolina que tenía en mi casa y le metimos fuego sin imaginar que ella era hija de un coronel.»

Este último detalle determinó la caída estrepitosa de la obra que desde los cimientos había llegado a edificar. Menos de una semana después, el 6 febrero de 2002 (día en el que el Pobre se tatuaría el rostro), llegaron a La Joya, la colonia donde vivían el Pobre y su clica, decenas de agentes uniformados de la Policía Nacional de Honduras a bordo de autobuses. Él tomó un AK-47 y una escopeta .12, las únicas dos armas que tenía consigo, pero en vez de hacer frente, rogó a un anciano que las guardara, «*Varón, lléveme y guárdeme estas armas. Si usted lo hace va a estar firme conmigo*, le pedí, y él me dijo, *Claro, jomi, con mucho gusto*».

Después se ocultó en un agujero dentro del baño de su casa, desde el cual, con los cabellos erizados, escuchó los planes que tenían para él quienes comandaban el operativo. «Uno decía, *Hay que buscar a este maldito, lo voy a encontrar como sea, si él cree que se va a salvar, se equivocó. Vamos a ver si estos dieciocho tiros que andan este cargador son nada a la par de lo que anda ese perro en el pecho* [es decir, el número 18, el de su pandilla].»

Atraparon a varios de sus jomis y a su jaina, «a ella le decían, *Maldita perra, ¿en dónde está ese perro?* Yo le dije estas palabras a Dios, *Colocho, si tú me salvas, ésta mi vida es tuya de aquí para allá y juro no volver a matar a nadie, ni tampoco cometer otro error en mi vida.* Ahí fue cuando Dios comenzó a tocar mi vida y empecé a sentir lástima por las demás personas».

Pocos días más tarde una vecina lo llevó a la iglesia evangélica Adonai, donde el pastor lo acogió, bautizándolo: «Ya Cristo te hizo el llamado. Tú ya no eres el Pobre, ahora tú eres rico en Cristo Jesús». Además se integró a las actividades de rehabilitación de la iniciativa ciudadana Arte Acción.

Puesto que había cumplido con la encomienda de apuntalar la expansión de la pandilla Barrio 18 de la costa (San Pedro Sula) al centro del país (Tegucigalpa), a los palabreros que lo enviaron en 1999, recién pasado el Mitch, les pareció aceptable su conversión espiritual, lo mismo que a los jomis de Tegucigalpa.

Tal estado de cosas se habría mantenido, pero a causa de la infidelidad de una novia que conoció en la iglesia, «me descarrilé del Señor» y «cuando el Barrio se dio cuenta de que el Pobre había vuelto al mundo a consumir drogas, decretó la verde para mi persona. Ya ellos me buscan para matarme, supuestamente dicen que no tengo que pasar de Navidad».

Al ser entrevistado, en noviembre de 2005, el Pobre se recuperaba de las adicciones en un refugio de montaña. Si bien agobiado por un profundo sentimiento de culpabilidad, se entusiasmaba imaginando la expectativa de reencontrar a sus tres hijos, colocarse como chofer, comprarse un automóvil y

regresar a San Pedro Sula, «aunque tenga que vivir escondido
o en un lugar donde no haya pandillas», debido a la luz verde.
Hacia mediados de 2006 reapareció en las calles de Tegucigalpa, víctima de una aguda recaída.

Entre los muchos edificios ruinosos del centro histórico de San
Salvador, en una de las esquinas que miran al parque Libertad,
corazón de la ciudad, se levanta el que albergó a la Compañía Salvadoreña del Café, SA. Su monumentalidad art déco
cedió al abandono, haciendo de él un monstruo de cemento,
desmantelado, tapiado y cacarizo, que se cimbra al paso del
transporte urbano. Ésta es la razón de que sea emblemático:
aquella empresa paraestatal fue arrasada por la ola privatiza-
dora que produjeron las reformas neoliberales; los tecnócratas
le mataron el espíritu, desdeñando sus despojos elefantiásicos,
que no ameritan siquiera una ojeada de los peatones y quizás
un día terminen por caerse solos, como otras decenas de construcciones aledañas.

Es inevitable hacer de la desvencijada edificación un
símbolo incontrovertible de la crisis internacional del café de
principios del año 2000, que postró a las economías centroamericanas (sobre todo a las de El Salvador y Nicaragua) y
por cuyas devastadoras consecuencias económicas y sociales
se le conoce también como el «silencioso Mitch». (En 1930
una crisis semejante, que también empobreció más a los más
pobres, derivó un par de años después en el alzamiento comunista liderado por Farabundo Martí.)

Sólo superada por el petróleo, la segunda materia prima
más comerciada en el planeta es el café. Debido a la presión
del gobierno de Estados Unidos —el principal consumidor
mundial—, en 1989 fue desmantelado el sistema mundial que
regulaba el mercado desde 1962 (a través del Acuerdo Inter-

nacional del Café), cuyo papel formal era equilibrar la oferta y la demanda, de modo que no hubiera sobreproducción ni desabasto, y productores y consumidores dispusieran de precios razonables.

Sin visos de responsabilidad social, aprovechando aquella desregulación, el Banco Mundial concedió un lustro después financiamiento directo e indirecto a Vietnam para incentivar la producción de café, hasta convertirlo, en 2000, en el segundo productor del mundo, sitio del que desplazó a Colombia, quedando sólo debajo de Brasil. La sobreoferta desplomó los precios (que en los últimos veinte años observaban una tendencia decreciente), favoreciendo a Phillip Morris, Nestlé, Procter & Gamble y Sara Lee, las trasnacionales que controlan dos tercios del mercado internacional de café, y cimbrando las economías latinoamericanas desde Brasil hasta México.

En El Salvador, los efectos del «silencioso Mitch» entre 2000 y 2002 se combinaron con los del huracán Mitch (ocurrido menos de dos años antes) y en especial con los de los terremotos del 13 de enero y el 13 de febrero de 2001, mismos que causaron los peores daños en la región central, matando e hiriendo aproximadamente a diez mil personas, y afectando de algún modo a una cuarta parte de la población. Unos 250 mil salvadoreños fueron lanzados a la pobreza extrema.

En su oficina de la Asamblea Legislativa, el diputado Luis Agustín Calderón, de la conservadora Alianza Republicana Nacionalista, vicepresidente de la Asociación Cafetalera de El Salvador y miembro de una prominente familia de cafetaleros del Departamento de Ahuachapán, declaró entonces al rotativo mexicano *El Universal* (octubre 3, 2001): «Aquí tenemos, sobre todo, el café, y si se va para abajo, El Salvador se va para abajo. Entre empleos fijos y temporales, dos millones de agricultores están involucrados en este quehacer, incluyendo desde el proceso agrícola hasta el agroindustrial».

También se preguntaba «qué pasará de aquí a dos, tres años, sin abono, sin resiembra, sin inversión; a ese ritmo vamos a llegar a 500 mil quintales anuales (de los cerca de dos millones que se cosecharán entre noviembre y abril próximos)».

El desempleo y la pobreza se dispararon. Al occidente, en el Departamento de Santa Ana, que aportaba 35.9 por ciento de la producción nacional de café, todo era desesperanza. Una tarde del otoño de 2001, un subempleado *habitué* de la plaza central, lamentaba, según la misma historia de *El Universal*: «Sin Cristóbal no hay nada... y ahora no hay Cristóbal (se refiere al colón, la moneda oficial de El Salvador antes de la dolarización). Nomás sale pa'la malilla... malilla de guarito (alcohol de caña). Y, aunque apenas come, la familia ya ni se inquieta, ni reclama; pa' qué gastar saliva gratis; prefiere echar de vez en cuando monedas pal' cilindro ([o sea] ir ahorrando para el ataúd)».

Hacia la costa, rumbo al vecino Departamento de Ahuachapán, importante también por sus vastas fincas cafetaleras, a la vera de carreteras y caminos aparecían oleadas de agricultores instalados con familias en casuchas enanas de cartón y plástico, limosneando desesperados entre los automovilistas.

Así fue como el café dejó de contarse entre las principales fuentes de divisas y el país se estremeció azotado por el desempleo y las emigraciones. De modo que en Estados Unidos se alcanzó la cifra de un millón de inmigrantes salvadoreños (frente a los casi seis millones que, en cambio, había en el país).

Por la misma época Honduras y Guatemala entraron en estado de emergencia alimentaria por una sequía que agravó la crisis del café. Los medios de comunicación del mundo exhibieron el rostro desorbitado de niños víctimas de la desnutrición.

De las naciones del norte centroamericano la peor parte la llevó Guatemala, donde se concentraba el 60 por ciento de la desnutrición crónica de la región. Mario Amézquita Navarro, viceministro de Agricultura, Recursos Renovables y Alimentación aparecía en un reportaje del diario mexicano *El Universal* (octubre 2, 2001) declarando con desparpajada resignación: «El campo ha sido tan benigno con nosotros, que esas yerbas que para muchos serían malezas, en nuestro país se consumen, lo cual alivia bastante la situación».

En el oriental Departamento de Chiquimula la situación era de lo más grave, particularmente entre la etnia maya ch'orti', cuyos menores estaban muriendo a puñados. En la capital guatemalteca se concentraban los desplazados por el hambre:

Debajo de puentes. Trepadas en barrancos y hondonadas. En cuartos de azotea. En edificios ruinosos. Donde se pueda, miles de hambrientos campesinos migrantes han instalado sus viviendas. Durante los últimos meses, la ciudad de Guatemala ha sufrido la presión demográfica de quienes dejaron sus tierras empujados por la desesperación.

«Constituyen una de las mayores preocupaciones de los habitantes del municipio de Guatemala. La crisis económica en el interior del país, probablemente la más profunda de los últimos 50 años, está ocasionando una inmigración muy fuerte. Principalmente del altiplano, las familias vienen huyendo de una situación desesperada. El problema es que esta ciudad no tiene espacio y padece una crisis similar. Como no hay trabajo, esa gente la pasa con cualquier actividad informal», expone el alcalde Fritz García Gallont.

Y éstas son sus cifras: «Tenemos estadísticas que hablan de que a esta ciudad llegan 200 familias diarias [...]. Sabemos que hay, tanto en el centro como en las zonas más pobladas, cuartos donde

se hacinan hasta 25. Y lo peor es que no podemos ofrecerles ni la
menor facilidad».

Para trazar el mapa de la miseria que está matando u obligando a
miles de guatemaltecos a moverse, Celeste Bonilla, oficial de Información de la oficina en Guatemala del Programa Mundial de Alimentación (PMA), precisa que «la más afectada es la zona desértica, donde
la capa fértil tiene una pulgada, aparte de que son cultivos de baja
tecnología y no existe una cultura de la conservación de suelos» (*El
Universal*, octubre 2, 2001).

Hernán Delgado, director del Instituto de Nutrición de
Centroamérica y Panamá (con sede en aquella capital), expuso
en ese mismo reportaje que

> Guatemala concentra el mayor problema de desnutrición e insegu-
> ridad alimentaria crónicas. Hay elevados porcentajes en Honduras,
> El Salvador y Nicaragua, pero significativamente menores a los de
> Guatemala, al punto de que el 60 por ciento de las municipalidades
> centroamericanas en donde los niños en edad escolar tienen retardo
> severo en talla se encuentra en este país, donde, además, más de la
> mitad de la población padece inseguridad alimentaria crónica. [...]
> la situación actual se complica debido a la falta de trabajo en las
> fincas cafetaleras, que antes de la crisis de los precios internacio-
> nales del café constituían una estrategia de sobrevivencia para miles
> de habitantes rurales.

Aunque no existe una cuantificación del fenómeno, pero
igual que con el huracán que le dio nombre, la crisis del café
llamada el «silencioso Mitch», tuvo entre los niños centroamericanos efectos especialmente cruentos. Miles de ellos, abandonados por padres migrantes o que sobrevivían de la indi-
gencia en las zonas urbanas, apenas les fue posible se echaron
al regazo de la Barrio 18 y la MS13. Algo semejante hicieron,

ya en California, ya en Washington, DC, muchos de los que formaron parte de las caravanas miserables que atravesaron México para entrar de forma ilegal y conseguir un empleo en Estados Unidos.

Alimentadas del caos, el desgobierno y la pobreza, siempre impulsadas por la fuerza invisible y omniabarcante del narcotráfico; el tráfico de indocumentados a través de México hacia Estados Unidos, y de armas; el robo de automóviles, y las industrias del asalto, el secuestro y el asesinato, las pandillas de origen estadounidense inoculadas en Centroamérica —la Eighteen Street y la Mara Salvatrucha— plantearon una crisis social explosiva, equivalente por su capacidad de violencia a las guerras civiles. Ciertamente, como había precisado ya el cineasta hondureño Mario Jaén, los pandilleros se revelaron como «la nueva guerrilla urbana sin ideología».

El huracán Mitch en Honduras. La crisis cafetalera y los terremotos en El Salvador. La hambruna por sequía en Guatemala y Honduras. Y la consecuente emergencia de las pandillas, con ímpetu no visto, se combinarían con los efectos geopolíticos reales de la estrategia interna estadounidense después de los atentados del 11 de septiembre de 2001 contra Nueva York y Washington (la Homeland Security).

Todo ello propició la nueva era de políticas de mano dura y *súper* mano dura en Centroamérica, sustentadas en reformas judiciales que durante el primer lustro de los 2000 aumentaron las penas contra los pandilleros o aquellos jóvenes que emularan comportamientos cholos, provocando a su vez otra vuelta de tuerca en el fenómeno pandilleril al favorecer su expansión y articulación global a gran escala (Estados Unidos-Centroamérica-México-resto de Latinoamérica-Europa-Asia), actualmente en marcha.

Del 11/9 a la súper mano dura

Los atentados contra las Torres Gemelas (Nueva York) y el Pentágono (Washington), el 11 septiembre de 2001, llevaron a la Casa Blanca a refundar el aparato de seguridad interna y su enfoque geopolítico hacia América Latina. Al mismo tiempo, en la Centroamérica del post-Mitch, la crisis internacional del café, los terremotos, las sequías, la hambruna y otras calamidades semejantes, las miles de clicas de las pandillas Barrio 18 y Mara Salvatrucha dislocaron la seguridad pública y desafiaron la capacidad de control de los Estados.

Ambos factores explican las leyes de mano dura en Guatemala, Honduras y El Salvador, que no han hecho más que atizar la violencia y favorecer la mayor integración de dichas bandas con la delincuencia organizada. «Esas leyes han provocado que los jombois jóvenes estén viniendo más locos, más agresivos. Lo miro en los desvergues, donde hay niños de once años ya con cuetes, que andan matando. Cuando comencé en la Mara, pues, no ibas a ver a un bicho de once años matando», evalúa el Duende, jomboi de la clica MS13 del parque Zurita, en San Salvador.

Esas leyes tienen un precedente en Estados Unidos: las

reformas judiciales que sentaron un modelo persecutor contra los jóvenes, empujadas a finales de los años noventa por gobiernos estatales ante el repunte de la violencia de las bandas juveniles. Su mayor preocupación era la guerra por los mercados de cocaína y demás drogas (trasfondo de esa violencia) y las actitudes reivindicatorias de la MS13 y otras agrupaciones latinas a partir de los disturbios raciales de 1992 en Los Ángeles y otras ciudades estadounidenses por el caso de Rodney King.

Aunque en el tema de las pandillas las cuantificaciones son dispares y poco fiables, en *Street Wars. Gangs and the future of violence*, el activista Tom Hayden ofrece una mirada acertada sobre lo que ha sucedido en las ciudades estadounidenses, contrastando estadísticas del Departamento de Justicia y el FBI, y los departamentos de Policía de Los Ángeles y del Sheriff del Condado de Los Ángeles, entre otras fuentes.

Apunta, por ejemplo, que en Estados Unidos «probablemente más de 25,000 muertes han ocurrido en nuestras guerras de pandillas durante las tres décadas pasadas», pero que el FBI ha estado más preocupado por contener la violencia implícita que por resolverla. También, que había «a escala nacional más de 750,000 miembros de pandillas durante el período 1996-2000, organizados en 12,850 pandillas», y que en 1999 «el 47 por ciento de miembros de pandillas eran hispanos; el 31 por ciento afroamericanos; el 13 por ciento blancos; el 7 por ciento asiáticos; y el 2 por ciento de otros».

Por su parte, en *La guerra perdida contra las drogas. Narco-dependencia del mundo actual* Jean-Francois Boyer sostiene que «Las pandillas, en un principio, limitaban su acción a los barrios que las habían visto nacer», pero conforme se enriquecieron,

Extendieron su control a regiones enteras y hasta el conjunto del territorio nacional. En 1996, el FBI computaba 7,400 de estas pandillas. Los «Black Gangster Disciples», los «Vice-Lords» y los «Almighty Latin Kings», con base en Chicago, estaban presentes en 35 estados de la Unión. «Los Bloods» y los «Crips», de Los Ángeles (con las pandillas afroamericanas afiliadas), trabajaban en 42 estados. Las bandas hispanas, como la de la «Calle 18», de Los Ángeles, la «Mara Salvatrucha» y la «EME» se encontraban en 41 estados. Las *bandas* blancas, en 44. Los asiáticos, en 41. A esta lista añadiremos la mafia afroamericana de los *estibadores* del puerto de Miami, la cual trabaja codo con codo con los cubanoamericanos, pero a veces se da el lujo de hurtar algunos kilos de los contenedores cargados de cocaína para revenderla en Miami.

En California, cuna de la B18 y la MS13, se afrontó la situación desde una perspectiva policíaca, de mano dura, no obstante la oposición ciudadana. En marzo de 2000 fue aprobada la Proposición 21, que redujo a catorce años la edad penal en caso de homicidio, violación sexual o reincidencia; endureció las condenas para faltas cometidas por miembros de pandillas, y criminalizó prácticas gregarias o de libertad de expresión de los jóvenes, como el grafitti.

En opinión de Hilda Solís, congresista demócrata mexicoamericana, entre las consecuencias de aquella reforma legislativa se cuentan el que alrededor de 100 mil jóvenes en líos legales tuvieran que ser conducidos a tribunales penales y ser juzgados como adultos, lo cual, añade, no produjo una baja en la delincuencia y sí mayores costos para el sistema penitenciario y la conculcación de derechos civiles de jóvenes acusados de ser pandilleros, miles de los cuales fueron deportados.

Ciertamente, al multiplicarse los casos judiciales contra jóvenes aumentaron las deportaciones a Centroamérica y

México de, entre otros, miembros de la Barrio 18 y la Mara Salvatrucha procesados o sentenciados en California, intensificando así la presión a la que estaba sometido el norte centroamericano, donde las cifras de muchachos adscritos a clicas de esas y otras organizaciones iban acumulando ceros.

El 29 de marzo de 2005, sin precisar fuente, un editorial de *Los Angeles Times* afirmaba, por caso, que sólo de la MS13 había entre 70 mil y 100 mil pandilleros en aquella porción de América Latina.

Al año siguiente de que se aprobara la Proposición 21 sobrevino el 11/9. Buscando blindarse contra nuevas agresiones, la administración de George W. Bush promovió una honda reforma institucional plasmada en la Homeland Security Act of 2002 (Ley de Protección del Territorio Nacional), que a su vez se materializó en el Department of Homeland Security (Departamento de Seguridad Nacional), nacido para articular las instituciones y estrategias gubernamentales en todo tipo de situaciones de emergencia o riesgos o amenazas contra la seguridad del país y sus intereses.

Durante el Coloquio Internacional *Las Maras, Identidades juveniles al límite*, Alfonso González, miembro del Comité de Derechos Humanos de Homies Unidos en California, advirtió que uno de los procesos geopolíticos que se aceleraron merced a la *homeland security* fue «la integración de todos los cuerpos de seguridad» de América Latina «al norteamericano», y que las recientes cumbres mundiales de seguridad «van llegando a ese fin».

Especificó que «la guerra contra los pandilleros» se articuló «a la infraestructura del Southcom [Comando Sur]», mismo que «ahora incluye a las pandillas como la amenaza principal de América Latina [...]. El Southcom iba a ser, según los planes de Bush, dirigido por el general Ricardo Sánchez, que es el que estuvo [al mando de las fuerzas estadounidenses] en

Irak [y quien] estaba mandando a los soldados a hacer mata-
zones en Faluya».

González denunció que, amparadas en la ley de seguridad nacional y como parte de la incesante «guerra contra los
jóvenes», se llevan a cabo redadas particularmente en California, y que hay en el Congreso de Estados Unidos iniciativas de reforma legal (de republicanos) que pretenden radi-
calizar en los niveles federal y estatal la persecución en su
contra, mediante penas más severas, la ejecución sistemática
de redadas y la creación de bases de datos personales de cobertura internacional.

Citó como antecedente y factores propicios para tales
reformas, la propia Proposición 21 y la Step Act (California
Street Terrorism Enforcement and Prevention Act), promulgada desde 1988 en California, que enfatiza en la mano dura
contra las pandillas o respecto de faltas cometidas en grupo
por jóvenes.

Éste es el intrincado contexto en el que se encrespa la ola
de intolerancia contra la juventud centroamericana, la cual
ha significado un retroceso en los avances democráticos
que fueron lográndose después de los costosos acuerdos de
pacificación en los años noventa del siglo pasado.

Específicamente, las deportaciones han dejado entrever la
doble faceta o el aspecto, digamos, industrial de las políticas
de seguridad impuestas por Estados Unidos en el norte centroamericano. Si por una parte la Casa Blanca expresa inquietud
por las implicaciones que para la seguridad regional está teniendo el auge de la pandilla Barrio 18 y la Mara Salvatrucha
en Centroamérica, y a través del Comando Sur impone enfoques autoritarios de contención, por la otra no sólo mantiene
los flujos de deportaciones formales (es decir, aquellos en los

que pone al tanto a los gobiernos de los países receptores), sino que estaría enviando inmigrantes indocumentados y, en particular, pandilleros a México, Guatemala, Honduras y El Salvador, sin mediar proceso.

En enero de 1998, por ejemplo, Eduardo Torres, secretario de Comunicaciones de la Presidencia salvadoreña, denunció que las autoridades migratorias estaban haciendo deportaciones masivas en vuelos secretos, sobre todo de personas con problemas legales, a quienes se les daba un «trato especial de seguridad» en virtud del cual ameritaban la expulsión de territorio estadounidense por el sólo hecho de ser acusadas de cometer un delito.

El ciclo industrial es evidente: Estados Unidos inocula en Centroamérica, de forma masiva, lo que ha etiquetado como «la enfermedad», para enseguida exportar «la medicina» de la mano dura a los gobiernos que tendrán que combatirla.

En Honduras, entre los temas prioritarios de la campaña presidencial del derechista Ricardo Maduro, en 2001, estuvieron los de seguridad pública, la violencia de las pandillas y el crimen organizado, para lo cual acuñó en el país los conceptos «tolerancia cero» (importado del modelo del alcalde neoyorquino Rudolph Giuliani) y «mano dura» (inspirado en legislaciones como las californianas Step Act y Proposición 21). Al asumir el poder, en enero de 2002, pasó de la retórica electorera a la acción, anunciando una política policial enfocada en el combate contra «las maras» y «los mareros». En julio mandó al Congreso Nacional una propuesta de reforma al Artículo 332 del Código Penal, aprobada el 7 de agosto, que se conoció como Ley Antimaras. Después de algunos ajustes posteriores quedó así:

ARTÍCULO 332.- ASOCIACIÓN ILÍCITA: Se sancionará con la pena de veinte (20) a treinta (30) años de reclusión y multa de CIEN MIL (L.

100,000.00) a TRESCIENTOS MIL LEMPIRAS (L. 300,000.00) a los jefes o cabecillas de maras, pandillas y demás grupos que se asocien con el propósito permanente de ejecutar cualquier acto constitutivo de delito.

Con la misma pena de reclusión establecida en el párrafo anterior rebajada en un tercio (1/3), se sancionará a los demás miembros de las referidas asociaciones ilícitas.

Son jefes o cabecillas, aquellos que destaquen o identifiquen como tales y cuyas decisiones influyan en el ánimo y acciones del grupo.

Instancias civiles como Xibalba Arte y Cultura, Casa Alianza y el Comité de Familiares de Detenidos-Desaparecidos en Honduras, así como Amnistía Internacional, denunciaron entonces, y siguen haciéndolo, la laxitud de la Ley Antimaras, echándose en contra la maquinaria propagandística oficial. Sin éxito, ciudadanos organizados promovieron recursos de inconstitucionalidad ante la Suprema Corte de Justicia. El Centro por la Justicia y el Derecho Internacional expuso este caso (y los de El Salvador y Guatemala) al seno de la Comisión Interamericana de Derechos Humanos.

El Artículo 332 del Código Penal permite al gobierno detener y encerrar a cualquier joven con aspecto cholo, y a todo pandillero por el hecho de identificarse con señas digitales (tirar el Barrio), tener tatuajes, vestir de cierta forma, ejercer su derecho de reunión, independientemente de que haya o no delinquido o tenga una denuncia penal; así como dar trato de delincuentes a menores de edad. Los cuerpos de seguridad y el sistema de administración y procuración de justicia lo han aprovechado, abarrotando las prisiones de jóvenes marginados.

En agosto de 2003, el presidente Maduro decidió encabezar el trabajo sucio: lanzó la Operación Libertad, consistente en operativos a su cargo, siempre bajo la cobertura de un costoso montaje mediático.

Emulando al del país vecino, en julio de 2003 el también derechista presidente salvadoreño Francisco Flores lanzó su Plan Mano Dura y enseguida promovió la Ley Antimaras, aprobada en octubre por la Asamblea Legislativa. Ambos recursos dieron a la Policía Nacional Civil y al ejército manga ancha para actuar de forma indiscriminada contra los jóvenes de los suburbios. Se multiplicaron los casos de detenciones arbitrarias, uso indebido de la fuerza, cateos a viviendas sin orden judicial, privación ilegal de la libertad, torturas y encarcelamientos masivos avalados sin mayor trámite por fiscales y jueces. De este modo comenzaba aquella norma:

> Art. 1.- La presente ley tiene como objeto establecer un régimen especial y temporal para el combate legal de las agrupaciones conocidas como maras o pandillas.
>
> Para los efectos de esta ley se considerará como asociación ilícita denominada «mara o pandilla» aquella agrupación de personas que actúen para alterar el orden público o atentar contra el decoro y las buenas costumbres, y que cumplan varios o todos los criterios siguientes: que se reúnan habitualmente, que señalen segmentos de territorio como propio, que tenga señas o símbolos como medios de identificación, que se marquen el cuerpo con cicatrices o tatuajes.

El colapso del sistema penitenciario y la persistente violación de derechos humanos cometida por los cuerpos de seguridad contra niños y jóvenes, permitieron a organizaciones civiles como la reputada Fundación de Estudios Para la Aplicación del Derecho, y a la Procuraduría para la Defensa de los Derechos Humanos sustentar demandas ante la Suprema Corte de Justicia, la cual finalmente declaró inconstitucional aquella ley, el 1 de abril de 2004.

Sin embargo, la Asamblea Legislativa tuvo la desfachatez de aprobar ese mismo día la Ley para el Combate de las Actividades Delincuenciales de Grupos o Asociaciones Ilícitas Especiales, con una vigencia inicial de noventa días, cuyo articulado reproducía el de la Ley Antimaras recién declarada inconstitucional, que tan severamente habían cuestionado Naciones Unidas y Amnistía Internacional.

La jugada legislativa quería reparar el daño que la determinación de la Suprema Corte de Justicia pudiera ocasionar a la oferta de campaña del derechista magnate de los medios de comunicación Antonio Saca, en lo tocante a las pandillas y a la seguridad pública.

El 1 junio Saca ocupó la Presidencia de El Salvador. En virtud de que Naciones Unidas recomendó a su gobierno derogarla, no ha insistido demasiado en prorrogar la vigencia de aquella nueva ley. En cambio, el 30 de agosto de 2004 lanzó su Plan Súper Mano Dura, merced al cual, como jauría, 14 mil agentes policiales y soldados encuadrados en los Grupos de Tarea Antipandilla fueron a las calles a cazar jóvenes que, a su arbitrio, tuvieran aspecto pandilleril. Un tipo de peinado; cierto par de tenis combinado con una playera y un pantalón flojos; un tatuaje o un movimiento de manos podía bastar para ser amagado con un fusil de asalto, revisado, golpeado y encarcelado durante meses o años.

En la tónica de sus homólogos del norte centroamericano, durante sus últimos meses de gobierno, en 2003, el presidente guatemalteco Alfonso Portillo lanzó el Plan Escoba, mediante el cual se facultaba a la Policía Nacional Civil a realizar operativos antimaras.

El 25 de octubre de 2004 un grupo parlamentario encabezado por el diputado independiente Antonio Baldizón Méndez entregó al Congreso de la República una iniciativa de Ley Antimaras que abre del siguiente modo, limitándose a calcar la salvadoreña, no obstante que había sido derogada por inconstitucional:

> Artículo 1. Objeto. La presente Ley tiene como objeto establecer un régimen especial para el combate frontal de las agrupaciones o asociaciones delincuenciales denominadas maras o pandillas juveniles.
>
> Para los efectos de esta ley se considera como asociación ilícita denominada «mara o pandilla juvenil» aquella agrupación o asociación de hecho de personas individuales, cuyo propósito sea alterar el orden público o atentar contra la vida, la integridad, la salud o los bienes de los guatemaltecos; así como el decoro y las buenas costumbres de los ciudadanos honestos.
>
> Para considerarse dentro de una asociación para delinquir o miembro de una mara o pandilla juvenil, se debe cumplir uno o más de los criterios siguientes: que se reúnan habitualmente, que señalen fracciones de territorio como propio, que tengan señas o símbolos como medio de identificación y/o se marquen el cuerpo con cicatrices o tatuajes en forma permanente o temporal.

Expresiones políticas conservadoras han pretendido empujar iniciativas de mano dura en Guatemala, sustentadas en una legislación semejante a las aprobadas en Honduras y El Salvador, con argumentos como el de que sufrirán la invasión de los miembros de la Barrio 18 y la Mara Salvatrucha que están huyendo de la ley en aquellos dos países vecinos. Hasta ahora han podido más la oposición de la sociedad civil organizada, las recomendaciones de Naciones Unidas y Amnistía Internacional, y los evidentes fracasos de las leyes antimaras hondureña y salvadoreña, aunque el régimen de Óscar Berger mantuvo el Plan Escoba.

Son múltiples las voces que se han levantado en el norte de Centroamérica contra las políticas de corte autoritario para contener la violencia de pandillas. Como la congresista demócrata Hilda Solís en el caso de Estados Unidos, Eddie Boy, director de Rehabilitación de Homies Unidos en El Salvador, piensa que las leyes de mano dura sólo han hecho más violentas a las pandillas.

Por su parte, Luis Romero, director de esta organización, cree que tales políticas no son una solución, «sabemos que han venido a violentar los derechos humanos de los jóvenes», y no sólo «no han erradicado la violencia [ni] la delincuencia [sino que] han vuelto más agresivo el problema». También considera que podrían estar ocultando otra fuente de violencia, la de los escuadrones de la muerte: «Los jóvenes [asesinados] que encontrás o que mirás en 4 Visión, se dice que [lo] fueron [por] pandillas rivales, pero no hay nadie que se responsabilice a investigarlo [...]. Hay un grupo grande aquí en El Salvador, acordate que en 1994 existía la Sombra Negra y otros grupos de exterminio [pues] ahora existen todavía, pero más underground. Luego hay otros intereses en cuestión, pueden ser también cortinas de humo que estén cubriendo corrupción o impunidad; esto de las pandillas llama más la atención que el señor que se robó los tantos millones de dólares, que está en Francia y que todavía no lo extraditan». Se refiere a Carlos Perla, ex presidente de la Administración Nacional de Acueductos y Alcantarillados, arrestado en París.

Amparo Marroquín, profesora de la Universidad Centroamericana José Simeón Cañas, quien se aproximó al tema a través del análisis de contenidos noticiosos, encuentra en el manejo oficial del problema una faceta vinculada históricamente con la gestión del miedo social:

No es que haya una mente maquiavélica que se ponga a decir, «Bueno, entonces ya les dimos miedo con los indígenas [alude a los levantamientos de 1932], ahora vamos con los comunistas y luego con los mareros», pero de alguna manera si vos lo ponés así, me parece que ésa es al final la dinámica social; es decir, pasamos del miedo a los indígenas, al miedo a los comunistas, a los guerrilleros, a los [llamados] terroristas, y de ahí al miedo a los mareros.

¿Por qué aparece el marero después? Porque ya no hay tanto miedo al comunista guerrillero, que está desarmado [después de los Acuerdos de Paz de 1992]. Y, ojo, ahora hay declaraciones según las cuales hay más mareros que miembros del ejército, y eso es lo peor, porque justifica que tengamos un ejército armado [que] vuelve a salir a las calles, pero ahora con la mano dura.

En El Salvador, la sobre-exposición mediática se intensifica, opina la académica cuando, en 2001,

aparecen las historias de *las descabezadas* [...] y los relatos se presentan de manera confusa; en general, en sus declaraciones la policía sostiene que hay un evidente vínculo con las maras, pero nunca lo prueba y, de hecho, varios de estos crímenes recuerdan a lo que los grupos paramilitares cometieron en El Salvador durante la guerra, cosa con la que en ningún momento se asocia. Y aunque la vinculación entre *las descabezadas* y los mareros no llega a probarse, esa supuesta conexión se convierte en sustento del discurso social, crea un estereotipo, y hasta el actual presidente [Antonio Saca] en una entrevista televisiva como candidato llegó a declarar: *Los mareros no se andan con cuentos para andar* [traer] *en la mochila la cabeza de su madre.*

Una vez que se ha construido este discurso, aparecen la mano dura y la súper mano dura [...], y es que el tema de las maras aparece asociado a cinco metáforas. Una es hablar como si se tratara de basura, por lo que dicen, *vamos a barrer el mal de El Salvador.*

Otra es la imagen de la guerra: el presidente llegó a decir, *hay más mareros que policías y militares juntos, por eso son una amenaza a la seguridad nacional*, lo cual evidentemente no es cierto. Aparece también la metáfora de la enfermedad, se le asocia con el cáncer y el virus y, bueno, *los mareros son el caldo de cultivo de los problemas sociales*, o aparecen noticias diciendo, *Tenemos que eliminar el cáncer de nuestra ciudad, porque nuestra ciudad está enferma.* Además se [le] personifica como *la ciudad tatuada que tenemos que limpiar porque está llena de grafitos.* Y algunos medios de comunicación utilizan la metáfora de la *animalización*, confiriendo a los mareros atributos de animales, de modo que nunca se habla de las casas de los jóvenes de las pandillas, sino se dice, *Entramos en sus guaridas, entramos en sus cuevas. Fuimos a ver cómo vivían,* como si fueran animales salvajes.

José Miguel Cruz, investigador también de la Universidad de Centroamérica José Simeón Cañas, advierte que uno de los efectos perniciosos más graves de los modelos de cero tolerancia es el de haber concentrado a los pandilleros de la Barrio 18 y la Mara Salvatrucha en diferentes prisiones, porque eso creó o estrechó vínculos tanto entre las clicas como entre éstas y organizaciones delictivas. «En las prisiones, los pandilleros que tienen supuestamente la misma identidad pero que en la práctica no se conocen y no tenían mayores vínculos, empiezan a integrarse a redes muy concretas, muy operativas. Y a la vez comienzan a vincularse más formalmente con el crimen organizado, que era un fenómeno distinto al menos con respecto a la Emeese y la Dieciocho en Centroamérica; hacen pactos y redes donde el crimen organizado les provee de recursos y las maras empiezan a actuar como soldados o a hacer *trabajos*».

Están de igual modo las interconexiones en el nivel regional, «porque al meter a esas mismas cárceles a hondureños y guatemaltecos, se crean vínculos de las maras de El Salvador con las de Guatemala y Honduras».

Para él, una muestra es el mercado salvadoreño de drogas: «El control territorial de las maras en las calles ha disminuido un poco en virtud de los planes de mano dura; es decir, ya controlan un poco menos. Pero en cambio operan más como mafias, porque se han concentrado en las cárceles, que son los nuevos nodos, pues además, como sucede en Honduras y ha comenzado a suceder en Guatemala, en El Salvador dispusieron cárceles exclusivas para una u otra pandilla, de modo que ahora tenemos dos grandes cárceles de Emeese y dos de la Dieciocho».

También en términos cuantitativos, dice Cruz, pueden mostrarse las contradicciones de estas políticas autoritarias: «Antes de los planes de mano dura el país iba para abajo en los niveles de violencia, pero desde entonces han empezado a subir y hoy tenemos el doble de lo que teníamos. La razón es que las pandillas han desatado una serie de violencia vinculada al crimen organizado que ha elevado, por ejemplo, las tasas de homicidios. No son los únicos actores, pero han incrementado un poco su participación en la dinámica de violencia».

Una voz diferente, la de Rosario Zelaya, orientadora educativa hondureña que ha ofrendado gran parte de su vida al trabajo con miembros de pandillas y maras estudiantiles, observa que alguna ventaja tienen las políticas de mano dura: «Totalmente no creo en la represión, pues trae más violencia. Pero pienso que es una forma de empezar. Para el joven de una escuela es una advertencia; así como están los derechos, tiene que haber reglas. Lo digo porque he visto demasiado; antes de esas leyes no podía andar en la noche en las canchas porque me asaltaban mis propios alumnos. Es necesario que haya mano dura, tenemos que empezar por algo. Un joven que mata sádicamente, en la forma en la que lo hacen, ya no es una persona normal. ¿Además de matar, comerse el corazón de alguien? Un joven con ese potencial de agresividad, para mí, necesita mano dura».

TERCERA PARTE

México en el Big Bang

Un lustro de autoritarismo encubierto en políticas de cero tolerancia y mano dura manipuladas por el brazo invisible del Comando Sur estadounidense no han hecho de la región norte-centroamericana un mejor lugar para vivir. A despecho de las ofertas electorales oficiales rambescas y vociferantes de acabar con la inseguridad exterminando a los jóvenes «mareros», quizá nunca la zona fue más insegura. Entre la Proposición 21, que el congreso californiano aprobó en marzo de 2000, y el Plan Súper Mano Dura, lanzado en agosto de 2004 por el presidente salvadoreño Antonio Saca, sucedieron algunos de los más horrendos episodios violentos que se recuerden.

En un artículo para *Los Angeles Times* sobre la combinación letal de las deportaciones masivas de pandilleros desde Estados Unidos y los modelos punitivos diseñados por los burócratas del Manhattan Institute —que se tradujeron en Honduras, lo mismo en las calles que dentro de los penales, en brutalidad policiaca y militar contra los jóvenes—, el activista e investigador Tom Hayden expone con insuperable crudeza: «Con su política actual es como si Estados Unidos barriera la basura hacia su patio trasero para que la policía hondureña la queme».

Con una visión aplicable a los tres países del norte centroamericano, afirma también que un «aspecto de la crisis en Honduras que debería preocupar» son

> algunas medidas brutales contra presuntos pandilleros que fueron importadas de Estados Unidos. Al presidente hondureño Ricardo Maduro, por ejemplo, le gusta encabezar él mismo operativos policiales al alba, usando tácticas que dice haber aprendido de sus amigos americanos. «Vi cómo se trabaja en Nueva York, y me gustó», dijo a [la agencia noticiosa] Associated Press. «En vez de tomar el largo camino de la acumulación de pruebas por tipos de delitos cometidos, optamos por ilegalizar la pertenencia a pandillas.»
>
> Bajo una ley aprobada después de la elección [presidencial] de Maduro, un tatuaje es suficiente para el encarcelamiento [se refiere a la reforma al Artículo 332 del Código Penal, aprobada en agosto de 2002 y conocida como Ley Antimaras]. Funcionarios hondureños se encontraron con el equipo del entonces alcalde de Nueva York Rudolph W. Giuliani, y con los teóricos de la política «tolerancia cero» en el Manhattan Institute de Nueva York. Y más tarde el equipo de la fundación de Giuliani visitó Tegucigalpa como consultor.

Un efecto previsto de esas «medidas brutales» en Estados Unidos y Centroamérica a partir de 2000 está relacionado con México; en la jerga policial, se le llama *efecto cucaracha*. Acosados por los gobiernos de sus países, los escuadrones de la muerte que auspicia la policía (en el norte centroamericano), la confrontación entre bandas y el crimen organizado, y las vendettas en el seno de sus propias clicas, cientos de pandilleros de la Eighteen Street y la Mara Salvatrucha han encontrado que salir disparados en todas direcciones puede librarlos al menos temporalmente. Asimismo han visto que la movilidad trasnacional les provee cierta seguridad y tiempo para tomar decisiones: a los calmados les permite diversificar sus medios de sobrevivencia en circunstancias extremas y a los activos les potencia las oportunidades ya para robar, ya para entrar en contacto con miembros de clicas de su mismo Barrio, o con pandilleros locales dispuestos a adoptar su parafernalia y formar una clica, o con grupos criminales en cualquier sitio.

Visto así, México será más o menos atractivo conforme aumenten o se reduzcan la impunidad, el poder de los cárteles de la droga, la corrupción institucional y la asimilación de las pandillas mexicanas a las franquicias subterráneas B18 y MS13, como procesos paralelos a la adopción en el gobierno federal y algunos estatales, de políticas de cero tolerancia y mano dura para enfrentarlos.

Raúl Benítez Manaut, del Centro de Investigaciones Sobre América del Norte de la Universidad Nacional Autónoma de México, precisa que «ahora el problema es muy grave en El Salvador, Honduras y Guatemala, y está empezando a serlo en México, aunque de ninguna manera tiene aún una dimensión de seguridad nacional, sino de seguridad pública».

Opina que «la dimensión de seguridad nacional la han usado políticos para justificar la mano dura, la cual les da margen para violar derechos humanos, mientras que el Comando Sur ha dicho que las maras son un problema de seguridad hemisférica de modo que se justifique el regreso de los militares a labores de seguridad pública. Ni en Centroamérica ni en México, insisto, es un asunto todavía de seguridad nacional, sino de seguridad pública y fronteriza».

Hay, en cambio, un riesgo de pérdida de control, sostiene Benítez Manaut, «éste es un buen momento para detectar el problema y hacer estrategias policiacas [...] preventivas, de inteligencia y anticorrupción, porque, en parte, las maras existen porque hay corrupción de los cuerpos de seguridad».

Aproximarse a algunas de las consecuencias sociales en Estados Unidos y el norte centroamericano de esas políticas de mano dura permite dimensionar, en principio, el potencial de florecimiento de la B18 y la MS13 que ofrece México.

De forma paralela al endurecimiento legal en Centroamérica, los centros penitenciarios de Guatemala y, sobre todo, El Salvador y Honduras fueron el principal escenario para el exterminio de jóvenes miembros o presuntos miembros de la Barrio 18 y la Mara Salvatrucha, e invariablemente —omitiendo en ocasiones el papel de policías, militares y narcotraficantes— los gobiernos atribuyeron esas matanzas a accidentes, violencia pandilleril o a la histórica confrontación entre ambas agrupaciones.

El 5 de abril de 2003, en la Granja Penal El Porvenir, del puerto hondureño La Ceiba, en el Departamento de Atlántida, hubo una carnicería en la que perdieron la vida 61 jóvenes recluidos por infringir el Artículo 332 del Código Penal, es decir, acusados de ser «pandilleros» de la Dieciocho; cinco reos detenidos por otros delitos, así como dos mujeres y una niña que estaban de visita.

Una de las versiones oficiales fue que se trató de un enfrentamiento entre reos comunes y jombois de la Barrio 18, quienes enseguida atacaron al personal de seguridad del centro penitenciario, el cual pidió apoyo a la policía y el Ejército. Cerca de una hora de violencia arrojó 69 muertos y decenas de lesionados: entre los que no se contaba miembro alguno de los cuerpos de seguridad. Veintiséis víctimas sucumbieron calcinadas; el resto, a machetazos y/o a tiros.

El presidente Maduro, quien estuvo en El Porvenir poco

después de la matanza, ofreció una rueda de prensa para anunciar que solicitaría el apoyo de la Oficina Federal de Investigación de Estados Unidos y la británica Scotland Yard. Cada aniversario, sin embargo, el Comité de Familiares de la Masacre de El Porvenir ha organizado actos conmemorativos y de denuncia contra la incompetencia de los poderes Ejecutivo y Judicial para esclarecer los hechos. Hasta el segundo aniversario les fueron entregados los últimos diecinueve cadáveres, cinco de ellos sin identificar; entonces, deudos se quejaron de que les hubieran entregado de nueva cuenta un cuerpo con el nombre de algún muchacho que se suponía estaba enterrado ya.

En el tercer aniversario, el 5 de abril de 2006, seguían pidiendo ser indemnizados y Vilma Morales, presidenta de la Corte Suprema de Justicia, expuso a la prensa que la Sala Constitucional estaba por emitir una resolución, lo cual hizo en mayo, presionada por una denuncia ante la Comisión Interamericana de Derechos Humanos. De ese modo, a Luis Beltrán Arias, ex director de Centros Penales, y a medio centenar de personas más —custodios, policías preventivos, militares y reos comunes— les fue dictado auto de formal prisión como responsables de la matanza.

De acuerdo con el Informe Preliminar Alternativo sobre la Masacre de El Porvenir emitido algunas semanas más tarde por el Equipo de Reflexión, Investigación y Comunicación de la Compañía de Jesús, tres días antes, agentes del Comando Cobra, de la Policía Nacional Civil, acompañados por un grupo de reos comunes, hicieron un cateo para decomisar armas a los miembros de la Barrio 18, algunos de los cuales fueron apandados enseguida.

La mañana del 5 de abril de 2003, consigna, los pandilleros protestaron porque el desarme sólo los hubiera afectado a ellos, y en ese momento se desató una balacera. Al entrar la policía, veintiséis jombois se refugiaron en la Celda 2. Paisas y agentes los encerraron bajo llave y les prendieron fuego. «Marlon Enrique Velásquez, alias "El Meyer" [...], manifestó que al comenzar la revuelta [...] que duró como cinco minutos, ellos se rindieron pero a los policías no les importó y prácticamente los fusilaron». Este mismo pandillero relató cómo los reos comunes fueron matando a machetazos a varios heridos. Sobre la procedencia de las armas de fuego dijo que se las compraban al propio cuerpo de seguridad interno.

El informe responsabiliza al Estado hondureño de la matanza de El Porvenir —que tenía, por cierto, el doble de reclusos de su capacidad—, y enfatiza en un aspecto relacionado con la incapacidad gubernamental para abordar el fenómeno de las pandillas desde una perspectiva social:

la respuesta del estado hacia las maras y la violencia ha sido, según el Dr. Leo Valladares, ex Comisionado Nacional de los Derechos Humanos, un reciclaje de las viejas tácticas contra guerrillas: «el Manual de Conocimientos Básicos en Maras de la UPM [Unidad de Prevención de Maras, creada en 1998] es una reedición de los viejos conceptos de la guerra fría, al grado que califica las acciones de los mareros como «terrorismo». Su visión del joven marero es absolutamente descontextualizada, sostiene que «resulta muy difícil de entender el comportamiento irracional de los mareros, le es atribuido el calificativo de absurdo a su forma de pensar por los siguientes motivos: para un marero lo más importante es su mara y estará dispuesto a morir por ella. Para los mareros es un honor padecer laceraciones en enfrentamientos por defender su barrio [o] su mara [...]».

Por su parte, en su Informe 2005 Amnistía Internacional refiere que de «acuerdo a lo manifestado por la fiscalía [del Estado], los homicidios [del 5 de abril de 2003 en el interior de la Granja Penal El Porvenir] fueron planeados por las autoridades en el contexto de una disputa relativa al suministro de drogas dentro de la cárcel».

Por la misma época, en Estados Unidos se vivió una de los pasajes más extremos de violencia pandilleril, producido por las virulentas clicas de la Mara Salvatrucha que rifan en las proximidades de Washington, DC, la capital de la unión federal, que por ello acoge a la Casa Blanca y al Capitolio.

El 13 de julio de 2003, Óscar Antonio Grande (22 años), Ismael Juárez Cisneros (26) y Óscar Alexander García-Orellana (32), miembros de Centrales Locos Salvatrucha, clica de la MS13 en Columbia y el Este de Virginia, asesinaron a su jomguirl Brenda Paz, la Smiley, hondureña de diecisiete años, crecida en California, huérfana, adscrita originalmente a la clica Normandies Salvatrucha de Texas. Luego de juzgarla durante un mass extraordinario en un hotel Holiday Inn Fair Oaks, en Fairfax, le dieron luz verde por ser «una rata».

Un mes antes la habían persuadido de que abandonara el Programa de Protección de Testigos de la Brigada de Investigación Criminal del FBI. La declaración de Smiley era clave en un juicio por homicidio contra el joven de veintidós años Denis Rivera, el Conejo, líder de los Big Gangsters Locos Salvatrucha, clica surgida en Alejandría y con ramificaciones en Arlington. Ese 13 de julio sus jombois la hicieron acompañarlos al hotel donde tuvo lugar el mirin donde se decidiría su suerte y, simulando un día de pesca, la condujeron al Shenandoah National Park de Virginia.

El gobierno federal —interesado en sucesos que le permitieran legitimar la mano dura— y la prensa estadounidense obtuvieron especial provecho del asunto porque se trataba de una pandillera de la Mara Salvatrucha; tenía diecisiete semanas de embarazo; su cuerpo estaba tapizado de tatuajes y era una testigo federal, además de la procedencia centroamericana de todos los implicados y la saña de sus jombois al aniquilarla.

Oficialmente, según el comunicado que emitió el 17 de mayo de 2005 —casi dos años más tarde— la oficina del entonces procurador general del Este de Virginia, Paul J. Nulty, en la ciudad de Alejandría —basado, a su vez, en el expediente de la Corte de Distrito del Este de Virginia, División Alejandría—, y una serie de reportajes y personas entrevistadas ex profeso, los homicidas actuaron así para evitar que la Smiley declarara contra el Conejo. Consensuaron la luz verde en su contra con clicas de California, Texas y El Salvador. Al considerarla delatora, quisieron enviar un mensaje clarísimo a otros que, en donde quiera que fuera, pudieran albergar intenciones semejantes. La víspera decidieron matarla a cuchilladas. Ya en los bancos del Shenandoah National Park, Óscar Alexander García-Orellana, el mayor de los tres pandilleros ejecutores de la pena, inmovilizó a Brenda Paz sujetándola de la garganta, de modo que los otros dos pudieron tasajearla con furia hasta casi desprenderle la cabeza.

Mientras el presidente hondureño Ricardo Maduro, su esposa Aguas Ocaña y toda una corte burocrática realizaban una gira de diecisiete días por Europa y Asia, que incluía audiencia con el Papa e invitación a una boda real en España, a la 1:30 de la mañana del 17 de mayo de 2004 un incendio en el pabellón juvenil del Centro Penal de San Pedro Sula, en el vecino Departamento de Cortés, exterminó a 104 jóvenes pertenecientes a la Mara Salvatrucha.

Hasta ahora ningún suceso carcelario en América Central ha tenido tal costo en vidas humanas ni dejado escenas tan sobrecogedoras. El semanario británico *The Economist* (mayo

22, 2004) lo calificó como «un holocausto de prisión». En cotilleos de banqueta fue atribuido, como se ha hecho tradición, a la venganza de la pandilla Barrio 18 por la matanza de la Granja Penal El Porvenir, un año atrás. El gobierno hondureño se apresuró a informar que el siniestro no había sido intencional, sino causado por un cortocircuito al sobrecalentarse el motor de una hielera, y que en modo alguno obedecía a un acto de eliminación sistemática de pandilleros. Lo cierto es que, de nueva cuenta, el desempeño de los cuerpos de seguridad quedó, en el mejor de los casos, en entredicho.

La cárcel tenía más del doble de los ochocientos internos para la cual fue construida. Después de una explosión se inició el fuego en el área donde estaban confinados los jóvenes pandilleros, que en ese momento sumaban 182, todos acusados de ser miembros de la Mara Salvatrucha. Las fuerzas policiales tendieron un cordón de seguridad concentrándose más en inhibir una fuga que en participar en el rescate. Cuando los bomberos llegaron la mayoría de los 104 internos habían muerto ya calcinados o por asfixia.

El sobreviviente Pablo Cardona declaró a la prensa internacional que cuando pidieron auxilio e intentaron salir, los custodios les dispararon. Y Olmón Contreras, de dieciocho años, denunció desde la cama de un hospital que «muchos de los tipos que murieron allí estaban en la cárcel sólo porque tenían tatuajes».

Como lo hizo en el caso de la Granja Penal El Porvenir, en un informe de diciembre del mismo año acerca de las violaciones de derechos humanos en la prisión de San Pedro Sula, el jesuita Equipo de Reflexión, Investigación y Comunicación fue una de las voces aisladas que se atrevieron a contradecir la versión oficial del cortocircuito. Afirmaba que la mayoría de las víctimas mortales en el incendio de aquella «universidad del crimen» habían sido aprehendidas hacía tiempo al amparo de la Ley Antimaras, pero no sentenciadas; que fue una masacre en el contexto de un Estado que trata a los jóvenes pandilleros como terroristas; que no podía ser vista como un hecho aislado, sino como consecuencia de la «falta de una verdadera política criminal enmarcada en una política de seguridad humana y democrática», y que debía tomarse en consideración el componente del tráfico de drogas como trasfondo de la violencia.

Obstaculizado por el gobierno, en sus propias pesquisas entre los sobrevivientes el Equipo de Reflexión, Investigación y Comunicación hizo hallazgos cruciales. Antes de la explosión de ese día (el 17 de mayo) los jóvenes reclusos percibieron «olor a gasolina» y al desatarse el fuego pidieron auxilio e intentaron salvarse, pero «los policías les gritaban [...] con otros internos, "¡que se mueran, que se mueran!"». Ante el pedido de arrancar el candado aseguran que el alcaide les decía que valía más el candado que ellos». Y luego los tirotearon, «argumentando que se trataba de un motín».

Lo siguiente abre las peores dudas: «Por regla general las pilas de almacenamiento de agua siempre se mantienen llenas... A su vez el agua potable es constante y sólo se suspende por necesidad durante el día cuando los internos no están en sus celdas [...], coincidentemente, ese día no había agua en las pilas por orden del alcaide y tampoco se restableció el sistema de agua potable».

Hasta mayo de 2006 nadie había sido procesado penalmente como responsable de esta tragedia.

Agosto de 2004 fue un mes funesto para Mirian Cabezas, la Happy, jomguirl de la Barrio 18. Además, gracias al infoentretenimiento los salvadoreños se aprendieron su rostro moreno y fino, aniñado; su cabello largo, largo y lozano. El dolor y el rencor parecen afincados en su corazón todavía un año después, cuando en un recoveco de San Salvador se le pide evocar esas horas nubosas que, a su pesar, la volvieron célebre e invocaron en torno suyo, como nunca, a la muerte.

Esta aguerrida mujer de veinticinco años, madre de dos pequeñas y hermana de un jomboi de la adversaria Mara Salvatrucha en El Salvador, se seca las lágrimas, calla y hurga en su bolso hasta extraer con ademán de maga un recorte de periódico. Se trata de cierta portada del diario local *La Prensa Gráfica,* que despliega la fotografía donde aparece un muertero de la morgue arrastrando una pesada bolsa negra bajo la mirada llorosa, el rostro crispado de ella.

Más allá de la inaceptable intrusión mediática en la vida íntima de una familia, la expectativa de la sociedad salvadoreña se justificaba, porque el suceso sangriento que llevó a esa escena captada y publicada por dicho rotativo, exhibía implícitamente el fracaso palmario de las onerosas campañas oficiales en las naciones del norte centroamericano (Guatemala, Honduras, El Salvador) basadas en una retórica autoritaria y alarmista, y en legislaciones de mano dura contra el pandillerismo juvenil; explotando indiscriminadamente las etiquetas «mara» y «marero», con la sumisión y el respaldo moral, al unísono, de la industria mediática.

«Sufrí desde pequeña un trauma bien grande; fui violada por mi padrastro a los ocho años y crecí con ese dolor de no tener un papá que me comprendiera», dice la Happy al comenzar la narración de su biografía, y sin buscarlo desvela parte de la complejidad humana que ha alcanzado el fenómeno pandilleril y, en especial, un episodio determinante para la era de globalización de la Barrio 18 y la Mara Salvatrucha: la sociodinámica de las prisiones centroamericanas. Desde ahí se toman muchas decisiones de la delincuencia organizada que implican a dichas pandillas y se ordena cumplir parte de las disposiciones criminales provenientes de sus matrices en Estados Unidos (relacionadas con el trasiego de cocaína desde la región andina hacia América del Norte y el abastecimiento y ampliación de la demanda local; la eliminación de adversarios, deudores remisos, delatores u operadores torpes; los contactos con mandos policiales cooptados, la incursión en nuevos giros delictivos, y la operación de rutas de tráfico humano de Centroamérica hacia Estados Unidos a través de México).

Nueve días antes de nacer la Happy, su padre biológico se esfumó, dejando a su madre con un hijo pequeño y aquel embarazo. La figura paterna la ocupó, años después, la nueva pareja de su madre, «al que yo tenía como ejemplo de papá», pero quien después «cambió bastante», conforme fue enredándose en las actividades delictivas que le costarían la vida.

Tras una estancia en el ejército, refiere la Happy, su padre sustituto se integró a una banda especializada en robo de mercancías transportada en tráileres. «Aquí les decimos *bandosos*.» En 1987 lo atrapó la policía y fue recluido en Mariona (como se conoce a la prisión La Esperanza, a quince kilómetros de la capital, la más grande y hacinada del país), de donde no salió vivo, pues «pagaron para que lo mataran» en 1991. Su cadáver era una coladera, «le deshicieron la espalda a puros piquetes», «con picahielos, punzones, cuchillos, corvos».

La Happy tenía diez años y para entonces una media hermana. Si bien la ausencia del padre sustituto le significó un respiro, llegó a vivir con ellas, su hermano dos años mayor, quien había permanecido con su padre biológico; «vino con malas palabras, con mañas, con cosas que yo jamás había oído; vino a ultrajarnos». La madre salía a trabajar todo el día. Aquel adolescente fue cada vez más violento con sus hermanas y «empezó a involucrarse cuando llegaron los emeese a la colonia».

En medio de ese abandono, la Happy, que estudiaba en un

colegio del centro de San Salvador, estableció contacto con compañeros de grupo vinculados a la Barrio 18. Cada tarde se reunían en el histórico parque Libertad y, sin saber cómo y en qué momento, comenzó a verse envuelta en riñas callejeras entre escuelas, antes de entrar y a la salida de su turno.

Cree que el odio hacia su hermano es mucho anterior a que se hubieran metido en dos pandillas confrontadas a muerte, y tiene que ver con que «él creció con mi papá, que le dio todas las oportunidades, lo consintió, le dio el amor que yo hubiera querido para mí». Siente que en alguna medida esto pudo contribuir a ponerla en brazos de la Barrio 18, «porque por odiar a mi hermano tal vez comencé a odiar también a la MS13, su pandilla». Ahora que ambos están calmados, la inquina perdura.

En aquellas peleas entre maras estudiantiles, como les llaman, «comencé a conocer a los jombois y decidí que quería ser de la pandilla; me gustaba cómo se vestían y cómo se trataban; la verdad es que estaba necesitada de que alguien me comprendiera, me quisiera, que es lo que no hicieron en mi casa, pues. Y como ellos vieron que era fuerte a la hora de tirar piedras, a la hora de catear a alguien, dijeron, *¡Ah, ésta se para! Vale la pena que ingrese con nosotros»*.

Es el caso que en 1994, a los trece años Mirian Cabezas se brincó el Barrio, en las proximidades de San Martín (municipio del área metropolitana de San Salvador): «dos cholas mayores que yo me catearon por 18 segundos». Tenía el rostro amoratado y sangraba; el cabello enredado y la ropa desastrada, pero parecía radiante, «porque toda la vida he andado sonriente». Su amplia, hermosa sonrisa inspiró a la clica, que la volvió a parir, ahora como la Happy, valerosa chera, chola, jomguirl de la Dieciocho.

Impedida de volver a su casa, puesto que en su colonia rifaba la Mara Salvatrucha y su aborrecido hermano pertenecía a ésta, se quedó a vivir con sus jomguirls la Kiki y la Popo en un mesón. Se tatuó y ocasionalmente telefoneaba a su madre, «que lloraba; no sabía en qué andaba yo, ni comprendía que el hijo de ella, mi hermano, era de la otra pandilla y que cada vez que yo llegaba a la casa nos golpeábamos; conforme agarraba fuerza, le quebraba cosas en la cabeza y lo dejaba ahí, todo morado».

En la vida loca encontró, ese mismo año, la pareja de su vida: el Chacuatete [mote tomado de un tipo de langosta, plaga del cafeto], un jomi de quince años que sería el padre de sus dos hijas y se convertiría en el popular Chacua, querido por sus jomis y los paisas firmes de San Salvador; lugarteniente del Big Palabra de su clica; respetado y aun apreciado por algún jomboi de la Emeese, la Raza y otras pandillas recluidas en la cárcel de Mariona; traficante de droga y productos robados, artero matón: «Tenía su pistola y a saber cómo hacía para dormirlos, pero se les ponía enfrente, los encañonaba y les disparaba. Lo vi hacerlo varias veces».

El Chacua vivía en San Martín, pero llegaba al parque Libertad, donde a mediados de los noventa recalaban los jomis de la Dieciocho de todo el país. «Como soy parquera, porque ahí nací, nos conocimos ahí», entre trifulca y trifulca con los emeese, «pues siempre procurábamos estar cagándole el palo a los de la otra pandilla». Se establecieron en la colonia Dina, procrearon a Jacqueline, su primera hija, que hoy tiene once años, pero no abandonaron las lides callejeras, sino que se compenetraron todavía más, unidos en comunión por la violencia.

Formaban una pareja de dieciochos atípica. Se amaban y respetaban; procuraban a la pequeña. A sus catorce años, la Happy era esposa y madre, sin dejar de «andar travoneando» con «mi machete a las bichonas». Llegaban al parque Libertad con Jacqueline a cuestas. Eran populares porque, además, seguían cumpliendo misiones y fumaban mariguana.

En 1999 nació la segunda hija y la Happy se calmó; dejó de pelear, «sólo hacía el paro a mis jombois cuando necesitaban que les guardara sus pistolas» y «teníamos un trance de drogas en la colonia [Dina]», de modo que «nos turnábamos para atenderlo». El Tío Barba, Big Palabra de su clica, echó a andar en su favor el sistema de previsión social: de los rendimientos de la venta de droga y el asalto le procuró una renta de manutención.

Pero con el 2000, uno a uno, no dejó ya de haber sinsabores. El Chacua discutió y se distanció del Tío Barba. Para sustituir los beneficios que le dejaban las actividades criminales de la clica, se dedicó a rentear a choferes de camiones repartidores.

La Happy dice que en esa época lo llevaron a prisión «por algo insignificante»; la policía lo tomó por camello y fue a parar por primera vez a Mariona. Al principio no hubo apuros económicos, porque «aunque nunca me dejó trabajar, mis hijas y yo nos sostuvimos tres meses con un gane de oro que él había hecho unos días antes de que lo detuvieran». Luego se instalaron en la casa de sus suegros y finalmente, en la de su madre, quien casada otra vez se fue a vivir con su nuevo esposo. «Empecé a trabajar en una maquiladora [textil] en la zona de San Bartolo; dejaba a la niña pequeña con mis suegros y a la grande me la tenía que llevar.»

El Chacua quedó libre a los pocos meses, pero, como una década antes había hecho el padre sustituto de la Happy, terminó enrolado en una organización de robo de mercancías en tránsito, que luego distribuía a mitad de precio en las cachadas del mercado del Sagrado Corazón, y volvió a Mariona por robo agravado, en 2001.

Casi al mismo tiempo, el Tío Barba, Big Palabra de la clica B18 de la Dina, fue ejecutado a escopetazos a la entrada de su colonia. Cuando iba a seguir la juerga custodiado por su estado mayor, lo sorprendieron ebrio y desde «una ranfla le cayeron»; «es obvio que fue una venta de alguien envidioso por el trance de droga». Para la Happy fue cosa de desgracia, porque se habían reconciliado y él se ofreció a dar fondos para pagar un abogado que liberara al Chacua; cubría gastos básicos de sus hijas, y «ya me había dado el pase para que pusiera una venta de mota en la Monserrat, de forma que me ayudara y pudiera seguir visitando al Chacua».

Los próximos cuatro años se sostuvo vendiendo ropa interior en un mercado. Atendía a sus hijas, visitaba a su pareja en Mariona, se cuidaba de los emeese y aguardaba resignada. Esos tiempos fueron de creciente violencia carcelaria. El endurecimiento de las leyes penales en El Salvador para los jóvenes y la criminalización de muchos de sus comportamientos identitarios en ese mismo lapso abarrotaron de adolescentes las prisiones, metiéndolos de lleno en actividades criminales de envergadura que ni ellos habían imaginado, siguiendo órdenes de los poderosos palabreros recluidos.

«En Mariona sucedían muchas cosas», prosigue la Happy. «El Chacua era un personaje reconocido y temido por demasiadas personas, porque ahí había encerrados emeese, civiles y dieciochos. Pasaban muchos desvergues, roces, confrontaciones y enfrentamientos. Había una organización de civiles llamada la Raza y los que querían entrar en ella tenían que ganarse su respeto y dejar de ser miembros de otras pandillas; el Brother, que llevaba la palabra ahí, resulta que se hizo bien amigo del Chacua y le dio el pase para que pudiera tener su trance de droga. El poder de la Raza era tal que los de la Emeese y la Dieciocho caminaban juntos allá adentro… ¡una cosa bien incomprensible!»

La mañana del 16 de diciembre de 2002, durante una requisa de droga en el Sector 3 de La Esperanza, un grupo de reos armados con palos y machetes se apoderó de Pedro Canizález y Germán Rodríguez, dos de los cuatro agentes de la División Antinarcóticos de la Policía Nacional Civil que hacían la requisa con perros adiestrados; los otros dos, aunque heridos, consiguieron huir.

El asunto pudo derivar en un motín, pero los capos de la droga al interior se limitaron a ordenar la muerte de dichos policías, la cual fue ejecutada por los sicarios, a palos y machetazos. Como piezas de caza, los cadáveres fueron exhibidos por los pasillos, arrastrados y depositados en un sanitario, y borradas las evidencias en la escena del crimen. Un escuadrón antimotines apaciguó los ánimos en las celdas y recuperó los cuerpos. En marzo de 2005 un juez condenó a ocho reos por estos homicidios.

Pero en el lapso que media entre el linchamiento de los agentes antinarcóticos y la sentencia no hubo paz en Mariona. En la intimidad, el Chacua había referido a la Happy que habitualmente los encargados de requisar droga eran los propios custodios, «quienes tenían sus trances con la Raza y sólo sacaban lo que estaba más a la luz». Por eso aquella intervención de la División Antinarcóticos, el 16 de diciembre de 2002, generó tal reacción de los capos de dicha pandilla, cuyo control dependía, por cierto, de la buena distribución de personeros en los sectores del penal: entre ellos, la Tortuga y el Mongo.

Después del incidente con los agentes asesinados de forma alevosa, los principales miembros de la Raza, incluido el Brother, fueron trasladados a otros penales, ocupando el vacío de poder personajes con intereses en el tráfico de drogas pero sin nexos o confrontados con la Raza, la B18 y la MS13, así como algunos que pertenecieron a la primera banda, pero capitalizando la coyuntura formaron la suya propia. Entre estos últimos, dice la Happy, estaba el Viejo Posada (José Armando Posada Reyes).

Sin el Brother, el Chacua se quedó desprotegido y sin las utilidades que le proveía su trance de mariguana. El Viejo Posada lo tenía en la mira y en los momentos más inopinados irrumpía en su celda para embargarle los machetes. «Este señor se apoderó de Mariona a la brava.» Si con la Raza había prevalecido una época de calma forzada entre los reos de la B18 y la MS13, en su nuevo reinado el Viejo Posada reavivó la confrontación incitando a unos y otros, hasta que el gobierno penitenciario decidió trasladar a otro penal a los emeese.

En la nueva circunstancia, «el Viejo Posada quería tener a los jombois de la Dieciocho así, del culo, presionados, pero cuando ellos se empezaron a organizar con otros civiles [a los] que se les llamaba *trasladados...* el Viejo Posada tuvo miedo y empezó ya a amenazar más a mi marido, porque él tenía influencia, era bien seguido por los demás jombois», recuerda la Happy.

El 18 de agosto de 2004, mientras vendía en el mercado, dos cheras le vinieron con la noticia, soltándosela sin preámbulo: «Están sacando el cadáver del Chacua». Ella fue indagando lo que sucedió entre los sobrevivientes y sus esposas. Los testimonios más valiosos los recabó de dos jombois que «sobrevivieron pero quedaron traumados», y a quienes la policía trasladó a la prisión de Cojutepeque, capital del Departamento de Cuscatlán.

Ese día, muy temprano, corrió en Mariona la versión de que «la bomba va a explotar», pero el Chacua lo tomó como otro rumor. «¡Estos sólo son pedos y no cagan! Voy a ir a lavar para recibir a la Happy», dijo a sus jombois, y salió del Sector 3 hacia el 2 con su tambache de ropa a cuestas. En ese instante la versión desdeñada se materializó. El Viejo Posada puso en marcha la máquina de muerte. Al mediodía sus huestes atacaron a machetazos a los jombois y a los trasladados que fueron encontrando por el patio. Civiles atrincherados en el Sector

2 pusieron candado a la reja de entrada y alistaron sus latas y corvos, de modo que el Chacua y otros jombois quedaron ahí dentro, sin escapatoria. Salvo el primero, que llevaba corvo, los demás tuvieron que armarse de piedras y palos.

Mientras se iniciaba la lucha desigual en el Sector 2 entre decenas de civiles que tenían órdenes precisas, y unos cuantos jombois —no más de veinte— comandados por el Chacua, los incitadores de la confrontación para hacerse del monopolio del narcomenudeo, el Viejo Posada y su socio el Chuky, fueron puestos a salvo por la propia guardia del penal, que los sacó del área de conflicto y les brindó custodia permanente. «El Chacua peleó y sobrevivió lo suficiente para ver cómo mataban a los otros jombois. Supe que a uno le sacaron los ojos con corvo porque andaba tinteada la cara, le sacaron los ojos y lo dejaron sufriendo, chocando contra las paredes, gritando del dolor».

La pesada bolsa negra que arrastraba el hombre del anfiteatro de San Salvador bajo la mirada atónita de la Happy, en la escena cuya fotografía publicó *La Prensa Gráfica*, contenía los restos tasajeados del Chacua. Si en vida había sido carismático, muerto de ese modo se convirtió en un héroe de guerra. «Todos supieron que se paró […], que luchó por la causa, por defender el Barrio […], entonces fue una lucha de honor. Aunque, bueno, a la vez, yo me digo que es ilógico, que pues está bien que se paró y murió como un luchador, pero, ¿por qué no pensó en nosotras, que somos su familia?»

Es habitual que en las noticias se atribuyan hechos de este tipo a la confrontación histórica que sostienen la B18 y la MS13, u otras pandillas. Pero muestran en realidad cómo debajo de la violencia pandilleril subyacen fenómenos de crimen organizado a veces imperceptibles para la gente. Tal vez antes de ir a la cárcel, el Chacua pudo haber hecho algo para que la muerte no lo pusiera contra las cuerdas, pero ya consumado el ataque parece que no tenía opción.

Cuando los jomis de la Dieciocho se vieron perdidos, alguno gritó, «¡que corra cada quién por su vida!». El Chacua trató de huir, pero los civiles lo derribaron con sus machetes, corvos y latas, le hirieron en el rostro y lo dejaron unos minutos para ir contra los demás, hasta que el Manotas, «un volteado de la MS13 que se había pasado a la Raza, les dijo, *¡a éste terminémoslo!*, y le cayeron todos. Debajo de las gradas ahí cerca hay un huequito donde estaba [agazapado] el Snoopy, que es uno de los jombois que sobrevivieron, y él me dijo que vio cuando el Manotas le metió el corvo al Chacua, abriéndole el estómago, mientras los demás le picaban las manos y la cara. Estamos hablando del final».

En octubre de ese año —2004— el Juzgado de Paz de Ayutuxtepeque, en la zona metropolitana de San Salvador, instaló la audiencia contra José Armando Posada Reyes, el Viejo Posadas, y 24 reos más, quienes se sumaron a varios custodios procesados como culpables de los sucesos terribles del 18 de agosto, que costaron la vida a 31 miembros de la B18 y tuvieron enorme trascendencia internacional. Para la Fiscalía General de la República, Posadas Reyes lideraba una banda de narcotraficantes dentro del penal de La Esperanza.

El cadáver del Chacua protagonizó todavía un incidente más ya fuera de Mariona. Dos minutos antes de que llegara a la vivienda donde lo velarían terminó una pelea entre los jomis de la Dieciocho que lo esperaban y una clica de la Emeese que había atacado para llevarse el cuerpo como trofeo, «querían el cadáver del Chacua porque él mató a muchos emeese, les deshizo una clica completa».

Hoy Mirian Cabezas da sustento a sus dos hijas, cursa el séptimo grado de primaria y, como activista por la reinserción social de pandilleros, trabaja de coordinadora de Educación en la matriz de Homies Unidos en El Salvador. Es una jomguirl calmada de la Barrio 18 y ocasionalmente tiene contacto, por razones laborales, con miembros de la Mara Salvatrucha. Pero no se le va el coraje ni le vuelve la fe cristiana.

En el dorso de la mano izquierda la Happy lleva los tres puntos. «¿Para qué?» «Nada más», responde. «Pero ¿qué significan en este caso?» «Nada, sólo me los puse porque me gustaron.» En la espalda lleva tatuado, de acuerdo con la costumbre, el rip a la memoria de su amor, compuesto por las letras del Barrio, flores y el rostro del venerado Chacuatete, prócer según las normas de la Eighteen Street.

En el norte centroamericano, 2004 no se marchó sin dejar para la memoria otra matanza. La víspera de Navidad, la noche del jueves 23 de diciembre, fueron atacados los pasajeros de un autobús urbano que transitaba por la colonia Ebenezer del Sector Chamelecón, en San Pedro Sula: capital del costero Departamento de Cortés.

El Ministerio de Seguridad informó entonces que uno o dos automóviles impidieron la marcha del autobús, mientras unos siete individuos armados con fusiles M16 y AK-47 disparaban contra los pasajeros, y que, además de 27 muertos (siete niños entre ellos) y 21 heridos, la policía encontró un mensaje supuestamente firmado por Cinchonero, un grupo izquierdista radical de los tiempos de la guerra sucia.

Pero el gobierno de Ricardo Maduro no tardó en atribuir a la Mara Salvatrucha la autoría, argumentando que se trataba de un acto de intimidación contra el gobierno por su política de mano dura (eso dijo a la agencia noticiosa France-Press una fuente policial no identificada). El presidente llegó a Chamelecón al día siguiente y, según su costumbre de capitalizar este tipo de tragedias, ofreció una recompensa de 50,000 dólares a quien aportara información precisa para capturar a los culpables y declaró, «anoche perdimos una batalla, pero estamos ganando la guerra contra la delincuencia».

El Ministerio de Seguridad dio a conocer la captura de Alexis Ramírez, un ex convicto de veintritrés años que, informó, fue detenido el mismo día de la matanza a bordo de un vehículo donde hallaron también casquillos, y confesó ser miembro de la Mara Salvatrucha y haber participado en el ataque al autobús. A lo largo de la siguiente semana estaban ya detenidos seis presuntos responsables más. El general Orlando Romeo Velásquez, comandante del Ejército, anunció la movilización de unidades militares en la zona. Y, a propósito de una visita a los sobrevivientes, Maduro se dijo satisfecho por el avance de las pesquisas.

Otros no se tragan todo ese facilismo. En particular, la noche del 16 de enero de 2005, durante una mesa sobre la matanza moderada por Isabela Orellana en el Klein Bohemia, el café con mayor oferta cultural en San Pedro Sula, el desempeño gubernamental y su versión de los hechos fueron cuestionados con severidad. Ramón Custodio López, Comisionado Nacional de los Derechos Humanos, aportó datos periciales suficientes para replantear la investigación.

Según Custodio, de las autopsias se desprende que sólo 17 de las 27 víctimas habían muerto por proyectiles de armas de fuego y éstas pudieron ser pistolas Beretta y fusiles M16 y Galil, los más utilizados por la policía hondureña, y no AK-47. Además dijo que si bien habría pandilleros implicados, el hecho estaba relacionado con los intereses del narcotráfico, y que no debía desdeñarse que la matanza tuviera lugar una semana antes de que se aprobara el presupuesto para la Secretaría de Seguridad: de modo que, quienes fueran los homicidas, podrían haber efectuado la matanza para influir de algún modo en la decisión.

El 10 de febrero de 2005 la policía de Falfurrias —Texas— detuvo a Ebner Aníbal Rivera Paz, supuesto Big Palabra de la

MS13 en Honduras, cuando cruzaba la frontera desde México con un grupo de indocumentados, agazapado en la cajuela de un automóvil. Según la Patrulla Fronteriza, que dio a conocer la captura, el gobierno hondureño considera a Rivera Paz el líder de la acción contra los pasajeros del autobús de Chamelecón.

El 26 de octubre, el candidato presidencial del Partido Liberal, Manuel Zelaya Rosales (actual presidente hondureño), al presentar su plan de gobierno ante el Club Rotario de Tegucigalpa, atribuyó aquella matanza al narcotráfico coludido con la policía. El 18 de noviembre, Andrés Pavón Murillo, presidente del Comité de Defensa de los Derechos Humanos interpuso ante la Fiscalía General de la República una denuncia, demandando que, pasado el proceso electoral (el día 27 de ese mes), se citara al político a aportar las pruebas de su grave acusación.

La violencia de las pandillas tiene muchas aristas. Una de ellas se revierte contra los propios miembros de las clicas por no someterse a los dictados de sus Big Palabra, por el delito de «cagar el palo». El Duende, jomboi de la MS13 en la colonia El Carmen de San Salvador, tiene una historia vivida en carne propia cuando fue recluido durante siete meses —a partir del 25 de diciembre de 2004—, «por un homicidio del que yo no sabía nada», en el penal de Quezaltepeque (Departamento de La Libertad), uno de los centros penitenciarios en los que el gobierno salvadoreño confina a los pandilleros de la Mara Salvatrucha como parte de sus políticas de mano dura.

La primera vez que lo liberaron de esa prisión, en 2001, estaba convencido de que el único medio para sobrevivir era calmarse, irse desvinculando de las actividades delictivas de la MS13, «me decía, *La verdad es que ya no gano nada en la*

Mara, ¿qué he ganado?, sufrimiento para mi abuela. Mejor me aliviano, si ando robando mejor que sea para mí y no para darles a ellos. Y es que tengo un vicio, la piedra, el crack».

Las pandillas aceptan el alejamiento de la clica (nunca la salida) si un compañero deja toda actividad y hábito considerado parte de la vida loca, y, por ejemplo, se integra a una denominación religiosa evangélica. Si el Duende robaba y consumía crack (droga proscrita por la mayoría de las clicas de la MS13 en El Salvador), su distanciamiento fue tomado con suspicacia, de modo que cuando volvió a caer, aquel 25 de diciembre de 2005, sus jombois le negaron el derecho a retirarse, «me cayeron tres 26», tres palizas de 26 segundos, en el gimnasio del penal.

Los responsables de aplicar el castigo fueron seleccionados con esmero, «me pusieron a los más cholos, a los más cabrones, a los que habían llegado de Estados Unidos me ponían». La primera vez («el primer 26») «me dejaron la cara de una forma que me dio cosa ver a la viejita llorando. Me dejaron monstruo de la cara. Cuando llegó mi primo le pedí, *Decile a mi abuela que no entre.* Pero ya venía ella y nomás me mira, *¿Qué te pasó?*, pregunta. *Me di verga con unos locos y me ganaron.* Pero movió la cabeza, *No te creo, a ti no te dan verga fácil, mirá cómo te han dejado. A vos te dieron entre varios*, y se puso a llorar».

A la semana siguiente, a causa del segundo 26, «ya quedé en cama, no me podía levantar, me tuvieron como un mes así y el Little Black, un jomboi del parque de Zurita con el que [en otro tiempo] andaba haciendo maniacadas, me llevaba de comer y me ayudaba a ir al baño, porque además si hubiera tenido que ir a traer el rancho, los policías me harían preguntas y en el penal iban a tenerme como soplón».

A la tercera, que le dieron en cuanto se repuso, «ya sentía que me moría, fue cuando me quebraron las costillas». El pandillero más cruel en los 26 y otros castigos era el Tony's, «ese loco todavía después de las tres golpizas me tenía castigado. En las reuniones que hacían dentro del penal yo no podía estar, habíamos como quince castigados que no podíamos estar en los mirin de la Mara por no andar en la frecuencia. Nos tenían ahí a un ladito. Luego nos metían al gimnasio siempre y venía el Tonys con un bate a agarrarnos a batazos. Aparte de los 26, me pegó como diez batazos; la última vergueada que me pegó fue porque me había puesto muy cholo de tanto levantar pesas. Es mi jomboi y todo, pero si me lo topo quizá le quiebro el culo aquí afuera».

Ahora el Duende se alejó de su clica, la del parque Zurita, en San Salvador, «y mejor camino con varios jombois de la Harrison, aunque a sus mirin no voy». Su clica lo rechaza porque quiere salirse de la MS13. Pero se relaciona con los de la Harrison —donde lo aceptan porque ignoran que desea retirarse— para tener alguna seguridad, pues teme que los de la Barrio 18 lo maten. «Me da cólera verlos», refiere, y los ojos se le humedecen. «Hace poco aquí andaba conmigo un loquito de la Mara, el Chele Santana; veinte años tenía. Andaba sucio y yo le llevaba ropa, le decía, *Vístete bien, quitate el pelo, quitate la barba, arreglate, que si no la gente te va a correr cuando te vea*» (para la B18 y la MS13 el desaliño personal es una falta, porque se considera que eso desacredita la imagen de la pandilla, «pone en mal las letras»).

«Él era de Santa Ana, no sé de qué clica, pero como era buscado por homicidio, se había venido aquí. Una vez, hace poco, nos fuimos a robar, robamos una ruta 11 a las 4:30 de la mañana, la primera que salía, y nos alivianamos, agarramos sesenta dólares cada uno, cuatro anillos, un maletín lleno de ropa nueva, tres celulares. Fuimos a desayunar a las cinco de la mañana, a la Plaza Morazán; pedimos unas tortas mexicanas. Comenzamos a repartirnos el dinero y dijimos que [como]

ya cada quién tenía su pisto, pues agarráramos cada uno pa'
donde quiera. El Loco dijo, *voy a ir al Mercado Central a
comprar piedra*; le dije, *me voy con vos*. Pero cuando íbamos
por el Parque Bolívar, que es del Barrio, al otro lado vimos que
había unos diez cacochas, chavalas de la Dieciocho que nos
quedaron viendo y comenzaron a seguirnos.»

Apresuraron la marcha. Supusieron que habían perdido a
los dieciochos. Entraron al Mercado Central a comprar crack.
Seguían nerviosos, porque si bien «la parte de arriba de ese
mercado es territorio MS13», por el costado de la Calle 29,
considerada «la parte de abajo», predomina la B18. La «micha
que vendía la piedra» les pidió que la acompañaran a través
de un callejón, justo por la parte de abajo, donde «venían
como diez chavalas con cuete en mano ya, que nos pusieron
en la cabeza. Ahí sí no hallé qué putas hacer. Al vato, al Chele
Santana nomás lo vieron, le levantaron las mangas y, por sus
tatuajes, se lo llevaron para adentro, *¡ey, compadre!*, me dijo
antes de que se lo llevaran. A mí me desnudaron».

Los ojos del Duende vuelven a enrojecerse, «yo al Santana
le tenía su aprecio» y cuando se lo llevaron «vos querés hacer
algo, pero no podés hacer ni mierda, porque tenés dos pistolas
en la cabeza. Y después al ver que le están dando duro y vos
te querés meter y no podés. Estábamos en medio de un pasaje
y a él lo llevaron al fondo. Yo quería irme para donde estaban
unos policías, pero los Dieciocho se me pusieron enfrente y me
dijeron, *Caminá para allá, si te das vuelta te vamos a matar,
hijo de puta*. Ya media cuadra más arriba oí el balazo, un balazo
le pegaron nomás en la cabeza».

Hay una razón sencilla por la que el Duende esta vez salvó
su vida, no estaba tatuado: «Mi abuela me dijo que cuando se
muriera me hiciera lo que quisiera, pero mientras, no. Yo le
prometí que no iba a mancharme».

La atmósfera cargada de violencia que muestran estas historias, en el caso específico de las pandillas Barrio Dieciocho y la Mara Salvatrucha, han comenzado a desbordarse hacia México a través de sus dos complicadas fronteras. En ese andar a través de los países (que puede implicar recorridos de ida y vuelta por Centroamérica, México y/o Estados Unidos), siguiendo rutas férreas, autopistas, caminos y brechas, asentándose de forma temporal en zonas connurbadas y hasta montañosas o desérticas, los pandilleros han entrado en contacto, inevitablemente, con jóvenes de las zonas marginales mexicanas, globalizando así su identidad, inoculando «las letras».

Del mismo modo que a partir de los noventa los jomis y jombois deportados sedujeron a los pandilleros centroamericanos vernáculos, nucleándolos finalmente en clicas B18 o MS13, hoy sus herederos centroamericanos y estadounidenses producen entre los mexicanos un efecto similar cuyo impacto identitario, social y criminal va in crescendo.

Hugo Ángeles Cruz, investigador del Colegio de la Frontera Sur, escribe que

En la frontera sur de México las bandas de maras comenzaron a ubicarse en los años 1996-1997. Para estos años, su espacio de acción se concentraba alrededor de las vías del tren que corre de la fronteriza Ciudad Hidalgo a Tapachula y los migrantes centroamericanos constituían su principal objetivo para asaltarlos (Rojas y Ángeles, 2003). Sin embargo, en los años recientes los medios de comunicación dan cuenta de una especie de «invasión» de maras salvatruchas a la región fronteriza del Soconusco, y especialmente a la ciudad de Tapachula.

Ángeles Cruz, el académico mexicano que con mayor profundidad ha observado el accionar pandilleril en la zona fronteriza que une a México y Guatemala, sitúa la explosión del fenómeno en la primera mitad de la actual década:

> En los últimos años y, particularmente los últimos meses del año 2003, se han incrementado las bandas o pandillas juveniles en la región fronteriza del Soconusco. Las principales acciones de estas bandas, conocidas como maras salvatruchas [...] se ubican en el ámbito delictivo, llegando incluso a causar la muerte de sus víctimas, dentro de las que se encuentran los migrantes de paso en esta nación. La presencia y las acciones de estas bandas se han incrementado en la frontera sur de México a raíz de las modificaciones a la ley en El Salvador y Honduras, pues ahora son sujetos de detención en esos países al legislar como delito la pertenencia a las bandas maras. De manera [que] en ciudades como Tapachula [...] están aumentando masivamente las conductas de imitación de las bandas maras en jóvenes y adolescentes.

Las deportaciones de jóvenes pandilleros de Estados Unidos a Centroamérica, a partir de diciembre de 1988, pueden ser consideradas la primera fase de expansión global de la Dieciocho y la Trece. Los modelos de mano dura y cero tolerancia, impuestos entre 2000 y 2004, la segunda. Y la tercera fase parece estar en puerta, para lo cual México tiene una importancia estratégica, tanto por su situación geográfica (emparedado entre la presión social de Estados Unidos y América Central), como por la proclividad del gobierno federal y los estatales a importar modelos de cero tolerancia y la mano dura, así como porque en su interés de criminalizar la inmigración, todo esto podría complacer a la Casa Blanca.

«Ojalá los mataran a todos antes de nacer»

Las fronteras son porosas. Eso lo aprendió en febrero de 2006 José Mauricio Flores, un padre de familia que con cien dólares en el bolsillo y el acicate del desempleo y el miedo, salió de San Salvador, atravesó Guatemala y, cruzando por lo más agreste de El Ceibo y Sueños de Oro, se aventuró a México a través de Tenosique, Coatzacoalcos, el Distrito Federal, Guanajuato y San Luis Potosí, hasta llegar, por azares, a Saltillo. Ahí lo acogió la Casa del Migrante mientras completaba el tramo de ferrocarril que lo pondría en los valles de Texas, de donde tenía previsto dirigirse a California, su destino como indocumentado.

La frontera de 963 kilómetros que separa a México de Guatemala es especialmente porosa, no sólo por su orográfica intrincada y su abandono, sino a causa de la palpable corrupción de los cuerpos de seguridad mexicanos. Si José Mauricio Flores consiguió transitar por el territorio nacional hasta el tercer intento, fue debido a que en los dos primeros carecía de los pesos suficientes para cubrir la extorsión de agentes migratorios, quienes lo devolvían entonces a Guatemala.

«La segunda ocasión que intenté fue por el rumbo de Tonalá en una combi, porque el tren estaba roto [a causa del huracán Stan, que devastó la costa chiapaneca en octubre de 2005], lo hice pagando a los policías de migración [se refiere a los agentes del Instituto Nacional de Migración]. El chofer me dijo que, aparte de los veinte pesos que me cobraría, si veíamos un retén le diera cien; era él quien negociaba con los policías, para evitar que revisaran el transporte.»

Al llegar a Tonalá, puesto que el dinero se le había acabado, «se puso difícil, los de migración me persiguieron; corrí por el monte, pero me alcanzaron y entonces me dijeron, *No cabrón, ahora no te nos vas, tendrás que pagarnos cien pesos a cada uno.* ¡Pero si eran unos quince agentes! Como no tuve, me llevaron a una prisión». Lo deportaron.

Para este salvadoreño de veintiocho años, padre sustituto de tres adolescentes, la decisión de abandonar su país fue asunto de sobrevivencia. Pagados por una banda de robo de mercancías en tránsito, sicarios de la Mara Salvatrucha, asesinaron a su hermano (noviembre, 2004) y a su padre (junio, 2005) —quienes como él eran agentes de seguridad privada—; y todavía tienen la encomienda de matarlo. Por eso se obstinó.

Cada vez se endeudó con cien dólares. En la tercera lo consiguió gracias a un pollero con el que trabó contacto de forma casual. Caminando sin perder de vista la carretera de El Ceibo a Tenosique, alcanzó las vías del ferrocarril hacia Coatzacoalcos. Acompañado de dos migrantes hondureños quiso subir a un tren; «el maquinista bajó a decirnos, *Denme quinientos pesos y los llevo al D.F.* Le respondimos que cada uno llevábamos sólo cien pesos. *Entonces no los llevo*, dijo, y se fue». De cualquier modo abordaron el último vagón y antes de llegar a Tenosique se arrojaron, para ponerse a salvo de los agentes migratorios, bordeando la ciudad a pie.

Ahí conoció a Nahum, un hondureño que guiaba a otros

indocumentados y le ofreció ayudarle sin paga. «Me dijo que me pegara a él. Lo seguí, pues. Llegamos adonde hay una caseta de la migración y le dije, *oye, chavo, estamos enfrente de la migración y tú, con tus pollitos.* Para él no era un problema, al contrario, me dijo que les paga quinientos pesos por cabeza; me explicó, *Ahorita llevo tres y pago 1,500 pesos. Ya mandé a cinco por delante y mi hermano trae atrás otros siete. Acá hay que pasar pagando.* Esos quinientos pesos incluyen, según él, el hospedaje en la casa del señor de la migración».

Nahum forma parte de una eficaz organización internacional de tráfico de indocumentados centroamericanos. Una noche, debajo del puente Coatzacoalcos I, cerca de una de las viviendas donde hospeda temporalmente a los migrantes, él mismo explica que del Departamento de Olancho, en Honduras, a territorio estadounidense, cobra de seis a ocho mil dólares. Esa suma cubre la guía por Centroamérica y México; alimentación y pago a maquinistas para hacer el trayecto Tenosique-Coatzacoalcos; transporte «en troca» de Coatzacoalcos a Córdoba; hospedaje en casas situadas en Tenosique, Coatzacoalcos, Córdoba y Altar (Sonora); transporte en autobús especial directo de Córdoba a Altar, e identificación oficial falsificada, hecha en la primera ciudad, para aminorar riesgos; sobornos a policías y agentes migratorios mexicanos, y la intervención de otro pollero para cruzar la frontera y moverse dentro de Estados Unidos hacia el destino final.

Hombre humanitario como no los hay en su oficio, Nahum suele impartir además consejos prácticos a su clientela, de modo que sobreviva la experiencia despiadada del ferrocarril. «Vi cómo a uno que se cayó el tren lo partió todo, ¡en diez pedazos, hombre!, ahí quedó deshecho», refiere José Mauricio Flores. «Nahum me dijo, *Corre a la par del tren, agarra la escalera y colgate como si sos cangrejo. No te vayas a soltar.*

Nahum es una buena persona, porque siempre era el último en subir, una vez que los demás lo habíamos conseguido.»

Para José Mauricio Flores el trayecto en tren «es retar al destino. En el camino vi que mató a cinco. Están el que se cayó en Tenosique; tres que venían parados sobre el techo de un vagón y había cables bajos, la corriente les pegó y cayeron bajo las ruedas; y el quinto, que se colgó de donde se había agarrado otro, chocaron y el tren lo chupó, lo jaló para abajo y lo hizo pedacitos. Nadie recoge nada». El tren sigue su marcha.

El salvadoreño no recuerda haber visto pandilleros, aunque «supe que mucha gente es asaltada y escuché a muchachas decir que las habían violado. En algún lugar vinieron otros migrantes a avisar que más adelante estaban asaltando unos chamacos y que habían violado a una embarazada. Dicen que cuando hay asaltos a todas las muchachas las violan y si alguno de los esposos defiende a su señora, lo matan». Lo que le tocó ver fue a demasiados policías y agentes del Instituto Nacional de Migración medrando.

Si para un indocumentado con poco dinero y mucho miedo moverse por México es posible a pesar de los enormes riesgos, para un pandillero puede serlo más, si está habituado al manejo de armas y al uso de la violencia y siente que no tiene qué perder. Llega a suceder también que por los caminos vayan pandilleros de la Eighteen Street o la Mara Salvatrucha entremezclados con migrantes, ya porque los llevan secuestrados, porque los guían y les brindan protección (haciendo de polleros) o porque van con «paisas».

En cualquier caso, todo el mundo debe pagar peaje para cruzar de forma ilegal el territorio mexicano. Raúl Benítez Manaut, académico del Centro de Investigaciones Sobre América del Norte de la Universidad Nacional Autónoma de México, hace notar que, como el resto de los inmigrantes, «las maras centroamericanas existen en México y han logrado internarse porque hay corrupción generalizada entre las agencias de control de la frontera sur, cuyo personal permite la entrada de cada inmigrante centroamericano a cambio de 50, 100 pesos. Entre las oleadas [...] que ingresan sobornando a autoridades mexicanas se cuelan mareros».

Cuando alude a «agencias de control» se refiere lo mismo a «partidas del Ejército asignadas a la vigilancia de los ríos [Suchiate y Usumacinta]» que a agentes del Instituto Nacional de Migración y de la Policía Federal Preventiva, y «todos los cuerpos policiacos del estado de Chiapas [...]. En algunos casos esa corrupción sólo se da entre servidores públicos de bajo nivel, pero en otros está enraizada y llega a quienes ocupan posiciones altas dentro de las dependencias». Esa corrupción se agrava por «la falta de cobertura de control de la frontera» y «el negocio de tráfico de inmigrantes», completa Benítez Manaut.

En su informe de agosto de 2005, el Centro de Investigación y Seguridad Nacional —Cisen— de la Secretaría de Gobernación, afirma que cada día se internan a México por la frontera sur entre veinticinco y treinta «mareros» centroamericanos, pero no distingue entre miembros de la B18, la MS13 u otras pandillas, sus nacionalidades, si tienen o no antecedentes penales ni lo que sucede con ellos una vez dentro del país.

Tampoco precisa la metodología aplicada (existe, aunque no lo menciona, el Procedimiento Sistemático de Operación, en el que intervienen el propio Cisen, la Procuraduría General de la República y el Instituto Nacional de Migración, que, en la práctica, capta denuncias sobre personas con aspecto cholo) ni toma en cuenta como factor de riesgo la industria de la extorsión de la que habla Benítez Manaut y que se refleja ampliamente en el testimonio del salvadoreño José Mauricio Flores.

Seguir los flujos humanos en su extenuante marcha de Centroamérica a Estados Unidos no es difícil. El grueso de los indocumentados se interna a México por dos zonas, independientemente de que lo haga recorriendo diferentes pequeños pueblos fronterizos: en primer lugar, por Ciudad Hidalgo-Tapachula (Chiapas), cruzando el río Suchiate; en segundo, por Tenosique-Balancán (Tabasco), navegando el río Usumacinta. Esos miles de viajeros tienen como primer objetivo los dos ramales del ferrocarril carguero Chiapas-Mayab, que los aproxima al centro del país, donde prosiguen por las rutas de tren que los han de conducir a la frontera norte.

Por el lado del Golfo de México, la zona Tenosique-Balancán está en el paso del ramal del Chiapas-Mayab que nace en Valladolid y Tzimín (Yucatán) y concluye en Coatzacoalcos. Antes de alcanzar el ferrocarril en Tenosique, los miles de indocumentados deben entrar a México por El Ceibo, una comunidad tabasqueña fronteriza donde el gobierno mexicano desarrolló la infraestructura para convertirlo en garita internacional (incluida una carretera), pero que no funciona porque el gobierno guatemalteco no ha cumplido con su parte, haciendo lo mismo de su lado en la comunidad del mismo nombre.

El Ceibo es, ostensiblemente, uno de los sitios de internamiento de contrabando chino. Cada día cientos de mexicanos llegan a un tianguis del lado guatemalteco, se cargan de productos *pirata* muchos de ellos, y vuelven a territorio mexicano bajo la mirada indolente del Ejército, la policía fiscal y los agentes migratorios. Pero es, sobre todo, un lugar donde por las noches se activan polleros; traficantes de drogas, armas y especies de fauna; violadores y homicidas; sicarios del crimen organizado y pandilleros de la B18 y la MS13. Todos ellos sobornan a servidores públicos mexicanos y aprovechan las serranías, barrancos y pantanos para encubrir sus actividades. En enero de 2005 desaparecieron doce hombres que se habrían internado en la selva para recoger un cargamento de cocaína.

Benítez Manaut cree que «si completan la carretera de El

Ceibo del lado guatemalteco, el gobierno mexicano tendrá que vigilar la zona con mucho más cuidado, porque de lo contrario se le saldrá de control».

Entre El Ceibo y Tenosique, la ciudad más próxima desde esta parte de la frontera, hay menos de sesenta kilómetros de distancia, que los migrantes demoran uno o dos días en recorrer, por tener que cuidarse de policías, agentes migratorios y asaltantes. «Rodean, avanzan entre el monte expuestos a todos los peligros; no sólo a ser robados o deportados, sino a las mordidas de serpientes, a caer a los pantanos, a lesionarse con todo tipo de alimañas y les dé el dengue o el paludismo», explica Gloria Valdez, coordinadora del Grupo Beta (de la Secretaría de Gobernación) en Tenosique.

Luego el ferrocarril les impone nuevos riesgos, tanto para conseguir abordarlo, como para mantenerse despiertos. Gloria Valdez recuerda «a dos muchachos que estábamos orientando, diciéndoles que no subieran si estaban cansados, dándoles información sobre sus derechos. Pasó en ese momento el tren. Salieron corriendo. El tren iba rápido, pero no les importó; saltaron y, desgraciadamente, se cayeron. A uno el tren le cercenó la pierna izquierda, al otro lo degolló».

Los parajes Independencia, Arena Hidalgo y, sobre todo, Boca del Río son, por su aislamiento y proximidad con las vías hacia Coatzacoalcos, donde los centroamericanos están más expuestos a bandas de asaltantes, muchos de los cuales habitan en esas mismas comunidades apartadas.

Por el lado del Pacífico, la zona Ciudad Hidalgo-Tapachula es de donde parte la ruta del Chiapas-Mayab que discurre a través del Istmo de Tehuantepec. Siendo la de mayor tráfico, es también donde los cuerpos de seguridad mexicanos obtienen mejor provecho de la extorsión y las gavillas de delincuentes comunes o las pandillas de crimen organizado operan con mayor impunidad. Hay tramos de tal peligrosidad, que a esta vía se le conoce internacionalmente como el Tren de la Muerte. En octubre de 2005 el huracán Stan voló cinco kilómetros de vías y averió 260, así como 64 puentes, de modo que los inmigrantes —como le sucedió a José Mauricio Flores— han tenido que optar por las carreteras del Istmo, avanzando a Matías Romero (Oaxaca) para alcanzar Coatzacoalcos (Veracruz) u otros tendidos férreos con menor tráfico.

Los miembros de la Barrio 18 y la Mara Salvatrucha provenientes de Centroamérica transitan exactamente por estas mismas rutas, aunque con muy diversos móviles: así como unos huyen de la legislación de mano dura, las sentencias de muerte que sus propias clicas han dictado en su contra o la vida loca (sobre todo los que han dejado de ser adolescentes, tienen hijos, pareja y buscan un empleo); otros aspiran a volver a Estados Unidos, de donde fueron deportados, o han encontrado en la expoliación contra migrantes un modus vivendi.

Ciudad Hidalgo, Suchiate, Tapachula y Puerto Madero han experimentado desde principios de esta década crisis de seguridad pública a causa del aumento de miembros centroamericanos de la B18 y la MS13. En su ensayo *Las bandas maras salvatruchas en la región fronteriza del Soconusco, Chiapas*, Hugo Ángeles Cruz, de El Colegio de la Frontera Sur, encuentra que al mudarse de Comitán a Tapachula las oficinas del Alto Comisionado de Naciones Unidas para los Refugiados —ACNUR— y la Comisión Mexicana de Ayuda a Refugiados, fueron recibidas en poco tiempo 43 solicitudes de asilo en la frontera de Tapachula, 18 de las cuales pertenecían a

ex mareros que argumentaban que su vida corría peligro en sus países de origen y que habían huido a la frontera sur de México tratando de salvar su integridad.

Esta inédita situación que se presenta en una organización [ACNUR] dedicada a la protección de poblaciones en situaciones de riesgo, constituye una evidencia de un proceso que se está produciendo en los países centroamericanos de El Salvador y Honduras y que se empieza a extender a otras regiones y países vecinos.

Pero a lo largo de estos grandes cruces de frontera (Tenosique-Balancán y Ciudad Hidalgo-Tapachula) en Tabasco y Chiapas suceden también ataques de pandilleros mexicanos, muchos de los cuales reivindican su pertenencia a esas bandas (B18 y MS13), aunque no hay diagnósticos oficiales que permitan dimensionar la violencia pandilleril según procedencia de los agresores.

Una actitud frecuente de los servidores públicos mexicanos es repetir que no hay verdaderas clicas o pandilleros de la B18 y la MS13 mexicanos, sino imitadores de los centroamericanos que pasan por México y dejan su impronta; es decir, que los mexicanos están imitando, pero no integrándose plenamente. Gabriel Regino, subsecretario de Seguridad Pública del Distrito Federal, atribuye fundamentalmente a «un proceso de imitación» el que se vean expresiones de dichas pandillas en la zona metropolitana de la ciudad de México. Además, considera remota la posibilidad de que se desarrollen en el país como lo han hecho en Estados Unidos o en América Central.

El delegado regional en Tabasco del Instituto Nacional de Migración, Miguel Ángel Barrera Márquez, coincide: «Hay quien se atreve a manifestar que ya existen maras mexicanos. No he visto ninguno en esta zona, aunque en alguna ocasión se dio un caso de un imitador en el Estado de México... acá en Tabasco no tenemos ningún reporte en ese sentido, aunque, lamentablemente, en algunos aspectos de nuestras juventudes mexicanas, a veces les encanta imitar lo extranjero; en el caso de imitadores de los maras es algo que está latente, con posibilidades de que se dé».

Esta negación de que existan «verdaderos» dieciocho y

emeese vernáculos, y el punto de vista de que el país está siendo
objeto de una suerte de invasión de despiadados criminales ha
justificado un discurso xenófobo, anticentroamericano y anti-
migrante, y un tratamiento policial. Esto desde que en 2001 los
cuerpos de seguridad y los medios mexicanos comenzaron a
abordar el fenómeno como preocupación nacional, una vez que
pandilleros hondureños comenzaron a cruzar hacia México y
establecerse en la zona de Ciudad Hidalgo-Tapachula, huyendo
de la mano dura.

Como los funcionarios citados, el informe del Cisen (agosto,
2005) apunta que hay pandillas locales que están empezando
a imitar la parafernalia Dieciocho y Emeese. Pero arriesga un
poco más, al aceptar que, asimismo, están reivindicando su
pertenencia a la B18 o a la MS13, de modo que éstas tienen un
«potencial de crecimiento» real en territorio mexicano.

El testimonio de Silvia Beltrán, directora ejecutiva de
Homies Unidos en Los Ángeles, confirma que ese proceso
de empatía entre jóvenes mexicanos está más avanzado de lo
que funcionarios como Regino y Barrera Márquez parecen
dispuestos a reconocer: «Cuando tenía diez años pasé por
México ilegalmente y sufrí, pero no como están sufriendo los
migrantes ahora. Me enteré cómo un muchacho de la MS13
tiró del tren a un migrante, causando que perdiera las piernas
y permaneciera en Tapachula mucho tiempo, recuperán-
dose. Entonces trataba de concienciar a los de la MS13 en El
Salvador, diciéndoles, *la misma gente que se está muriendo de
hambre como vos o como yo, tiene que irse, ¿por qué entonces
tienen ustedes que hacerle eso* [en la frontera mexicana]?
También les pregunté si eran salvadoreños los pandilleros que
se decían de la MS13 en Tapachula y cuántos emeese salvadoreños había realmente allá. Me respondieron que en Tapachula
había dos o tres salvadoreños, y que la mayoría de quienes

se dicen de la Mara Salvatrucha son jóvenes mexicanos y no tienen que ver con ellos».

Esto lleva a la activista a preguntarse «por qué niños mexicanos de once, trece años de edad están muriendo de hambre», como en El Salvador, e integrándose a pandillas, y «por qué los criminalizamos. [...] En Homies Unidos impulsamos el modelo de justicia restaurativa, que implica buscar la responsabilidad de cada uno de nosotros [como parte de la sociedad]. Como salvadoreña, me interesa saber por qué hay ya MS13 mexicanos y en qué fallamos para que eso suceda».

En su ponencia para el Coloquio Internacional *Las maras. Identidades juveniles al límite*, Martín Iñiguez Ramos, del Centro de Estudios Migratorios, después de exponer los resultados de un estudio estadístico en prisiones y centros de reclusión de menores de Chiapas, realizado en mayo de 2004, formuló dos hipótesis: «Una, [que] la mayoría [de los pandilleros] son jóvenes; cerca del 65 por ciento; y dos, [que] el crecimiento de la participación de los mexicanos en los grupos de MS13 y Barrio XV3 está en aumento». También dijo que «ya para principios de 2005 más del 70 por ciento de los integrantes de estos grupos eran de origen mexicano».

A todo esto, concluyó que «existe un proceso de transculturación como consecuencia del fenómeno migratorio. [...] Sobre todo en los sectores marginales de las zonas connurbadas de las ciudades, donde no hay una presencia de grupos originales de MS13 o de Barrio 18, sino que la imitación y contagio son los nuevos modelos de transculturación. La maramanía es una moda que de no atenderse podría resultar perjudicial para el país en los próximos años».

El informe del Cisen, por su parte, menciona cifras semejantes a las que aportó Iñiguez Ramos: a finales de 2004 el 63% de los «mareros» recluidos en penales chiapanecos eran de origen mexicano, y alerta sobre el hecho de que su reclusión pudiera fomentar vínculos entre pandilleros (como sucedió en las prisiones centroamericanas después de la mano dura), estimulando así su expansión en territorio nacional.

Precisa además que hasta agosto de 2005 había en México cinco mil «mareros» distribuidos en veintitrés estados, aunque principalmente en Chiapas, Tabasco, Quintana Roo, Oaxaca, Baja California, Veracruz, Tamaulipas y el Distrito Federal.

Esta tendencia expansiva en México había sido evidenciada antes por la activista hondureña Itsmania Pineda Platero, presidenta de Xibalba Arte y Cultura, en una entrevista para el diario *El Universal* (marzo 1, 2004) de la ciudad de México. A partir de sus comunicaciones con pandilleros, «hemos hecho un mapeo y en México [...] tenemos ubicadas bastantes clicas de la Barrio 18 en el Distrito Federal, Ensenada, Monterrey, Rosarito, Zapopan, Oaxaca, Tijuana y Tapachula. De la Salvatrucha tenemos 17 clicas sólo en la ciudad de México y 18 en la zona norte, en Nuevo Laredo, Tijuana y otras ciudades fronterizas. En noviembre del año pasado [2003] recibí un reporte de jóvenes asentados en Chiapas; me decían que como no había oportunidades y andaban indocumentados, se metieron a delinquir».

Esas clicas, decía ella, están conformadas básicamente por mexicanos, influidos en un primer momento por centroamericanos que se internaron en México por la frontera sur o mexicanos y centroamericanos deportados de Estados Unidos sin notificación oficial; así como las noticias, diversas películas y/o Internet.

Para el caso de la zona metropolitana de la ciudad de México, el subsecretario de Seguridad Pública del Distrito Federal reporta que han identificado «imitadores» de la Mara Salvatrucha en las porras de los equipos de futbol Veracruz y América (en particular, la llamada RDK, Ritual del Kaos); y en pandillas de las colonias Chichicaspa (Tlalpan); El Hoyo

(Iztapalapa), Ticomán, Acueducto de Guadalupe y Guadalupe Proletaria (entre otras de la Gustavo A. Madero por donde cruza el ferrocarril); así como de la colindancia entre la delegación Iztapalapa y el municipio de Ciudad Nezahualcóyotl (Estado de México).

El asunto de las porras fue difundido originalmente en mayo de 2005 por Alejandra Barrales, entonces diputada en el Distrito Federal, quien dijo que miembros de la Mara Salvatrucha se habían «infiltrado» en los grupos de animación de los equipos América, Cruz Azul, Atlante y Pumas: los que tienen su sede en la capital del país, el presidente de la Federación Mexicana de Futbol Alberto de la Torre confirmó públicamente que había una investigación.]

Raúl Benítez Manaut zanja de esta manera el debate de los imitadores: «El imitar significa que son maras al final de cuentas».

Cada día, la Casa del Migrante Belén, en la periferia de Saltillo (Coahuila), recibe un promedio de 150 migrantes, la mayoría centroamericanos. A cada uno se le acoge tres días como máximo, salvo que esté enfermo o se haya accidentado. Entre mayo y septiembre, los meses más calurosos, aumenta el número de asilados (han llegado hasta trescientos en un día). La mayoría se dirigen a las zonas fronterizas de Laredo, Reynosa o Matamoros (Tamaulipas) o de Piedras Negras o Ciudad Acuña (Coahuila). Aquí les brindan hospedaje, alimentación, ropa y servicios religiosos, médicos, psicológicos y legales. Un equipo de voluntarios (médicos, religiosas, trabajadores sociales, estudiantes) entrevista a cada indocumentado para conocer su estado de salud y registrar sus datos generales.

Es por ello que el sacerdote Pedro Pantoja Arreola, coordinador de Pastoral Social de la Diócesis de Saltillo y de este albergue, tiene identificadas y cita de memoria ciertas constantes relacionadas con la violación de los derechos humanos de los migrantes. Nadie en esta vasta región desértica sabe más de los sinsabores de los indocumentados centroamericanos, ni les provee tanto apoyo humanitario, tanto consuelo.

Interrogado sobre las principales fuentes de violencia a la que están expuestos, Pantoja jerarquiza: cuerpos de seguridad, incluyendo militares; la sociedad (colonos, campesinos, rancheros, bandoleros) y, «sobre todo en Chiapas, mareros». Los cuerpos de seguridad no sólo están a la cabeza de la violación de los derechos humanos de quienes llegan a la Casa del Migrante de Saltillo, sino que «son los más despiadados. Estamos hablando sobre todo de policías preventivos y judiciales municipales, estatales y federales». Dice también que las violaciones más frecuentes están relacionadas con «robo, violencia física y agresión sexual».

En su tránsito por México, los sitios donde sufren mayor número de ataques son, según Pantoja Arreola, «Chiapas, en primer lugar; en segundo, Lechería [antiguo pueblo del municipio connurbado de Tultitlán, Estado de México]; San Luis Potosí, en tercero; y, en cuarto lugar, la periferia de Saltillo».

Dentro de la sistemática violación a los derechos humanos de los migrantes, hay casos extremos, explica el sacerdote. Por ejemplo, el de Maritza, una guatemalteca de veinte años, que al momento de la entrevista completaba cuatro meses de convalecencia dentro de la casa. A ella un guardia privado del ferrocarril trató de violarla cuando se aproximaban a Saltillo. Como no pudo, la arrojó del tren en marcha, provocándole la pérdida de la pierna derecha.

El de Isabel, una hondureña de veintidós años que «recibimos hace alrededor de un año», es un caso que aún lo indigna.

Ningún agente migratorio, policía o ciudadano mexicano vio o trató de impedir que un jomboi de la Mara Salvatrucha la mantuviera secuestrada en el largo trecho entre Chiapas y la colindancia entre San Luis Potosí y Coahuila. «La capturó en Chiapas y le dijo que iba a ser su compañera hasta el término del viaje. En todo ese trayecto vino drogándose, golpeándola y violándola», recuerda Pedro Pantoja Arreola. «En San Luis Potosí ella se dejó caer del tren. El marero bajó para matarla, pero diez migrantes se lo impidieron y nos la trajeron. Al principio no podía ni hablar, pero después de un mes de atención con nuestra psicóloga, se recuperó; encontró buenas compañeras y un buen compañero, y siguió su camino hacia Estados Unidos.»

Se conoce lo que sucede en la ruta del ferrocarril Chiapas-Mayab, en el llamado Tren de la Muerte. Todos los centroamericanos entrevistados en la Casa del Migrante de Saltillo tienen una experiencia personal que contar sobre aquella zona que ven, sin embargo, ya distante. Poco, en cambio, se sabe de Lechería, el poblado de la zona metropolitana de la ciudad de México que mencionan como el segundo sitio, después de Ciudad Hidalgo-Tapachula, más riesgoso del trayecto dentro de este país.

Está la historia de Saúl, carpintero limeño de 51 años (un inmigrante peruano en esta zona es una rareza), que dice haber cruzado «en cayuquito de dos remos» el Canal de Panamá, para llegar a Guatemala por el mar Caribe. Fue asaltado por pandilleros en el trayecto de Tapachula a Huixtla (en la costa chiapaneca), y en Tierra Blanca (Veracruz). Además, donde enseguida lo pescaron agentes migratorios, para recluirlo en la estación del Instituto Nacional de Migración en Fortín de las Flores. «Hablé con el comandante, le expuse mi situación, y se compadeció: *Sólo por tu honorable valor te voy a soltar.*»

Pero su peor experiencia fuera del sur, dice, la vivió en Lechería. «Esperaba el tren cuando vi que unos varones con uniforme y carro que decían AFI [Agencia Federal de Investigación, de la Procuraduría General de la República] estaban robando a un compañero hondureño. Yo, queriendo defenderlo, les reclamé. Entonces dejaron ir al muchacho, pero me amenazaron y robaron a mí dos mil quinientos pesos.»

La noche en la que fue entrevistado, Saúl abandonaría la Casa del Migrante de Saltillo para dirigirse a Matamoros, «voy a Nueva Orleáns», donde «están mi papá y mis hermanos». Mientras preparaba su ropa en una mochila de tela, iba explicando, «voy solo porque, como dice el dicho de mi país, *el buey solo se lame*».

Algo más:

> —¿Vio pandilleros de la Barrio Dieciocho o la Mara Salvatrucha en su camino desde Guatemala?
>
> —¡Por todas partes! Le digo que en el camino de Tapachula a Huixla, y en Tierra Blanca, me robaron. Aquí mismo, antes de llegar a Saltillo, puede ver mareros por puñados.
>
> —¿Centroamericanos o mexicanos?
>
> —Los de Tapachula, por el tono, me parecieron centroamericanos, pero los demás no puedo decirlo, porque no sé.

A través de Lechería se tienden como cicatrices las rutas que van al sur y al norte del país. Franquean el paso del tren sus industrias y polvosos suburbios proletarios. Por las tardes es posible ver lo mismo agentes de seguridad privada persiguiendo a migrantes centroamericanos que a policías municipales, estatales y federales, agentes migratorios y asaltantes, acosándolos.

Un guardia asignado a la vigilancia de los vagones en esta zona explica que es difícil encontrar a los «mareros» que viajan entre los migrantes, porque suelen hacerlo agazapados en las «chichonas» —como llaman a los vagones graneleros—.

«Tiran piedras a las tolvas y, si suena hueco, saben que el vagón está vacío. Entonces se meten por unos orificios laterales.» Sólo abandonan la seguridad de su refugio «en despoblado o de noche, para robar. Luego vuelven a esconderse».

Como en la frontera sur mexicana, en la del norte hay un flujo intenso de jóvenes cholos mexicanos y centroamericanos, muchos de ellos de la Barrio 18 y la Mara Salvatrucha. En Tijuana, Mexicali, Nogales, Ciudad Juárez y Matamoros tienen sus reductos, y desde ellos van y vienen de Estados Unidos cuando se disponen a cruzar por primera vez hacia el otro lado; son deportados a México, o se aprestan a cumplir un encargo del crimen organizado en cualquiera de los dos países.

En su época de jomi activo de la Eighteen Street, Eddie Boy, actual director de Rehabilitación de Homies Unidos en El Salvador, hizo de esta región su mundo. A principios de los ochenta desertó del ejército salvadoreño y se marchó indocumentado a Los Ángeles, donde pronto se brincó el Barrio. Fue haciéndose adicto a la mariguana, la cocaína y la heroína, y «caí varias veces en el tabo por diversos delitos»: robo de vehículo, participación en riñas pandilleriles, asalto a mano armada.

En su segunda estancia en prisión, otro recluso le sugirió que, para evitar la deportación a El Salvador, se dijera mexicano, «y me dio su dirección en Tijuana». Meses después lo metieron en un autobús y lo pusieron en esa ciudad del norte de México. «Ahí conocí un montón de gente, un montón de jomis de la Dieciocho que también habían sido deportados. Andábamos por la [avenida] Revolución, la Plaza Santa Cecilia, la [avenida] Coahuila. Ahí empecé a convivir con mucho mexicano, a adaptarme al lenguaje de ellos. Conocí cómo corría el agua en Tijua, cómo se transaba. Me junté con jóvenes de mi edad y con problemas similares. Hacía preguntas, quería saber por qué yo era así, por qué andaba en las calles, por qué estaba sucediéndome todo eso. Comencé a hablar con jóvenes que venían también de hogares desintegrados.» Hasta que volvió a Los Ángeles.

Antes de cumplir veinte años, después de su tercer ingreso a prisión, fue deportado una vez más a México. «Llegué a Tijuana y el mismo día en la noche volví a cruzarme, me quedé en San Diego. Pero me metí en problemas y, otra vez, fui pa'dentro, al tabo, ahora por tres años.»

Al quedar libre, fue deportado por tercera vez, «ahora a Mexicali. Me eché a caminar entonces por toda la Rumorosa, llegué a Tecate; conocí unos cheros y me quedé un rato. Luego me seguí a Tijuana; como iba a ser Navidad, me quedé un mes», al cabo del cual volvió a Los Ángeles. «Me agarraron de nuevo, ahora vendiendo crack.»

A los veinticinco años quedó libre y, hastiado de la vida loca, se estableció con una prima en Arizona (Nuevo México). Pero la adversidad dio con él. Lo despidieron del trabajo, se enteró de que había muerto su abuela, «una mujer a la que amé más que a mi madre», y fue contactado por un camello «que me llevó con unos de Sinaloa que me preguntaron si quería hacer billete. Comencé a trabajar para ellos, vendiendo droga», lo que le valió dos años y medio más de cárcel, al cabo de los cuales «me mandaron a México, ahora por Nogales. Estando en esa ciudad miré de qué forma y me fui a Tijuana. Esperé unos dos, tres meses ahí, tranquilo, robando con mis jombois, hasta que me llevaron preso».

En el penal de Tijuana consiguió deshacerse de la adicción a la heroína, se metió en una iglesia evangélica y se puso a estudiar. Un año y medio después quedó libre y en 1998 volvió a El Salvador por decisión propia. En el año 2000 se casó y ahora, además de su puesto en Homies Unidos, ejerce diversos oficios, va a la iglesia bautista Amigos de Israel y es padre de un pequeño de seis años, «mi adoración».

Como Eddie Boy durante los ochenta y los noventa, un día de finales de julio de 2005, por las calles de Tijuana camina Luis, un mexicano de 35 años, también jomboi de la Barrio 18. Llegó apenas la noche anterior, deportado de Los Ángeles después de cuatro años de cárcel por matar a otro pandillero. No dice salvo eso. Ni explica por qué usa una bolsa de diálisis extracorpórea. Muestra con orgullo disminuido los abigarrados tatuajes de su tronco y sus brazos, y se marcha taciturno en compañía de otro mexicano deportado, también en busca de «un puesto de tacos para cenar».

Por esos mismos días Mario, mexicano de veinticinco años, de la adversaria Mara Salvatrucha, vive en El Bordo de Tijuana, ese agujero desolado y miserable que sirve de refugio a cientos de migrantes varados, al pie del muro fronterizo. Recientemente lo deportaron de Los Ángeles, donde estuvo preso tres años por vender droga.

Ahora sobrevive vendiendo dosis de «chiva» por 25 pesos. Y aguarda mientras «cruzo la frontera otra vez» para unirse con los Rampart, su clica. Cuenta sus experiencias en la cárcel, donde «hasta los palos de las escobas sirven para matar» y, para hacer frente a la B18, «nos preparan como soldados, nos exigen hacer ejercicio pesado». Lamenta que, una vez adentro, «no hay justicia, no hay juez ni nada». Los segregan en una unidad destinada a pandilleros, donde al mismo tiempo separan a los de la B18 de la MS13. «Cuando entras te preguntan si eres de pandilla y cuál. Nunca nos vemos los de la Trece con los de la Dieciocho. [...] Ahí no nos aprecian, dicen que no obedecemos los códigos de la calle, y es cierto: hemos armado balaceras donde han quedado muertos niños inocentes que se atraviesan.»

Mario muestra también sus tatuajes. Al fin diez años menor

que Luis, se ve más vigoroso, mantiene su pasión por el Barrio. Cree que la Mara Salvatrucha acabará prevaleciendo frente a la Eighteen Street gracias «a la mano dura en El Salvador». El caso es que, por ahora, Tijuana es su casa. Y la «chiva», su infalible medio de sustento.

Los contenidos noticiosos de los medios mexicanos refuerzan la idea de que los «mareros» son jóvenes pandilleros centroamericanos tatuados, capaces de la peor abyección, que se internan por México para delinquir, sea que vayan o no a Estados Unidos.

Esta visión maniquea elude la larga historia del pandillerismo urbano y, en primera instancia, la tradición en lo que toca al cholismo. Saúl, el peruano de la Casa del Migrante de Saltillo, fue incapaz de distinguir si lo que para él eran «mareros», en realidad resultaban ser jóvenes pandilleros de estilo cholo, mexicanos o centroamericanos. Y esto mismo potencia en México, aún más, el riesgo de empatía de miles de jóvenes marginados hacia los usos y costumbres de la B18 y la MS13, como ocurrió cuando miembros de éstas llegaron de las calles de California, Texas o Washington, DC, a las del norte centroamericano.

En su ensayo para la *Historia de los jóvenes en México* publicada por el Instituto Mexicano de la Juventud, Maritza Arteaga Castro-Pozo ofrece, entre otros aportes, un acucioso recorrido histórico que parte de las palomillas de mediados de los años cuarenta del siglo XX a los actuales «cholillos». En ese tránsito pandilleril aparecen, durante el decenio de 1980 —entre otras expresiones gregarias juveniles— los cholos.

Apunta que a la par que en la ciudad de México irrumpen los «chavos banda», en el norte lo hacen los cholos, en el contexto de la prolongada crisis económica:

Los jóvenes pandilleros fueron la cara oculta del sueño mexicano hasta que en el marco de la crisis de los años ochenta, emergerán masivamente los *chavos banda* en la periferia marginal de la ciudad de México y los *cholos* en los barrios populares del norte del país. Ellos señalan la emergencia de un nuevo actor juvenil: el joven de las colonias urbanas obrero populares; con formas organizativas propias: *la banda, la clica* [...].

La espectacularidad de las prácticas culturales y sociales de los *chavos banda* y de los *cholos* (vestimenta, lenguaje y conductas públicas violentas y autodestructivas) fue respondida por el poder con represión policiaca (redadas, *razzias,* extorsión), con infiltraciones e intentos de cooptación de sus líderes, y con apoyos asistencialistas enmarcados en el Año Internacional de la Juventud.

De tal modo que, por ejemplo, mientras en Santa Fe, al poniente del Distrito Federal, emergen en 1981 los célebres Panchitos,

en la frontera norte existe un fenómeno similar [...]: el *cholismo*. [José Manuel] Valenzuela da cuenta de esta expresión juvenil en Tijuana, producto de los procesos de difusión de los estilos juveniles a través de la frontera y heredera del estilo pachuco, desde mediados de los años setenta. La influencia chicana de los cholos «prendió rápidamente entre los jóvenes pertenecientes a las clases populares».

Los que se autonombraban cholos eran jóvenes de ambos sexos, identificables a simple vista por su forma peculiar de vestir, agregados en *clicas* y *gangas* constituidas desde *el Barrio,* concebido como el espacio de socialización desde la infancia en donde emergen, *definidas por el afecto,* redes de apoyo, de solidaridad e identidad que incluyen la violencia y la droga. El *carnalismo,* relación sustentada en la solidaridad compartida con los amigos, atiende necesidades afectivas fundamentales —expresadas en el *compa*, el *homeboy*, el *cuate*, los *ñeros*, los *carnales*, el *vale*—, en las cuales se manifiesta una primera conciencia del «nosotros». El *barrio* es el primer recurso de libertad o de poder desde el cual pueden tener el control de su cuerpo, un lenguaje que los identifique, signos y símbolos que comparten y crear sus propias relaciones de status y poder. *El barrio* permite hacer frente a la inseguridad que provoca el cambio hacia la vida adulta en un contexto de incertidumbre laboral, es accesible, controlable y presentista.

Su estilo expresa el sincretismo cultural, mestizo, de su origen fronterizo, mezcla de vestimentas y gustos musicales a veces irreconciliables *(oldies,* música ranchera, tatuaje, escapulario, etc.). Al igual que los chavos banda, los cholos serían objeto de procesos de «satanización» y de difusión entre diversas ciudades mexicanas. Valenzuela ubica la *violencia* entre los cholos como una manifestación de la «búsqueda de reconocimiento» —la actitud por sobresalir a partir de ser los mejores para pelear, los *más* originales para vestir, los más osados para hablar—, característica cultural que se manifiesta en todos los sectores sociales vinculada a otra actitud como la «valentía» (el más *cabrón*, el más felón) tan gratificada por nuestra sociedad.

Lejos de diluirse como otras expresiones urbanas marginales, lo que esta autora llama «la imagen chola» mutó y se diversificó, fortaleciéndose. Las pandillas del tipo de la Barrio 18 y la Mara Salvatrucha son parte de ese proceso:

> Este estilo ha experimentado, desde su origen en el norte fronterizo a mediados de los años setenta, simultáneamente procesos de *difusión* en zonas territoriales más amplias a las originales —hay cholos no sólo en las zonas fronterizas, también en ciudades y ranchos del Norte, Centro y Sur del país e incluso en Centroamérica (las maras)—, así como de *fusión* en tendencias divergentes como los

rancholos y los *cholombianos,* pero su arraigo ha sido siempre entre los jóvenes de los sectores urbano-rurales populares.

En Ciudad Nezahualcóyotl, por ejemplo, a principios de los años noventa se inserta en el universo juvenil pandilleril una *imagen chola* gestada en las *gangs* de la ciudad de Los Ángeles, California *(Los).* Ella es la que hoy día da sentido a los *cholillos,* agregados en clicas o gangas. Es una recreación de la identidad anclada en «el Barrio» [...]. Las gangas son creadas por jóvenes que regresaron de esa ciudad [Los Ángeles] con la simbología *chola* (mural, tatuaje), música (hip hop, rap, *oldies),* «facha», lenguaje gestual, estructura organizativa y particularmente con la recreación de *lo mexicano-chicano cholo angelino* en términos de valores (gran respeto por la institución familiar y a la madre, catolicismo, machismo, uso de la *violencia* para *resolver* sus *conflictos* grupales); y en términos de la reconstrucción del mítico Aztlán en *Los.* Su universo es *el Barrio,* recreado en términos físicos y de sentido, en el territorio de Neza y en el de Los Ángeles de *su* propia ganga: estar en este barrio o en otro (LA) con la «1» (One) es estar en *su* territorio [...].

Si se revisan las noticias que la industria del infoentretenimiento ha dado sobre el fenómeno desde 2001, cuando el tema se volvió parte de la agenda de la seguridad pública en México, se elude ese aspecto que aparece una y otra vez, desde las viejas pandillas irlandesas de Nueva York a principios del siglo XIX: la construcción juvenil de identidad en medio de la marginación; la búsqueda de espacios de apropiación; el desafío contra la legalidad como medio extremo de interlocución; la reproducción, desde la marginalidad, de la escala social, incluidos sus mecanismos de movilidad. Una idea de Carlos Monsiváis —en *Los mil y un velorios* y aplicada a las bandas de narcotraficantes— lo dice de forma incontrovertible: «Si nadie te garantiza el mañana el *hoy* se vuelve inmenso».

Quizá por ello los miembros de la Barrio 18 y la Mara Salvatrucha evocan tanto a los piratas. Probablemente sean, por su creciente movilidad global y su *autonomía de vuelo*, un tipo de corsarios de la globalidad. La siguiente descripción que hace de ellos la poeta española Ángela Vallvey en *El País Semanal* (julio 24, 2005) ajusta, sin duda, a los pandilleros dieciochos y a los treces:

> la epopeya pirata también contiene una pureza brutal y salvaje que busca desesperadamente la libertad absoluta, aventada por el horror legal y soterrado de las sociedades pretendidamente civilizadas de las que surgieron las figuras protagonistas de sus desventurados pillajes. Los piratas nunca quisieron hacer historia, sino escapar de la historia. Su reinado no era de este mundo. Sus villanías surgieron de la negrura que todos albergamos, en mayor o menor medida, en nuestras almas. Del ser humano cazador, liberto y migrador que una vez fuimos y cuyo recuerdo tribal continúa grabado a fuego en nuestro cerebro más primitivo, reclamándonos aire limpio, espacios abiertos, depredaciones sin número y una independencia orgullosa de fieras.

Mientras en México el fenómeno se desarrolla, las pretensiones exterminadoras y xenófobas predominantes al hablar de «las maras» evitan con reduccionismos su complejidad. En *Los olvidados*, Luis Buñuel capta tal rasgo elusivo de la idiosincrasia mexicana, resumiéndolo en una frase que podría ser suscrita hoy por los medios de comunicación, los servidores públicos y los ciudadanos urgidos de mano dura. Cuando la policía mata al Jaibo —líder de la pandilla—, el invidente don Carmelo lo celebra con ademán crispado, bufa: «¡Ojalá los mataran a todos antes de nacer!»

Especialización criminal

La pandilla Barrio Dieciocho tiene cuarenta años. La Mara Salvatrucha veinte. Aparte de los costos tenebrosos y la resonancia pública de su mutua animadversión desde mediados de los ochenta, vistas desde una perspectiva regional (Estados Unidos, México y Centroamérica) se percibe su tendencia sostenida hacia la alta especialización criminal, particularmente en lo que concierne al tráfico de mariguana, crack, cocaína, metanfetaminas y precursores químicos.

En las fronteras del sur y el norte, y en el centro de México hay indicios de su articulación con cárteles de la droga mexicanos y colombianos, lo mismo que con otras organizaciones delictivas de calado diverso. Reconstruir al menos algunos segmentos de las rutas de narcotráfico desde los Andes hacia Estados Unidos, permite observar cuán cruciales son América Central y México en ese comercio y, dentro de él, la intervención cada día mayor de treces y dieciochos.

No puede afirmarse que los miles de adolescentes que cada año se brincan el Barrio, lo mismo en Estados Unidos que en

América Central y México, terminen convertidos en transgresores irredentos de la ley, ni que todos los jombois consumados sean incapaces de «calmarse» en algún momento de su vida. Tampoco, que todas las clicas tengan el mismo potencial de violencia y de organización delictiva, y ni siquiera que ser parte de esas pandillas equivalga a ser delincuente.

Raúl Benítez Manaut, del Centro de Investigaciones Sobre América del Norte de la Universidad Nacional Autónoma de México, piensa que «todos los mareros pueden ser considerados delincuentes en alguna u otra medida, porque para estar en la mara tienen que haber cometido delitos y crímenes». Pero esto excluye el hecho, por ejemplo, de que la formación y desintegración de clicas es un proceso dinámico, en parte debido a que (1) conforme los pandilleros maduran, tienen una pareja y viven la experiencia de la paternidad, se vuelven más temerosos de las consecuencias de sus actos; (2) o, por el contrario, en el momento en el que los adolescentes recién ingresados se encuentran cara a cara con la expectativa de matar o ser asesinados, vender droga, ir a la cárcel o vivir cuidándose de la pandilla adversaria y de la policía, muchos optan por desertar de la vida loca.

En *Barrio adentro. La solidaridad violenta de las pandillas*, María S. Santacruz Giralt y Alberto Concha-Eastman, citan un ensayo donde José Miguel Cruz observa algo que puede constatarse personalmente con los pandilleros: al entrar a la pandilla tienen una imagen idealizada de la violencia; para ellos ésta es más un recurso de apropiamiento de su propia vida en medio de la marginalidad, que un factor de riesgo:

> Según Cruz, «si bien no puede negarse que los pandilleros incurren en actividades delictivas y que sus dinámicas violentas afectan a terceras personas, en principio los jóvenes no se integran motivados a delinquir, sino más bien porque en las pandillas ven un espacio

de interacción y ejercicio de poder a través del grupo con el que no cuentan fuera de ella».

Al observar a la B18 y la MS13 deben tenerse en consideración componentes como el generacional, y que estas «pandillas industriales», como las llama Alfredo Nateras Domínguez —por esa faceta consumista no vista en sus antecesoras—, no se reducen a un fenómeno delictivo.

En uno de los escasos estudios cuantitativos sostenibles acerca del fenómeno, titulado *Solidaridad y violencia en las pandillas del gran San Salvador*, José Miguel Cruz y Nelson Portillo Peña establecen que después de referir las ventajas, los jóvenes encuestados

identificaron las desventajas de pertenecer a las pandillas [...]. De acuerdo con los resultados de la investigación, casi un tercio, el 32.3 por ciento, piensa que la principal desventaja de formar parte de las llamadas «maras» es «morir asesinado»; el 13.7 por ciento considera el peligro de ir a la cárcel y el 13 por ciento menciona la persecución policial como otra desventaja. Sin embargo, los inconvenientes de pertenecer a las pandillas no se resumen en esos tres —que ciertamente son los más citados—; otros jóvenes mencionaron la discriminación social, los enemigos creados en la dinámica pandilleril, la falta de oportunidades. [...] Ahora bien, la encuesta reveló que aspectos como «ir a la cárcel» y la persecución policial son más mencionados por los hombres que por las mujeres. Esto puede deberse al hecho de que ellos están más expuestos, por sus condiciones y actividades, a una mayor confrontación con los agentes de seguridad y, por lo mismo, poseen mayor probabilidad de terminar en un reclusorio. Así, a mayor edad se vuelven más temerosos de tener problemas con la policía y de la posibilidad de terminar en la cárcel.

Las clicas que sobreviven experimentan en su seno una
suerte de selección natural donde prevalecen los jombois más
violentos y proclives a delinquir, o aquellos que no encuentran opciones de reintegración social y se ven orillados, una y
otra vez, a recurrir a las formas de subsistencia que les enseña
e impone la vida loca. Acerca de esto último, Cruz y Portillo
Peña encuentran que

> así se cumple el principio de la profecía autocumplida: las personas
> temen a los pandilleros porque son violentos o porque pueden ser
> delincuentes, al hacerlo les niegan las oportunidades que aquéllos
> necesitan para poder dar el paso a su integración social. Frente a la
> falta de oportunidades, el pandillero reincide nuevamente en el uso
> de la violencia y en las actividades ilegales —ya sea como forma
> de subsistencia o como respuesta de frustración—, y así se va acen-
> tuando el círculo de deterioro psicosocial del cual cada vez es más
> difícil salir. Como afirman Smutt y Miranda, «calificar a un joven
> de delincuente a menudo contribuye a que desarrolle pautas perma-
> nentes de comportamientos indeseables».

Puede asegurarse, en cambio, que hace tiempo numerosas
clicas de la B18 y la MS13 han ido dejando de ser sólo expresiones identitarias juveniles, para convertirse en bandas comandadas por adultos que no necesariamente fueron pandilleros
originarios, en el sentido de que se integraran desde adolescentes, mediante un ritual iniciático.

Un alto funcionario del Instituto Nacional de Migración de
México —que solicita de manera expresa se omita su identidad— aporta como muestra cierto caso elemental de delincuencia organizada en el norte del país, con participación de
miembros de la MS13 y la B18. Hay un permanente tránsito
fronterizo de «mareros» que, enviados o por cuenta propia,

«internan de Estados Unidos a México escuadras [armas de fuego de corto alcance] y, sobre todo, cuernos de chivo [AK-47] u otro tipo de armas largas», para comerciarlas «entre las bandas de narcotraficantes y matones». Hay evidencias de que «esos mismos tipos prestan servicios como gatilleros». Habitualmente, «son mareros pobres que hacen todo esto en solitario, transportando un fusil cada vez, pero que en conjunto meten al país una cantidad considerable de armas».

Al otro extremo de México, en la costa chiapaneca, otro negocio subterráneo concentra los afanes de jombois de la Mara Salvatrucha, según documenta Sonia Nazario en *La travesía de Enrique*. Se conoce que a lo largo del ferrocarril costero de Tapachula suceden las experiencias más funestas a los indocumentados y que entre las fuentes de violencia se cuentan las pandillas. Esta periodista argentina radicada en Los Ángeles dio con una red de soldados de la MS13 que «siempre merodean por los techos de los trenes en busca de viajeros dormidos» para cobrarles *pasaje*. Parte de esos jombois se establecieron en la zona al ser deportados de Estados Unidos a Centroamérica, «por haber cometido delitos».

Citado por Nazario, el sacerdote Flor María Rigoni, de la Casa del Migrante Albergue Belén, en el centro de Tapachula, sostiene que en el negocio «hay unos doscientos pandilleros», divididos, calcula, en «diecinueve grupos», cada uno de los cuales «controla un tramo específico de la ruta y ciertas estaciones. Los grupos se reúnen periódicamente para decidir quién se queda con qué».

Ella reproduce también la confesión de Jorge Maurizio Mendoza Pineda, de la MS13: «Pedimos dinero a cambio de llevar gente a Estados Unidos en los techos de nuestros trenes [...]. Ellos me dan dinero. Si me tratan bien, yo los trato bien. Si no, no. Si alguien me dice: "por favor, no me mates", no le hago caso».

Enseguida, describe el aterrador modus operandi:

> diez o veinte de ellos abordan el tren armados con machetes, cuchi-
> llos, barras de plomo y pistolas. Cuando el tren gana velocidad,
> rodean a un grupo de emigrantes. «Suelten el dinero o los matamos»,
> les dicen. Las drogas los envalentonan. Los pandilleros llevan mari-
> huana y crack en las viseras de sus gorras de beisbol. El maquinista
> Emilio Canteros Méndez suele ver a los pandilleros armados por
> el espejo retrovisor. En el techo de los furgones estallan las peleas.
> Con frecuencia los pandilleros arrojan del tren en movimiento a los
> emigrantes que los hacen entrar en cólera porque no tienen dinero o
> porque se resisten; o los dejan muertos en el techo del tren para que
> los encuentren los empleados ferroviarios en la siguiente estación.

A cientos de kilómetros de Tapachula, en el pueblo de
Lechería, del centro del país, Antonio, un migrante indocumentado hondureño, afirma que vio cómo «los mareros aven-
taron del techo del tren» en marcha a «un compañero que no
tenía dinero para pagarles».

El giro de delincuencia organizada en el que, sin embargo, se
aprecia con mayor claridad la participación de jombois de la
B18 y la MS13 es el narcotráfico. Para seguirlo basta jalar, por
ejemplo, una hebra desde El Salvador, el país más pequeño
de Centroamérica, a medio camino entre los productores
de cocaína (Colombia, Bolivia y Perú) y aquel que posee el
más grande mercado de consumidores en el mundo (Estados
Unidos); además de hallarse a un paso de México, cuyo territorio está dividido entre algunos de los más poderosos cárteles
latinoamericanos de la droga (los de Ciudad Juárez, Sinaloa,
el Golfo y Guadalajara, entre otros). Los economistas llama-

rían a esto una «ventaja competitiva», si el producto no fuera ilegal.

Rodrigo Ávila Avilés, viceministro de Seguridad Ciudadana de El Salvador y ferviente ejecutor del modelo de mano dura contra los «mareros», explica que en su país «estas pandillas han ido ejerciendo un dominio territorial y una presión social crecientes, hasta lograr que algunas de sus clicas sean ya expresiones de crimen organizado». El proceso ha sido así:

> El pandillero comenzó ejerciendo un dominio territorial pequeño en su lugar, en su barrio, y poco a poco diseminó la *moda* y la actividad pandilleril bajo la identidad denominativa B18 o MS13, hasta comprender que ese dominio territorial le permitía extorsionar a los vendedores de droga de su zona, cobrándoles peaje y protección, que es exactamente lo mismo que hizo primero con los transportistas y los conductores de microbuses y los buses (por cierto, vinieron de la Coca-Cola a verme, para denunciar que en los barrios les están cobrando cinco dólares por camión; y una empresa repartidora de agua me informó que está gastando cuarenta mil dólares al mes en pagar derechos de peaje a los mareros para entrar a los barrios).

Precisa que clicas de la Mara Salvatrucha que comenzaron extorsionando camellos «han tomado el control, de modo que los vendedores de droga, para sobrevivir, tuvieron que integrarse a la pandilla». Hoy, la MS13 tiene «el monopolio del tráfico de crack en el país, pasando de ser un grupo de expresión, a una banda criminal gigantesca y muy bien organizada».

El viceministro salvadoreño sitúa a la MS13, además, como una de las «agrupaciones esbirras» de otras más grandes, con interconexiones globales, surgidas en Colombia, Guatemala y México, incluido el cártel de Cali.

De acuerdo con esta versión y a partir del seguimiento de

los casos de intercepción de cocaína en los últimos tres años, puede colegirse que poderosas clicas de la Mara Salvatrucha participan en el transporte de cargamentos de esta droga hacia Estados Unidos, proveyendo seguridad por el territorio salvadoreño y partes del mexicano, y que reciben un pago en especie para distribuirlo por su cuenta a lo largo de su país, regenteando así la distribución de crack a nivel nacional y una parte considerable del mercado interno de cocaína. «Todo esto lo manejan los pandilleros directamente con redes que contactan en Panamá y Colombia.»

Las mayores clicas cuentan con alrededor de 150 miembros, dotados de revólveres 9 milímetros y fusiles AKMS, Kalashnikov AK-47, M16, AR-15 y Galil (que, como herencia del conflicto armado de los ochenta, pueden adquirirse en el mercado negro por menos de quinientos dólares). Recurren también a explosivos; en especial a las llamadas «papas».

A partir de la instauración de la mano dura en El Salvador y las sucesivas matanzas de pandilleros dentro de las prisiones, el gobierno decidió concentrar a los de la B18 en dos grandes penales situados en las cabeceras de Chalatenango y Cuscatlán; y a los de la MS13 en los de San Miguel y La Libertad. Esto los ha convertido en centro de operación de los Ranfleros, quienes mandan sus güilas desde las cárceles, con las órdenes que habrán de cumplirse al pie de la letra en el exterior. De este modo dirigen con poderosos hilos invisibles el mercado de estupefacientes.

Las clicas más sofisticadas de la B18 y la MS13 concentran, entre todas, unos doce mil soldados, según el viceministro Rodrigo Ávila Avilés. Son encabezadas por pandilleros veteranos, de entre treinta y cuarenta años, que casi siempre comandan sus huestes desde la cárcel. Disponen de arsenales, casas de seguridad y automóviles adquiridos legalmente. Merced a sus beneficios por rentear a quienes transitan por sus territorios; controlar la venta de crack al menudeo y colaborar con organizaciones metidas en el trasiego de cocaína, el robo de automóviles, la extorsión, el secuestro y el sicariato, cuentan con fondos que les han permitido, por ejemplo, invertir hasta cuarenta, cincuenta mil dólares para defender legalmente o liberar a un Ranflero.

Pueden rentar casas, adquirir legalmente vehículos o armas personales y contratar abogados por medio de sus redes de paisas firmes, que la policía denomina «estructuras limpias». Tal poder adquisitivo, reconoce dicho funcionario salvadoreño, les permite asimismo comprar policías. Llevan registro de todo esto en libros contables, que pueden incluir listas de víctimas de renteo y cantidades de cocaína recibidas o entregadas.

Están, además, los viajes. Hay ranflas (clicas) que se hacen cargo de transportar cargamentos de droga provenientes de Colombia hasta Estados Unidos, a través de Guatemala y México. En ocasiones, para evitar que sus jombois atraigan la atención, echan mano de sus estructuras limpias.

Como sucedió con la mafia siciliana en Chicago durante las primeras décadas del siglo XX, líderes de las ranflas de la B18 y la MS13 más desarrolladas «tienen ya discotecas y otros negocios de ese tipo», explica Ávila Avilés.

José Miguel Cruz, director del Instituto Universitario de Opinión Pública de la Universidad Centroamericana José Simeón Cañas —coautor de *Solidaridad y violencia en las pandillas del gran San Salvador*—, tiene una versión semejante. Dice que aunque la vinculación de clicas de la B18 y la MS13 a las agrupaciones delictivas estructuradas sigue siendo «un área oscura todavía, se sabe que todo comenzó por un simple intercambio de bienes; es decir, el crimen organizado proveía a las maras de mariguana, crack y cocaína para distribución, así como de vehículos, y aquellas le pagaban haciendo trabajos de sicariato. De esa manera fueron fortaleciéndose y hoy están empezando a competir con el crimen organizado, disputándole el control del mercado de la droga —que, en teoría, es sobre todo de las rutas de paso de los Andes a Estados Unidos; es poco lo que se queda para consumo en El Salvador».

Específicamente, advierte Cruz, «las pandillas [B18 y MS13] intervienen de forma creciente en el transporte terrestre. Hay indicios de que gran parte de la droga a Estados Unidos pasa por vía terrestre a través de las rutas de comercio, en los furgones que transitan dentro de Centroamérica. En principio, las pandillas lo que hacen es brindar protección».

En su Informe Anual 2004, la Junta Internacional de Fiscalización de Estupefacientes de Naciones Unidas confirma la crudeza de esta realidad:

> La región de América Central y el Caribe sigue viéndose afectada por el tráfico y el uso indebido de cocaína a gran escala; en los países de la región han surgido problemas graves de uso indebido de drogas. El pasado año, los organismos de represión antidroga de varios países informaron sobre los aumentos registrados en las incautaciones de cocaína, así como de una fiscalización más rigurosa de precursores químicos. Hay, sin embargo, indicios de que las organizaciones involucradas en el tráfico de drogas están adaptando sus métodos a fin de burlar las medidas de represión antidroga.

El documento añade que «en algunos países de América Central, numerosas pandillas juveniles se han visto involucradas en crímenes violentos y tráfico de drogas».

Con la información disponible no podría precisarse si ranflas de la Eighteen Street y la Mara Salvatrucha tienen mayor participación en el narcotráfico que cualquier otro tipo de pandillas callejeras centroamericanas. Lo destacable es que la potencia expansiva de aquéllas y su presencia en giros delictivos con incidencia a nivel continental depende, previsiblemente, de su capacidad de reclutamiento de nuevos soldados a lo largo de México.

Desde 2004 el gobierno federal insiste en que los cárteles de Juárez y Sinaloa han reclutado «mareros». Por caso, el día 12 de diciembre de ese año, el diario *Reforma*, de la ciudad de México, publicó la siguiente historia, basada en «fuentes de la PGR»: en 2003 se agudizó la confrontación del cártel del Golfo, liderado por Osiel Cárdenas, contra los de Ciudad Juárez, de Vicente Carrillo Fuentes, y Sinaloa, de Joaquín Guzmán Loera, el Chapo, por el control de las rutas fronterizas de Coahuila y Tamaulipas.

Cárdenas desató contra sus adversarios la violencia de los Zetas, un grupo de ex militares de elite y policías tamaulipecos a su servicio. Carrillo Fuentes y el Chapo Guzmán formaron lo que la PGR denomina Nuevos Zetas o Falsos Zetas, que son gatilleros del noroeste y el sur del país entre los que se cuentan pandilleros de la Mara Salvatrucha y kaibiles (ex soldados guatemaltecos de elite).

Los Nuevos Zetas «reciben entrenamiento militar y sobre tácticas de "Los Zetas"». Según el rotativo, son comandados por Manuel Aponte, «ex agente federal o madrina en Ta-maulipas [...], comisionado en Reynosa y Miguel Alemán». Y campean en Saltillo, Torreón, Monclova y Piedras Negras (Coahuila); Nuevo Laredo, Miguel Alemán, Reynosa y Bravo (Tamaulipas).

Al día siguiente de publicarse esta versión, el subprocurador de Investigación Especializada en Delincuencia Organizada —SIEDO—, José Santiago Vasconcelos, confirmó que los cárteles de la droga, y sobre todo el de Juárez, estaban contratando como sicarios a integrantes de la B18 y la MS13.

El 29 de septiembre de 2005, Jorge Uscanga Escobar, presidente de la Comisión de Seguridad Pública de la Cámara de Diputados, anunció que se establecería una Comisión Especial «para darle seguimiento a la presencia [en México] de las pandillas conocidas como Maras y de los ex militares guatemaltecos kaibiles». Tal comisión recorrería el sureste y Chiapas, sobre todo, pues «existen informes de que los Maras operan en el sur del país con la delincuencia organizada vinculada con el narcotráfico».

En una perspectiva más amplia, durante la visita del gobernador tejano Rick Perry a El Paso a mediados de octubre siguiente, Steve McCraw, director del Departamento de Seguridad Interna de Texas —Homeland Security—, reveló el funcionamiento de un «corredor de tráfico de drogas» entre Guatemala y Texas, a cargo de narcotraficantes mexicanos y con la intervención de reclutas de la Mara Salvatrucha.

Apenas en marzo de 2006, la Agencia Antidrogas estadounidense (DEA) dio a policías el curso «Maras, kaibiles y su relación con el narcotráfico», en la ciudad de Villahermosa.

Las clicas de la Eighteen Street y la Mara Salvatrucha en México y Centroamérica mejor estructuradas, no han hecho más que irse doctorando en una actividad que les fue heredada por las viejas pandillas de los suburbios irlandeses, italianos y chinos en Nueva York, a lo largo del siglo XIX. Por sus ancestros directos, los pachucos y cholos de Texas y California, desde mediados del XX; y por sus pares actuales, en los barrios latinos de Los Ángeles, San Antonio, Chicago, Nueva York y Washington. Así, rentear, asesinar por cuenta de terceros, distribuir o proteger cargamentos de drogas y armas, traficar con seres humanos, cometer venganzas contra sus adversarios, es pura y llana tradición de familia.

En cuanto al tráfico de drogas, hasta ahora ni la B18 ni

la MS13 poseen las dimensiones de un cártel, pues no tienen capacidad logística ni económica para hacer funcionar la cadena de actividades que hace posible, recorriendo miles de kilómetros, poner la cocaína del sitio donde se produce al sitio en donde más se consume. Pero parecen estar dirigiéndose hacia una mayor integración Norte-Centroaméricana, además de que sustancias como las metanfetaminas pueden producirse en pequeños laboratorios y eso les da liquidez para emprender otros negocios.

Sin rendirse a las exageraciones desde las cuales el FBI, el Departamento de Justicia y el Departamento de Seguridad Nacional justifican y exportan la mano dura, expertos que han estudiado las relaciones entre narcotráfico y pandillerismo en Estados Unidos, como Al Valdez, Jean-Francois Boyer, James Diego Vigil y Wesley D. McBride, tienen claro que la B18 y la MS13 devinieron ejércitos cuyas tropas incluso son desbordadas por la demanda de cocaína y otras drogas.

Magdaleno Gómez, detective del Departamento de Policía de Los Ángeles asignado a la División Rampart —una de las que concentra la mayor cantidad de pandilleros de origen latino—, dice que, no obstante «comparado con los años noventa, todo está relativamente calmado», los pandilleros «de cualquier modo están matando, robando y vendiendo droga. Básicamente, cuando no hay policía en una calle, toman el control; llegando la policía se esconden; al irse la policía empieza todo el movimiento de nuevo».

Uno de los mecanismos que permite a la Mara Salvatrucha desarrollarse en el mercado de drogas es que no limita sus relaciones con otros grupos étnicos, «puede juntarse incluso con coreanos y chinos, y hacer negocios de droga o algún otro producto ilegal. Para ellos, si se trata de hacer dinero no importa con quién sea [...]. Y en donde hacen más es en la droga. Aquí a Rampart llega gente blanca, afroamericana e hispana, a comprarles sobre todo metanfetaminas», que «cuestan menos y pueden procesarse en sitios próximos a la frontera [México-Estados Unidos]».

Si la MS13 está plenamente en el negocio, la B18 tiene una enorme capacidad organizativa y de diversificación, dice Magdaleno Gómez, «lo mismo vende droga que protección a los comercios establecidos».

La violencia es, más que nunca, un recurso para inhibir a morosos. En una calle de Hollywood, un jomboi salvadoreño de 21 años (pide se omitan su nombre y el de su clica), ejemplifica con el caso de un hombre que debía a traficantes de drogas de la MS13, quienes convencidos de que no podrían recuperar su dinero, «fueron a buscar al hombre a su casa; violaron a su esposa y sus hijas, y los mataron a todos».

Jean-Francois Boyer, autor de *La guerra perdida contra las drogas. Narcodependencia del mundo actual*, escribe que la «fuerza de venta» de estas pandillas es un hecho inédito:

> La «Calle 18», por sí sola, puede movilizar 20 mil jóvenes en California. Es una organización flexible, en apariencia poco estructurada [...]. Controla millares de puntos de venta en California y en el país. En las esquinas de las calles, en particular. La banda vende la droga, efectivamente, al aire libre, a diferencia de otros que prefieren lugares cerrados.
>
> Cuando [...] le falta personal para distribuir la droga, alquila los puntos de venta a gente que el FBI denomina *free-lance dealers* [...]. Como sus rivales [...], comercializa al menudeo todas las drogas en función de la evolución de la demanda. Estos últimos años, las drogas químicas de síntesis y la marihuana han desplazado ligeramente la cocaína y el crack en las calles de Los Ángeles, San Diego o San Francisco.

Boyer hace una afirmación que llevaría a constatar la existencia de clicas con una visión de negocios que va asemejándose a la de los capos de la droga latinoamericanos u otras organizaciones mafiosas:

> La policía de Los Ángeles está convencida de que la «Calle 18» trata directamente con los «cárteles» mexicanos y colombianos para la importación de grandes cantidades. La droga es puesta a su disposición en las bodegas de la gran urbe y la banda se encarga de la distribución, al mayoreo y al menudeo, tanto en California como en el resto del país. Las utilidades son enormes. Pero cabe suponer que la «Calle 18» importa ya, por sí misma, una parte de la droga que distribuye. Con el tiempo, en efecto, han extendido sus redes fuera del país.

La movilidad, que por razones laborales existe en Estados Unidos, es otro factor propiciatorio, pues, con mayores o menores vínculos, decenas de miembros de la B18 y la MS13 se mueven adonde sus familias, llevando consigo los medios de sobrevivencia que les ha dado la calle, la vida loca.

En *A guide to understanding street gangs*, Al Valdez sostiene que existen «pruebas para sugerir que las oportunidades de tráfico de drogas puedan explicar un poco la dirección de esta migración» de pandilleros de la MS13. La expansión de áreas de venta, dice, exige alianzas constantes lo mismo entre clicas de la Mara Salvatrucha, que entre ésta y otras pandillas con las que no tiene disputas insuperables. Así, irrumpe en pequeñas y grandes ciudades, echando mano aun de «niños de primaria para transportar droga. [...] Los niños son obligados a obedecer bajo la amenaza del daño físico hacia ellos o hacia su familia. Siendo refugiados o inmigrantes, ellos mismos se niegan a denunciar estos actos a la policía».

El escritor James Diego Vigil, uno de los activistas sociales más críticos de las políticas de mano dura contra jóvenes de pandillas en Estados Unidos y estudioso del tema en California, reconoce que «en estos momentos la fuerza de la Trece es mayor que la de la Dieciocho en Estados Unidos, porque está metida en todo tipo de delitos, por todo el país».

La Mara Salvatrucha, dice, tiene intereses en la distribución de drogas y armas; el sicariato y el robo de casas; amedrenta con asesinatos cruentos y violaciones; utiliza a niños como burros, roba cargamentos de computadoras y falsifica documentos de identidad oficiales: «con esta industria de la falsificación se ha expandido por muchos lugares tanto de México como de Estados Unidos». Por ello, «es similar a la mafia italiana», con la única diferencia de que «todos sus miembros son de la calle».

En abono de esta conclusión, Wesley D. McBride, presidente de la California Gang Investigator's Association opina que, además de su gran participación en el tráfico de drogas y la falsificación de documentos, si hay dinero de por medio los pandilleros de la B18 y MS13 son maestros del oportunismo, la manipulación y el crimen.

Con toda esta información disponible no hace falta sagacidad para vislumbrar un mapa que inicia en los países andinos (Bolivia, Colombia, Ecuador, Perú y Venezuela). Cruza Centroamérica y el Caribe, con múltiples puntos de seguridad y refresco entre la selva panameña, Nicaragua, El Salvador, Honduras, Guatemala y Belice. Se extiende por México siguiendo las rutas del Pacífico y el Golfo —dominadas ya por los actuales cárteles mexicanos—, hasta la frontera norte, cruzando ésta por aire, mar, cauces de agua, túneles, valles y desiertos. Para recalar en el vasto universo interconectado que constituyen las urbes consumistas estadounidenses.

Y, ciudad por ciudad, en toda esa región latinoamericana y a través de Estados Unidos, fluye la cocaína. Clicas de la Barrio 18 y la Mara Salvatrucha capitalizándose, armándose y reclutando jombois y paisas firmes, suficientes para acrecentar su predominio sobre las rutas. Miles de jóvenes marginados latinoamericanos asimilándose en ellas incentivados por dinero fácil y magro poder. Organizaciones delictivas tradicionales sirviéndose de su fuerza creciente o aliándoseles por interés estratégico o por miedo.

No es la realidad todavía, pero hay un riesgo latente.

¡Jomis en la guerra del Pérsico!

Si le es posible, atienda estas sencillas instrucciones: acceda al navegador virtual. Escriba en la ventana superior que corresponde la dirección <www.xv3gang.com> y entrará en uno de los principales portales de la pandilla Eighteen Street. Haga «click» sobre la palabra «Flikas», que lo llevará a una sección de dos columnas; en la de la izquierda, baje hasta encontrar «New York». Ingrese ahí y descienda lentamente hasta quedar frente a una fotografía de cuatro soldados (con difuminado digital sobre sus rostros) posando con un tanque de guerra al fondo, sobre la siguiente leyenda: «El Casper (to your right) representing XVIII in Kuwait» [«El Casper (a la derecha) representando a la XVIII en Kuwait»].

La imagen resume la complejidad humana de las pandillas Barrio 18 y Mara Salvatrucha: productos marginales y lúdicos; inmersas hasta el tuétano en la sociedad violenta que las proscribe; transgresoras y reproductoras de las normas de respeto y ascenso sociales; desheredadas hijas suburbiales.

Ahí está el Casper, orondo jomi neoyorquino de la Eighteen Street, atendiendo con garbo al llamado de las armas, jugándose la vida por la patria como lo haría por el Barrio; enrolándose en la «US Army» como si fuera la prolongación obvia de la vida loca; empuñando el fusil con la actitud desafiante de quien tira el Barrio. Es una carcajada sardónica de la B18 en las narices del orden establecido, cuyos señores se escuchan hoy, por causa suya, más enardecidos que nunca.

Por cierto, bajo el encabezado «Las pandillas reclaman su territorio en Irak», el diario *Chicago Sun Times* publicó el primero de mayo de 2006 una peculiar historia donde aporta evidencias de que miembros de las pandillas Gangster Disciples, Latin Kings (fundada por inmigrantes ecuatorianos en Los Ángeles y, por tanto, prima hermana de la B18 y la MS13) y Vice Lords se encuentran entre los soldados estadounidenses en Irak, lo cual han hecho patente mediante grafitti callejeros.

Fuentes especializadas, policiales y militares citadas por dicho rotativo expresan su preocupación ante al riesgo de que el adiestramiento que han recibido los pandilleros reclutados por el ejército de Estados Unidos «los haga guerreros urbanos mortíferos cuando vuelvan a la vida civil», y entonces puedan aprovechar su acceso a equipo militar para proveer a sus pandillas en Estados Unidos. Afirman asimismo que desde 2002 se han detectado decenas de pandilleros en las bases militares dentro de este país (Estados Unidos), en parte debido a que sus propias pandillas los han «animado» a enrolarse «para aprender tácticas de guerra urbana que les puedan enseñar al volver a sus barrios», pero también porque la necesidad de tropas llevó a la «US Army» a bajar sus estándares de admisión.

«La estabilidad y la prosperidad del ADR [Área de Responsabilidad] del Comando Sur son amenazadas por el terrorismo trasnacional, el narcoterrorismo, el tráfico ilícito, la falsificación y el lavado de dinero; el secuestro, las pandillas urbanas, los movimientos radicales, los desastres naturales y la migración masiva», declaró solemnemente el general Bantz Craddock, comandante en jefe del Comando Sur de Estados Unidos, ante el Comité de las Fuerzas Armadas de la Cámara de Representantes.

Fue durante su comparecencia histórica del 9 de marzo de 2005 cuando el jefe militar hizo tal desglose, propicio para criminalizar a cualquier actor considerado adverso a los intereses de Estados Unidos. Muy en sus zapatos, como quien enarbola el tolete imperial, Craddock habló de que el «ambiente permisivo» prevaleciente en la región, favorece «entidades criminales como las pandillas urbanas, los narcoterroristas, los terroristas islámicos y el crimen organizado mundial».

Sin llamarlas por sus denominaciones, precisó acerca de la Barrio 18 y la Mara Salvatrucha que el auge pandilleril «es especialmente problemático», lo mismo que su colusión con el narcotráfico en Centroamérica y parte del Caribe. De manera específica, dijo, «el desempleo y la pobreza hacen de América Central una tierra propicia para las pandillas». De acuerdo con sus cálculos, existen «por lo menos 70 mil pandilleros esparcidos a través de América Central».

Como un mago mediocre, Craddock echó mano de consabidos reduccionismos para hacer notar a los perplejos congresistas estadounidenses que «el nivel de sofisticación y la brutalidad de estas pandillas no tiene precedente. Una pandilla en Guatemala impone el asesinato de una muchacha adolescente como rito de iniciación. Las oleadas de violencia pandilleril desbordan, a veces, las capacidades locales de aplicación de la ley».

Para él, Guatemala, Honduras y El Salvador son presas de «esta marea cada vez mayor de violencia pandilleril e inseguridad», y expuso como evidencia la masacre de pasajeros del autobús de Chamelecón (San Pedro Sula, Honduras), la noche del 23 de diciembre de 2004.

En el discurso duro de la administración Bush, del cual se hace eco Bantz Craddock, tres «amenazas» aparecen cada día más imbricadas: terrorismo, pandillerismo y migración. Hay quienes consideran que éste no es un hecho fortuito. Raúl Benítez Manaut, del Centro de Investigaciones Sobre América del Norte de la Universidad Nacional Autónoma de México, piensa, por ejemplo, que esa retórica pretende «recorrer la frontera institucional para dar pie a que los ejércitos tomen otra vez el control, lo cual es riesgoso, porque pone en peligro las reformas institucionales que hubo en Centroamérica después de los acuerdos de paz para fortalecer las policías y retirar a los militares de la seguridad pública».

Este punto de vista lo refuerza el hecho de que un mes después de rendir testimonio ante la Cámara de Representantes de Estados Unidos, el propio comandante en jefe del Comando Sur tuviera una encerrona de dos días en Antigua Guatemala (16 y 17 de abril de 2005) con mandos castrenses de Belice, El Salvador, Guatemala, Honduras, Nicaragua y Panamá, donde entre los asuntos principales se trató la creación de una «fuerza militar conjunta» (Estados Unidos-Centroamérica), concebida oficialmente para combatir traficantes de seres humanos, drogas y armas, así como a jombois de la B18 y la MS13.

A los tres días de que se anunciara el proyecto de «fuerza militar conjunta», el 20 de abril de 2005 el presidente salvadoreño Antonio Saca dio una conferencia de prensa en donde anunció que el FBI estaba interesado en «la colaboración salvadoreña», a la vez que su gobierno solicitaría al de Estados Unidos «colaboración de información e intercambio de inteligencia para poder capturar pandilleros».

Pero lo más relevante es que alimentó la idea —en boga, como nunca, después de las invasiones estadounidenses a

Afganistán e Irak— de que se puede disponer extrajudicial-
mente de seres humanos, al decir que el objetivo último era
seguir recibiendo a los «mareros» deportados de Estados
Unidos y al mismo tiempo extraditar a aquellos que tengan
delitos pendientes con aquella potencia.

Poco antes de la presencia de Craddock en Antigua Guatemala y de aquel anuncio de Antonio Saca, el 11 de abril se había
inaugurado en la Academia Nacional de Seguridad Pública de
El Salvador el primer curso impartido en Latinoamérica por
la Academia Internacional de Aplicación de la Ley (ILEA, en
inglés). Mandos policiales del país anfitrión, República Dominicana y Colombia fueron los primeros beneficiarios.

Este hecho posee gran significación. ILEA es la incubadora
estadounidense de implementación de políticas de mano dura
entre oficiales de policía y militares, fiscales y jueces. Fue
creada por la administración Clinton en Hungría, en 1995,
y desde entonces han ido estableciendo sedes en Tailandia,
Botswana y Estados Unidos. Después de que en 2004 la actual
secretaria de Estado Condolezza Rice anunciara el interés
de instalarla en América Latina, surgieron seis países candidatos. Cuando Costa Rica estaba a punto de ganar, su gobierno
prefirió retroceder porque no deseaba que se entrenaran ahí a
miembros de las fuerzas armadas; el Departamento de Estado
estadounidense pretendía inmunidad diplomática total para
su personal, convirtiendo en una figura decorativa al director
designado por el país anfitrión; y hubo un rechazo social
unánime al proyecto.

Pero el presidente salvadoreño Saca nunca se ha caracte-
rizado por hacer gestos ante lo que otros considerarían tragos
amargos por cesión de soberanía. Su gobierno firmó el acuerdo
de creación de la sede de ILEA, ignorando las voces sociales en
contra.

En el acto inaugural, aquel 11 de abril de 2005, el embajador estadounidense Douglas Barclay confirmó una vez más la hipótesis de Benítez Manaut y otros expertos, en cuanto a las profundas implicaciones que conlleva el hecho de que el gobierno de Estados Unidos decidiera incluir los temas de migración y pandillerismo en la agenda de seguridad hemisférica, parangonándolos al terrorismo.

Sin cuidarse de disimular sus pretensiones de virrey, en dicha ceremonia Barclay dijo: «Quiero agradecer a los gobiernos de El Salvador, Guatemala y la República Dominicana por sus esfuerzos para combatir el terrorismo. Además, especialmente de mi parte, quiero darles las gracias a los oficiales de policía presentes en este entrenamiento. Ustedes son nuestra primera línea de defensa en la guerra contra el terrorismo».

Unos días más tarde (mayo, 2005), en Estados Unidos llegó a su fin un intenso debate social que implicaba a la B18, la MS13 y otras pandillas, después de que la Cámara de Representantes decidió aprobar la propuesta de enmienda llamada Prevención de Pandillas y Ley Eficaz de Disuasión, más conocida como ley HR1279; impulsada por los legisladores J.Randy Forbes, Back McKeon y Jerry Lewis. Ésta prevé carretadas de dólares para un centro de inteligencia anti-pandillas y otros proyectos represivos. En enero de 2006 fue puesta a consideración del Comité Judicial del Senado, donde continúa hasta ahora.

La congresista demócrata de origen mexicano Hilda Solís explica que esta iniciativa pretende enjuiciar como adultos a pandilleros menores de edad; imponer penas de cárcel mínimas de cinco a quince años; convertir en delito federal cualquier tipo de transgresión incluso considerada menor en la actualidad, de modo que en algunos casos ameritaría pena de muerte; y penalizar como delitos violentos aun la venta de droga al menudeo y faltas menores.

Cuando la iniciativa de enmienda HR1279 se hallaba en

proceso de aprobación en la Cámara de Representantes, la propia legisladora la tachó de «simplista»; arguyendo que sólo agudizaría el fenómeno pandilleril y desestabilizaría a las comunidades latinas de California. Para ella, entre sus peores rasgos se cuentan que vuelve demasiado laxa la definición de «pandilla», da al gobierno poder discrecional para tratar —judicialmente— a menores de edad como adultos, y es discriminatoria, además de ser propuesta en un momento en el que, al mismo tiempo, la administración Bush ha recortado fondos a programas sociales que favorecen a los jóvenes.

Hilda Solís propone un «tratamiento combinado al problema, que incluya prevención, intervención y represión», el combate real al crimen pandilleril y «dar a la juventud la oportunidad de tener éxito en la vida».

Paralelamente, en México adquiere fuerza una corriente institucional semejante, ad hoc con los postulados del Comando Sur que —en la era guerrerista de Bush— vinculan migración, pandillerismo y terrorismo.

El mismo año de la comparecencia de Bantz Craddock ante el Comité de las Fuerzas Armadas de la Cámara de Representantes y la aprobación en ésta de la ley HR1279 (Washington), la reunión de Craddock con mandos militares centroamericanos (Antigua Guatemala) y el inicio de cursos para latinoamericanos de ILEA (San Salvador), tuvieron lugar en México dos hechos a considerar.

Los días 17 y 18 de febrero de 2005 se realizó en Mérida (Yucatán) la Conferencia Nacional de Procuradores. De acuerdo con una fuente que prefirió el anonimato, el procurador chiapaneco Mariano Herrán Salvati habría hecho circular entre sus colegas, un proyecto de ley de excepción semejante a las legislaciones antimaras que han terminado fortaleciendo a la Barrio Dieciocho y la Mara Salvatrucha en Estados Unidos y Centroamérica.

Más tarde, en agosto, como parte de su informe sobre maras y pandillas, el Centro de Investigación y Seguridad Nacional —Cisen— sugirió reformar los códigos penales con disposiciones específicas contra «conductas antisociales del pandillerismo», citando como ejemplos de avances específicos a los estados de Chiapas, Zacatecas, Nuevo León, Chihuahua y Baja California. Reveló un «esfuerzo de cabildeo institucional» del propio Cisen en esa ruta. Y, como si se tratara de un recetario, propuso específicamente articulados de este tipo:

> Los integrantes de una pandilla que atemoricen, intimiden, asusten, hostiguen o amenacen por medio de la violencia física o moral, a alguna persona o personas, calles, barrios o colonias, serán sancionados con prisión de 2 a 6 años. Los que en grupos de dos o más participen en peleas con otros grupos de personas en vías públicas o lugares abiertos al público serán sancionados con prisión de 2 a 3 años.
>
> [...] El que [...] lo hiciera mostrando tatuajes, haciendo señas con las manos, portando objetos como cadenas, piedras, palos o cualquier otro que pudiera dañar la integridad de las personas, será sancionado con prisión de 2 a 4 años.

Luis González Plascencia, consultor externo del Fondo de las Naciones Unidas para la Infancia (UNICEF), advierte que las leyes antimaras tienen como «principal característica regresar al llamado *tipo de autor*», un anacrónico principio del positivismo criminológico (de principios del siglo XX) que propone perseguir al actor y no los actos; de ahí su carácter estigmatizante. Cree, como la congresista estadounidense Hilda Solís, que no resuelven el fenómeno porque se reducen a criminalizar los problemas sociales, y supone que sus resultados negativos en Centroamérica y el rechazo que encontrarán en grupos sociales dificultarán su instauración en entidades mexicanas.

De todo, lo que parece más inquietante es la versión de que el terrorismo islámico —específicamente Al Qaeda— recluta a miembros de la B18 y la MS13. Corrió desde finales de 2004 y ha sido mencionada (no probada) lo mismo por gobiernos y medios de comunicación en Honduras y El Salvador, que en Estados Unidos —Texas y Massachussets— y México, omitiendo que desde octubre de ese año, apenas difundida, la desmintió Saúl Hernández, primer jefe de la oficina Sub-regional de la Interpol para Centroamérica.

En los pasillos del Ministerio del Exterior de los Países Bajos, en La Haya, adonde asiste a una conferencia internacional a finales de 2005, el prestigioso periodista chileno Raúl Sohr escucha con perplejidad la pregunta de si es sostenible la versión de que Al Qaeda u otro grupo extremista islámico pudiera reclutar a miembros de la Barrio 18 y la Mara Salvatrucha. Su primera reacción, digamos *off the record*, es muy sudamericana: «¡Pero de dónde sale tal estupidez!»

Por aquellos mismos días fue lanzado en Chile su nuevo libro *El fantasma del terrorismo*, de modo que estaba en forma como para explayarse en la respuesta formal, repuesto ya de su sorpresa:

> Esa acusación no tiene fundamento. Uno, porque los grupos yihadistas, Al Qaeda entre ellos, son profundamente religiosos... y no hay evidencia de que hayan utilizado personas que no están comprometidas con su causa. Ellos están luchando por establecer el califato en el norte de África, desde Arabia Saudita hasta Marruecos, y no puedo ver cuál es el interés que tienen con grupos que ya considerarían parte de la cultura de los Cruzados, que son los países cristianos.
>
> Segundo, son grupos extremadamente reservados y cuidadosos en sus métodos de reclutamiento. Sería una gran alegría, entre comillas, para los servicios de inteligencia occidentales, que los yiha-

distas empezaran a reclutar entre los mareros u otras agrupaciones similares, porque eso les daría una gran posibilidad de infiltración. De hecho, la gran dificultad que se tiene con estos grupos es que son inexpugnables, y eso los ingleses lo han descubierto incluso con jóvenes británicos de religión islámica de segunda generación.

Es realmente una tergiversación del fenómeno. Toda la evidencia empírica que tenemos sobre el modus operandi de esta gente [del tipo Al Qaeda] es que son grupos muy cerrados que operan como clanes y son muy cuidadosos en el reclutamiento, aparte de que a quienes son reclutados se les somete a pruebas muy drásticas.

Sohr opina que el origen de la historia que vincula a la B18 y la MS13 con Al Qaeda está relacionado con «el oportunismo clásico de muchos gobiernos y organizaciones políticas de estigmatizar a sus enemigos con el adjetivo de moda», e insiste en que es absurda: «No veo que Al Qaeda pueda tener ningún interés. No hay población islámica en América Latina ni en Centroamérica ni en México, de modo que no es ni siquiera un buen lugar de refugio. El único sitio que se ha mencionado como una posibilidad es la llamada *triple frontera*, [ubicada] entre Paraguay, Argentina y Brasil; ahí se habían detectado supuestos rastros de operaciones de lavado de dinero y financiamiento; pero aun ese caso es irrelevante [...]. Los grandes centros de operación del movimiento yihadista están en el Magreb, en el Medio Oriente y donde residen las grandes comunidades islámicas, como en Londres».

La respuesta de una fuente del Departamento de Seguridad Nacional estadounidense consultada ex profeso en marzo de 2006 (que «por instrucciones superiores» exigió el anonimato y prefirió responder por correo electrónico) permite dimensionar la preocupación de la Casa Blanca más allá de los cándidos rumores sobre una directa vinculación criminal entre Al Qaeda y la Mara Salvatrucha:

El [...] de las pandillas y las maras es un asunto principalmente policiaco, pero el DHS [US Department of Homeland Security] monitorea las pandillas conocidas buscando posibles enlaces entre éstas y conocidos terroristas. El problema es motivación. Las pandillas en Estados Unidos por lo general son entes criminales asociados con el tráfico de drogas y otras fechorías, pero hay precedentes (en España principalmente, en la explosión en Madrid) en que la célula terrorista se enlazó con narcotraficantes locales para cambiar drogas por explosivos (los terroristas les consiguieron las drogas y la pandilla le consiguió los explosivos a la célula). Por lo tanto, se monitorean los movimientos y las tendencias buscando posibles patrones similares a lo que ocurrió en España.

Nuestro otro problema [es] que estamos empezando a ver pandillas con enlaces internacionales, como lo es la MS13 (enlace en El Salvador). Esto presenta interesantes vínculos en cuanto a suministros y dirección de la pandilla. Es también importante notar que la[s] personas involucradas en pandillas generalmente son personas marginadas que pueden ser terreno fértil para indoctrinación [sic] de parte de estos grupos más subversivos.

Es verdad, esos «enlaces internacionales» están estrechándose todo el tiempo lo mismo entre clicas de la Barrio 18 que en las de la Mara Salvatrucha. Ambas pandillas se encuentran en constante expansión global (aunque no orquestada por una fuerza centralizada, como en el caso de la estrategia policiacomilitar del Comando Sur).

Esto puede constatarse en el portal <www.xv3gang.com> gracias al «World Map», donde aparecen marcados con puntos amarillos los sitios donde la Eighteen Street tiene al menos a un miembro, cuando no, una o varias clicas que se hallan en constante comunicación entre sí (según se colige por la actividad en el «chat» contenido ahí mismo). Luego, al oprimir «Flikas» aparece el listado de países y ciudades, fotos incluidas. Además de citarse cuarenta urbes estadounidenses: entre ellas, Los Ángeles, San Francisco, San Diego, Las Vegas, Portland, Phoenix, Kansas City, San Antonio, Miami, Chicago, Atlanta, Indianápolis, Boston, Nueva York y Washington; las más importantes del norte centroamericano y unas quince mexicanas; aparecen también clicas de Canadá, Bélgica, Australia, Líbano y Filipinas.

Las evidencias de integración global echando mano de todo tipo de recursos, incluido Internet, rebasan lo contenido en este portal. Al respecto, el general Craddock, del Comando Sur de Estados Unidos, habló en su comparecencia ante los representantes (el 9 de marzo de 2005) de un «acoplamiento cada vez mayor de pandillas centroamericanas con sus contrapartes en Estados Unidos» y de que había «pruebas crecientes de que muchos de esos miembros de las pandillas [la B18 y la MS13 en el norte de Centroamérica] tienen conexiones cercanas con las de Estados Unidos», para la operación «de redes de distribución de la droga, de inmigración y de deportación a sus países de origen».

José Miguel Cruz, de la Universidad Centroamericana José Simeón Cañas de El Salvador, y Raúl Benítez Manaut, de la UNAM, coinciden en este punto con Craddock, aunque añaden una mirada menos homogénea del fenómeno. Benítez Manaut opina que «obviamente hay distintos tipos de maras. Unas son pequeños grupos sin vínculos con otras [...] que eventualmente cometen actos delictivos en la frontera de México y Guatemala. Otras están vinculadas al crimen organizado que se dedica al tráfico de personas, drogas y armas, o coludidas con funcionarios de rango inferior y policías en las fronteras. Y las hay mucho, metidas de lleno en el crimen organizado superior en Guatemala y El Salvador, y con enlaces internacionales».

José Miguel Cruz señala, a su vez, que mientras el pandillero promedio actúa en el nivel de su barrio, «parte del aumento de la violencia se explica por la guerra entre los pandilleros [de la B18 y la MS13] y el crimen organizado, e incluso hay ya una guerra interna entre clicas de la misma pandilla por el control territorial del mercado de drogas y por los liderazgos. En la actualidad la vida de las pandillas mejor estructuradas, está anclada a la economía criminal y eso impone nuevas dinámicas de violencia».

Cruz menciona también el uso creciente de Internet para todo tipo de comunicaciones, «aunque lo usan más algunos líderes que el pandillero promedio».

Esta paulatina articulación global entre clicas de la B18 o la MS13, por paradójico que resulte, ha mostrado también ser útil cuando se necesita atemperar la violencia de alguna clica. El sacerdote diocesano madrileño Daniel Sánchez, de 59 años, tuvo, en su desesperación, una gran idea: contactar a jombois de la Mara Salvatrucha de Los Ángeles para terminar con la brutalidad que una clica había impuesto en La Chacra, una de las más miserables comunidades en los límites de San Salvador y Soyapango —al suroriente de la ciudad— donde se asientan 14 colonias.

Sánchez llegó a la capital salvadoreña en 1983, a instancias del arzobispo Arturo Rivera y Damas (sucesor de Óscar Arnulfo Romero, asesinado el 24 de marzo de 1980, en plena *guerra sucia*). Por cuenta de la Obra de Cooperación Sacerdotal Hispanoamericana, al año siguiente fundó la parroquia de La Chacra, cuando ésta no era más que una hondonada agreste y poco habitada, a las orillas del maloliente río Acelhuate.

Ahora la parroquia es sólo el núcleo de una vasta obra social que posee guardería, primaria, escuela secundaria abierta, centro de rehabilitación juvenil por drogas, comedor y otros servicios. Aquí sobrevivió a una condena extrajudicial de muerte que pendía sobre él a finales de los ochenta, en la época más represiva. A los proyectiles de mortero que disparó el ejército gubernamental durante el episodio conocido como «la ofensiva de 1989», cuando en noviembre de ese año las tropas del Frente Farabundo Martí para la Liberación Nacional sitiaron la capital. En tal ocasión, los soldados del gobierno «nos desmantelaron y robaron todo. El templo y el centro comunitario quedaron vacíos». Y al huracán Stan (octubre, 2005), que arrasó con decenas de viviendas.

Ahora es otra la guerra que se libra. El tráfico de drogas y armas, explica, ha vuelto a La Chacra, escenario de conflicto entre bandas del crimen organizado y pandilleros de la Barrio 18 y la Mara Salvatrucha. El centro de la comunidad está bajo control de narcotraficantes. Al oriente y al norte reina la MS13. En el sur, la B18. Los pandilleros viven con sus familias o en construcciones abandonadas. «Todo el tiempo hay peleas. Se disputan desde las áreas de renteo, hasta las de comercio de drogas y armas».

Dice que conoce a muchos pandilleros porque han llegado en busca de los programas de tratamiento de adicciones o por asistencia médica,

> pero aun así resulta difícil relacionarse con ellos, a lo mejor, es que se sienten agredidos. Los de la Dieciocho son más calmados, pero con los de la Mara Salvatrucha no se puede hablar.
>
> Cada semana hay muertos. Hace un mes [octubre, 2005] los de la Mara Salvatrucha asesinaron en el puente del ferrocarril a una vendedora que se negó a pagarles *renta*, dejando a tres hijos abandonados, pues su esposo se encuentra en Estados Unidos. Aquí la conocíamos porque venía a la escuela bíblica. En represalia, al mismo tiempo que enterraban a la mujer, uno de la Dieciocho mató

al líder de la Salvatrucha. La venganza fue que la Mara abatió una noche a tres jóvenes de la parroquia cuando iban por agua; dos de ellos eran esposos y dejaron huérfana a una pequeña de tres años.

Daniel Sánchez encabezó una marcha por el céntrico bulevar Venezuela para protestar contra la violencia y «nos vinieron rumores de que la Mara Salvatrucha atacaría la manifestación o tomaría represalias después contra nosotros».

Por último, recurrió a la Homies Unidos en El Salvador, para solicitarle que sirviera de enlace. «Por medio suyo escribimos a Los Ángeles, para decirles a los de la Mara Salvatrucha de allá, que ordenen a los de aquí parar tanta violencia.»

Eddie Boy, miembro calmado de la B18 y actual director de Rehabilitación de esa organización, informó que las gestiones estaban en marcha y que era previsible una resolución favorable a la paz en La Chacra.

Hay sectores gubernamentales en Centroamérica que han pensado también —legítima o ilegítimamente— en encausar institucionalmente la capacidad de convocatoria, organización e integración de la B18, la MS13 y otras pandillas semejantes. Entre finales de los ochenta y principios de los noventa el gobierno guatemalteco nombró a líderes de «maras» en cargos dentro del Instituto Nacional de la Juventud, asienta *Por sí mismos. Un estudio preliminar de las «maras» en la ciudad de Guatemala*, el cual afirma que «los políticos han hecho de ellas un tópico: su existencia ha sido utilizada para justificar la creciente modernización de la policía y varios partidos han acusado a otros de manipularlas e inclusive de crearlas».

En 1996, asegura el dramaturgo e intelectual hondureño Tito Estrada, después de una ola inédita de violencia, a consecuencia de la cual «empezaron a aparecer todos los días jóvenes asesinados en la periferia de la capital», el entonces ministro de Planificación hondureño, Guillermo Molina Chocano, reunió en el hotel Excélsior de Tegucigalpa a «un grupo proveniente de diferentes sectores del gobierno y la sociedad, con unos quince o veinte de los cabecillas principales de las maras que habían podido convocar y que sacaron de sus barrios en súper secreto, a bordo de carros con cristales polarizados y custodiados por gente armada».

Estrada asegura que Molina Chocano buscaba con ello escuchar de viva voz a los pandilleros, para «entender lo que estaba pasando entre la juventud y ver qué medidas podían aplicarse. El problema fue que al final del encuentro, por la tarde, lo primero que dijeron fue: *cuando venimos había gente muy importante del gobierno que inauguró esta reunión pero que ahora que termina y tenemos algo importante que decir, no está. Pero no importa, de todas maneras valió la pena haber venido, almorzamos y merendamos.* Había un tipo que dijo, *a nosotros nos ofrecieron muchas cosas cuando venimos aquí y ahora no nos dan nada.* Entonces le pregunté, *y vos, ¿qué podés dar?*, a lo cual me respondió: *pues desde una puñalada para arriba.* Era el más importante líder de la Mara 18.

En San Salvador hubo una experiencia semejante, según da cuenta Nelson Flores Fabián, coordinador de Política Judicial del Centro de Estudios Penales de El Salvador. En 2003 el Ministerio de Gobernación convocó a expertos, académicos, activistas sociales y líderes religiosos, a debatir en las llamadas Mesas de Gobernación, en torno de la ley penal juvenil, la reforma penal de adultos y la reinserción social. A principios del año siguiente y como consecuencia de esas reuniones, «se tuvo una gran oportunidad aquí de poder calmar un poco la violencia», luego de que el gobierno firmó una carta-compromiso con la Barrio 18».

Flores Fabián recuerda que el encuentro entre los principales líderes de la B18 y la plana mayor del Ministerio de Gobernación se realizó con el mayor sigilo. «Supongo que comenzaron

con la Dieciocho y pensaban seguir con la Mara Salvatrucha»,
pero nada prosperó, «quizá porque el gobierno endureció la
represión, y la voluntad que animó esos primeros acuerdos con
la Dieciocho desaparecieron».

El Big Palabra más visible en El Salvador es Carlos Ernesto
Mojica Lechuga, el Viejo Lin de la Barrio Dieciocho, preso
en el penal de Zacatecoluca, acusado de tenencia y portación
ilegal de arma, de golpear, violar y decapitar a una joven, a la
que, según la Policía Nacional Civil, después ordenó mutilar
con una pulidora, en represalia «por haber tenido relaciones
sexuales con pandilleros de la Mara Salvatrucha» (lo mismo
habría hecho con otras dos mujeres).

Desde la prisión, el Viejo Lin ha ido politizando sus declaraciones a la prensa. Interrogado sobre esto, José Miguel Cruz,
de la Universidad Centroamericana José Simeón Cañas, refiere
que «en el momento en el que las maras comenzaron a ser
vistas como problema, hubo mucha gente, y sobre todo académicos colombianos, que propuso considerarlas actores de un
conflicto social y promover una especie de mediación y nego-
ciación, lo cual no fue posible porque, a pesar de que son dos
grandes confederaciones básicamente (B18 y MS13), estaban
desarticuladas. Pero hoy, en cambio, parecería que tienen más
clara conciencia de cuerpo, actúan más en función de líneas
generales. En la reciente entrevista que dio el Viejo Lin a *La
Prensa Gráfica* hay claramente un discurso político, donde
ofrecen al gobierno la paz a cambio de ciertas cosas».

Es temprano para saber hacía dónde se dirige y hasta dónde
podría llegar el proceso de expansión global de la Barrio Dieciocho y la Mara Salvatrucha, y qué obstáculos institucionales
se le antepondrán. Como se ha visto en este largo y extenuante

HOY TE TOCA LA MUERTE

recorrido, en gran medida la complejidad del fenómeno reside en su velocidad de mutación. Los propios pandilleros perciben y aprovechan este rasgo para sobrevivir a las políticas de mano dura. En los meandros de la colonia El Carmen de San Salvador, el Krueger, jomboi calmado de la Mara Salvatrucha, da cuenta, por ejemplo, de algo que hasta hace poco era inconcebible en la vida de las clicas: «Los jóvenes ya no se manchan, ya no se hacen tatuajes, porque se trata de no llamar la atención. Después de que pusieron la Ley Antimaras y el Plan Mano Dura, desde la prisión [no precisa cuál], porque casi todos los Palabreros están encerrados, mandaron la palabra de que los que no estuvieran manchados se quedaran así, de modo que no los pudieran identificar como jombois».

En Estados Unidos, Centroamérica y México, un puñado de organizaciones civiles proponen con insistencia, aunque con magro éxito, un tratamiento social y humanitario, y no sólo policiaco, al problema de la violencia pandilleril (Homies Unidos, Homeboy Industries, Xibalba Arte y Cultura, Arte Acción, JHA JA, Crispaz, Casa Alianza), bajo la premisa de que la Barrio 18 y la Mara Salvatrucha, como otras tantas pandillas urbanas actuales, son consecuencia de la pobreza, la marginación y la doble moral de la sociedad contemporánea.

Tito Estrada, que ha abordado con profusión y brillantez la temática pandilleril en ensayos y propuestas escénicas, lo expone así: «Dicen que la mara es distinta al barrio, pero la mara nació y es del barrio. […] y me imagino lo que debe ser tener catorce años, levantarse en una casucha de madera con un hermanito lleno de mocos y mierda, descalzo y desnudo, y ver pasar aquellos carros de lujo impresionantes, ¡porque los carros que hay en este país son un atropello a la dignidad de las personas, unos carros de lujo impresionantes! Eso debe doler muy fuerte».

En primer lugar, deberíamos establecer un sistema de valores fiable para la mayoría de la población, porque el sistema de valores que tenemos ahora es el de obtener dinero como sea.

Lee enseguida, en voz alta, un texto suyo, inédito: «Una mara constituye un complejo situacional surgido primordialmente entre las capas empobrecidas de nuestras ciudades, que se manifiesta usualmente en los incidentes de barrio, desde donde su onda expansiva nos afecta a todos y revela la existencia de un profundo resentimiento. En la mara convergen muchos elementos del marginamiento, desde el hambre y la soledad, hasta la delincuencia furtiva y el crimen organizado. No se puede decir que pertenecer a una mara sea un acto inconsciente, pero desde el exterior tampoco sabemos lo que realmente es. Si es un acto consciente, ¿consciente de qué?. La mara se supone la respuesta a una necesidad de pertenencia y cohesión, responde a un sentido de seguridad que se brindan los miembros entre sí, organizados internamente ante su inconformidad externa [...]. De la mara se dice, «Mal con ella, peor sin ella».

Concluye: «El sistema es tremendamente violento y si acaso podés responder de una manera no violenta, es porque de algún modo has aprovechado o tenido acceso a otros mecanismos de expresión. Pero, si eres un muchacho de una mara, ¿qué te da la sociedad para responder de una manera no violenta, si estás marginado y solitario? Con todo esto, ¿encima tenés que ser buena gente y portarte bien, cuando ni siquiera comprendés el mundo?»

Glosario

26. Los miembros de la MS13 reciben una golpiza de 13 segundos como rito de iniciación. Pero el tiempo se duplica (26 segundos) si transgreden las reglas y siempre que la falta no amerite luz verde.

aka. Sobrenombre, mote, apodo.

andar en la frecuencia. Ser miembro activo de la pandilla y participar en sus actividades.

B18. Pandilla Barrio 18 o Eighteen Street.

balas. Cuando no se refiere a cartuchos de arma de fuego, años de edad.

bandana. Pañuelo estampado que usan como distintivo los miembros de algunas clicas.

bandoso. Miembro de una banda del crimen organizado.

Barrio XV3. Pandilla Barrio 18 o Eighteen Street.

Barrio XVIII. Pandilla Barrio 18 o Eighteen Street.

bate. Cuando no se refiere al palo de béisbol, cigarrillo de mariguana.

bicho. Niño.

bicha. Forma despectiva que utilizan los de la B18 para designar a los de la MS13.

bichona. Forma despectiva que utilizan los de la B18 para designar a los de la MS13.

Big Palabra. Las pandillas B18 y MS13 no tienen propiamente un jefe, sino un líder cuyo poder formal y simbólico reside en que son depositarios de la voz de la clica y, en consecuencia, los autorizados para conceder la palabra o cuya voz habla por la clica. Dependiendo de la región, a dicho líder se le denomina también «El que da la palabra», «El que lleva la palabra», «El que tiene la palabra», «Palabrero» o «Ranflero».

boro. Revólver.

brincar el Barrio. Someterse al rito de iniciación para ingresar a una pandilla.

burro. Transportador (o distribuidor) de drogas en pequeñas cantidades.

cacocha. Forma despectiva que utilizan los de la MS13 para designar a los de la B18.

cachada. Venta de mercancías robadas.

cagar el palo. Actuar en contra de las reglas de la pandilla, a las cuales están sujetos incluso quienes no pertenecen a ella. También significa provocar a la pandilla adversaria

Calle 18. Eighteen Street, Barrio 18.

calmar. Distanciarse de la pandilla o dejar de participar en sus actividades delictivas.

camello. Distribuidor de drogas al menudeo.

caminar. Pertenecer a una clica o relacionarse asiduamente con miembros de otra distinta a la de pertenencia.

cancha. Territorio dominando por una pandilla.

catear. Golpear.

civil. No pandillero.

clica. Célula formada por dos o más pandilleros por calle, colonia, barrio o zona que, con otras, compone a las pandillas B18 o la MS13. Se le llama también «klika», «flika» o «ranfla». Suele tomar el nombre específico del lugar donde surge.

Colocho. En Centroamérica, para referirse, en confianza, a las personas de nombre Jesús.

compadre. En algunas clicas centroamericanas de la MS13 se utiliza en vez de jomboi o jomi.

cora. En El Salvador, moneda de 25 centavos de dólar.

corvo. Arma artesanal de metal afilado similar a un cuchillo.

crack. Droga derivada de la cocaína cuyo nombre proviene del sonido crujiente que emite cuando se expone al fuego para fumarla.

cuadra. Bloque de viviendas, manzana urbana o calle

cuete. Revólver.

chacalele. Corazón.

chaval (a). Forma despectiva que utilizan los de la MS13 para designar a los de la B18.

chequeo. Golpiza a la que es condenado el pandillero que infringe las reglas internas.

chequear. Dar un chequeo, sancionar con golpiza.

chero (a). Amigo o compañero de pandilla.

chiva. Heroína de mala calidad.

cholo. Puede ser utilizado como sinónimo de pandillero de la B18, la MS13 u otra. También como sinónimo de duro, violento o fornido.

dar en la nuca. Matar, ejecutar.

darse verga. Pelear, participar en una riña.

de cora. De corazón.

descachuchar. Matar, ejecutar.

destroyer. Propiedad ruinosa y abandonada de la que suelen apropiarse clicas para vivir, realizar sus mirin y, si es parte de sus actividades, almacenar armas y drogas.

desvergue. Pelea, enfrentamiento.

dieciochero. Miembro de la B18.

dieciocho. Miembro de la B18.

echar rata. Delatar ante la policía o traicionar a un compañero de pandilla.

Eighteen Street. Barrio 18.

el barrio. Calle, colonia o territorio controlado por la pandilla.

el Barrio. La clica o pandilla propia (es sinónimo del nombre de la clica, o de las denominaciones Barrio 18 o Mara Salvatrucha), y aquí se escribe con mayúscula para diferenciarlo del anterior.

El que da la palabra. Líder pandilleril (véase «Big Palabra»)

El que lleva la palabra. Líder pandilleril (véase «Big Palabra»)

El que tiene la palabra. Líder pandilleril (véase «Big Palabra»)

emeese. Miembro de la MS13.

Emeese. Del acrónimo MS referido a la MS13.

enviar al otro barrio. Matar, ejecutar.

fierro. Arma blanca o de fuego.

firme (o firmes). No pandillero pero confiable para la pandilla o que está en buenas relaciones con ella.

gane. Robo.

ganga. Del inglés *gang,* significa pandilla.

guaro. Aguardiente de caña.

güila. Mensaje que contiene una orden del Big Palabra, en especial cuando éste se encuentra preso e imposibilitado para impartirla personalmente a un jomboi en el exterior.

hacerla de verga. Provocar, incitar a una pelea.

jaina. Pandillera.

jomboi. *Homeboy*, en el argot del inglés estadounidense. Lo usan para denominarse o llamarse entre sí pandilleros en Estados Unidos, Centroamérica y México. En algunas zonas centroamericanas lo usan sólo los miembros varones de la MS13, convirtiéndolo por ello en elemento identitario.

jomguirl. *Homegirl*, en el argot del inglés estadounidense. Lo usan para denominarse o llamarse entre sí pandilleras en Estados Unidos, Centroamérica y México. En algunas zonas centroamericanas lo usan sólo las mujeres de la MS13 y por ello se convierte en elemento identitario.

jomi. *Homie*, en el argot del inglés estadounidense. En algunas zonas de Centroamérica usan esta denominación camaraderil sólo miembros de la B18 y por ello se convierte en elemento diferenciador. Hay casos también donde lo utilizan, de manera indistinta, miembros de ambas pandillas para referirse a compañeros afectivamente más próximos.

la 18. Pandilla Barrio 18.

la Dieciocho. Pandilla Barrio 18.

lágrima. Tatuaje en memoria de un compañero de clica o un ser querido muerto. En el pómulo una o más, pueden significar un registro de los homicidios cometidos.

las letras. Aquellas que distinguen a las dos grandes pandillas; por ejemplo, MSXIII o BXVIII.

lata. Arma punzocortante fabricada con trozos de metal (en las prisiones, con pedazos de cama o puerta).

la Trece. Mara Salvatrucha.

la verde. Forma sintetizada de luz verde, sentencia de muerte dictada por la clica.

la vida loca. Es la esencia de la identidad B18 y MS13; resume lo más preciado para un pandillero: el Barrio (la clica o la pandilla), la droga, la violencia y la muerte.

limpiar chaqueta. Limpiar el honor propio dentro de la pandilla. Para reparar una falta no grave, un pandillero debe obedecer una orden de su clica, como ejecutar a un miembro de la pandilla adversaria o robar. No cumplirla es causal de chequeo o luz verde.

llevar las letras. Tatuarse las letras que distinguen a alguna de las dos grandes pandillas de adscripción.

Los. Forma despectiva que usan los pandilleros de la B18 para referirse, sin nombrarlos, a los de la MS13.

Los. Los Ángeles, California.

loco. Joven, pero, sobre todo, pandillero devoto de la vida loca.

los tres puntos. Los pandilleros suelen tatuárselos en los nudillos. Dispuestos en forma de triángulo, pueden tener, entre otros, los siguientes significados: «la vida loca», «hospital, prisión, cementerio», «mujeres, drogas, asesinato».

luz verde. Condena de muerte dictada por la clica; la sentencia puede recaer aun contra uno de sus miembros.

magaya. Prostituta.

manchado. Tatuado.

manchar. Tatuar.

maniacadas. Actitudes maniacas, locuras, transgresiones para honrar la vida loca.

mara. Cuando no se refiere a un grupo de personas (según el habla coloquial en El Salvador), en algunas regiones centroamericanas es sinónimo de clica, aun entre miembros de la Barrio 18. Los medios de comunicación y, en consecuencia, el habla popular, lo usan también como sinónimo de pandillero de la B18 o la MS13.

Mara. Mara Salvatrucha; para diferenciarla de la anterior se escribe con mayúscula.

Mara 18. Así se refieren a la pandilla Barrio 18 diversos medios de comunicación, estudiosos, clicas de la Mara Salvatrucha y, excepcionalmente, clicas de la propia pandilla B18.

mara estudiantil. Grupo de estudiantes de nivel básico y medio básico que se nuclea emulando una pandilla; puede o no estar adscrito a la B18 o la MS13, y no necesariamente delinque. Es frecuente que surja como un juego y se limite a protagonizar peleas callejeras, aunque hay casos en los que son utilizados por la B18 y la MS13 para reclutar nuevos miembros; transportar o guardar revólveres; llevar o distribuir droga, y robar autopartes.

marero. Adjetivo utilizado por los medios de comunicación para aludir a todo pandillero de estilo cholo. Excepcionalmente, miembros de clicas centroamericanas de la B18 y la MS13 se autonombran así. De forma despectiva, pandilleros de la B18 llaman de este modo a los de la MS13. En general, los miembros de ambas pandillas consideran ultrajante este adjetivo.

mass. En inglés, concentración masiva de personas. Forma en que los pandilleros estadounidenses nombran sus reuniones formales; equivale al mirin centroamericano.

micha. Mujer (en sentido estricto, «hembra»).

mierda seca. Forma despectiva que usan los pandilleros de la B18 para referirse a los de la MS13.

mirin. Del inglés *meeting*, significa sesión periódica de los miembros de una o varias clicas, o de sus líderes (en este caso, «mirin general»; lo encabezan tres Big Palabra designados por el resto). Presidida por el Big Palabra, en ella se habla de los conflictos, se toman decisiones, se dictan sentencias y se recauda el tributo.

misión. Acción deliberada para matar a miembros de la pandilla adversaria en su propio territorio. También: encomienda de la clica para probar a un nuevo miembro.

mortero. Arma de fuego, revólver.

MS. Mara Salvatrucha.

MS13. Mara Salvatrucha.

MSXIII. Mara Salvatrucha.

paisa. No pandillero, «civil».

paisa firme. No pandillero que la clica considera, sin embargo, persona confiable; simpatizante o colaborador de la pandilla, sin pertenecer a ella; es parte de la base social de la clica.

Palabrero. Líder pandilleril (véase «Big Palabra»).

pandilla. Define, de manera indistinta, a la MS13, la B18 o cualquier otra agrupación semejante. En algunos casos se usa también para aludir a la clica.

papa. Bomba molotov u otra de fabricación casera.

pararse. No doblegarse. Equivale al «fajarse» que se usa en México.

pase. Ganar el derecho a integrarse a la pandilla. Como parte del rito iniciático, el pandillero se brinca el Barrio y, enseguida, para tener el pase debe ejecutar a un miembro de la pandilla adversaria. En el argot carcelario, autorización, permiso de los capos.

pedo. Problema, lío, asunto.

pegada. Acción deliberada para matar a miembros de la pandilla adversaria en su propio territorio. Ciertas clicas de la Barrio 18 la preparan hasta los mínimos detalles para ejecutarla cada día 18.

piedra. Crack.

pinta. Reos no pandilleros.

planchar. Infringir las normas internas de la clica.

púchica. Modismo centroamericano para expresar sorpresa, admiración, asombro, enfado o incertidumbre.

pupusa. Tortilla de maíz o arroz rellena de chicharrón, queso u otros alimentos, muy popular en El Salvador y el resto del norte centroamericano.

pupusería. Local donde se preparan y sirven pupusas.

ranfla. Clica. También, automóvil.

Ranflero. Líder pandilleril (véase «Big Palabra»).

rata. Delator.

rayón. Herida superficial de arma punzocortante.

rentear. Cobrar cuota o renta por permitir a vendedores, conductores de transportes de pasajeros y prestadores de otros servicios transitar en el territorio de la clica.

rifar. Controlar, dominar en una zona.

rip. Palabra que se antepone al mote cuando se alude a un compañero fallecido. También, tatuaje en memoria de un compañero de clica o un ser querido muerto.

rociado. Espolvoreado con cocaína [el cigarrillo de mariguana].

tabo. Cárcel, prisión.

taka. Apodo, mote, sobrenombre.

telañara. Tatuaje que puede denotar que se estuvo en prisión

tener la palabra. Ser el líder de la clica.

tinteado. Tatuado.

tintear. Tatuar.

tirar el Barrio. Saludar con señas digitales de identificación de la propia pandilla a un compañero de clica; dar confianza de este modo (algo como un guiño amistoso) a un miembro de la misma adscripción pandilleril (B18 o MS13) aunque de clica diferente; obligar a un interlocutor a indicar, de la misma forma, a cuál pertenece (o sea, a identificarse), o desafiar a un adversario ya identificado plenamente.

trance. Punto callejero o carcelario de venta de droga u otros productos ilegales o controlados por mafias.

travonear. Picar, herir con arma punzocortante.

trece. Miembro de la MS13.

trencito. Violación tumultuaria a la que algunas clicas someten a las jóvenes como rito iniciático para brincarse el Barrio; en otras se les da a escoger entre esta opción, una golpiza o una sesión de sexo con el pandillero de su elección.

un 18. Miembro de la B18.

un MS. Miembro de la MS13.

vato. Pandillero.

venta. «Poner el dedo» a alguien, señalarlo a la policía o a un adversario; delatar sus actividades y hábitos para propiciar su ejecución.

venta de droga. Punto callejero de narcomenudeo.

verguear. Golpear a una persona con los puños o con objetos contundentes.

volteado. El que cambia de pandilla (de la B18 a la MS13, o viceversa).

Cronología

1771, *septiembre*. El franciscano Junípero Sierra funda la Misión de San Gabriel en la Alta California.

1781. Las doce familias españolas establecidas en la Misión de San Gabriel se mudan a las cercanías del río de Nuestra Señora Reina de los Ángeles de Porciúncula, dando ese mismo nombre al nuevo asentamiento (actualmente Los Ángeles, California).

1820. Llega la primera oleada de inmigrantes irlandeses a Estados Unidos, misma que se estableció en suburbios marginales de Nueva York.

1823, *diciembre 2*. Declaración de la Doctrina Monroe ante el Congreso, por el quinto presidente de Estados Unidos, James Monroe (1817-1825).

1826. El irlandés Edward Coleman crea en el Distrito 5 neoyorquino la Forty Thieves (los Cuarenta Ladrones), considerada la primera pandilla étnica estadounidense.

1840. Llega a Estados Unidos la segunda oleada de inmigrantes irlandeses, provocada por una hambruna en Irlanda, y se establece también en Nueva York.

1845. Estados Unidos se anexiona Texas y parte de Nuevo México, Colorado, Kansas y Oklahoma.

1846. Estados Unidos se anexiona Óregon, Washington, Idaho y parte de los estados de Wyoming y Montana.

1848. Firma del Tratado de Guadalupe-Hidalgo entre los gobiernos de México y Estados Unidos, mediante el cual este país se anexiona otra porción de Nuevo México y California. Ese mismo año hace lo mismo con Arizona, Nevada, Colorado y parte de Utah.

1850. Descubrimiento de minas de oro al norte de California, lo cual desata en Estados Unidos la «fiebre del oro».

1853. Anexión del territorio mexicano de La Mesilla a Estados Unidos.

1861-1865. Guerra de Secesión en Estados Unidos

1862. Una sequía lleva a la quiebra y causa la proletarización de miles de mexicanos cuyas casas y tierras habían pasado a formar parte de Estados Unidos luego de que éste se anexionara una gran porción del territorio mexicano.

Agosto 14. El presidente de Estados Unidos Abraham Lincoln (1861-1865) hace pública su *Propuesta de emigración de los negros a Liberia o América Central.*

1880. Comienza el reclutamiento de asiáticos hacia Estados Unidos para satisfacer la demanda de mano de obra.

1890, década. Existen doscientas casas de juego de azar y fumaderos de opio en el Barrio chino de Nueva York, muchos de ellos regenteados por jefes pandilleros, como el chino Wah Kee.

1912. En el Barrio chino neoyorquino, el cabecilla Kim Lau Wui San disputa el control de las casas de juego y el comercio de opio a las pandillas Hip Sings y Leongs; fue derrotado.

1914-1918. Primera Guerra Mundial.

1919. Se prohíbe en Estados Unidos el consumo de alcohol mediante la aprobación de la Decimoctava Enmienda constitucional («Ley Seca»), lo cual permite a las pandillas étnicas estadounidenses prosperar en el mercado negro de alcohol y drogas.

1920. En Chicago existen por lo menos 1,300 pandillas. Surgen las pandillas afroamericanas Boozies, Goodlows, Blogettes, Kelleys y Driver Brothers, entre otras, que sufren el acoso del Ku Klux Klan. Nace la pandilla Clanton Street (cuyos rechazados conformarían la pandilla latina Baby Spiders, la cual, a su vez, en 1966 se convertiría en la Eighteen Street).

1928. Sobreviene en Estados Unidos la Gran Depresión a causa del desplome de los precios agrícolas y que alcanza su clímax en 1929, con el colapso de Wall Street.

1930. Farabundo Martí funda el Partido Comunista Salvadoreño con la afiliación de organizaciones obreras y campesinas.

1930, década. La instauración del modelo de sustitución de importaciones en Latinoamérica provoca una acelerada proletarización y las bandas se convierten en uno de los escasos reductos de interacción juvenil.

1931. Se crea la Comisión Wickersham, que en 1933 derogaría la Decimoctava Enmienda («Ley Seca»).

Septiembre 10. Por orden de Lucky Luciano, jefe principal de la mafia siciliana, son asesinados cuarenta jefes de mafiosos italianos en Estados Unidos.

1932. Tras el fraude electoral contra los candidatos comunistas, obreros y campesinos armados asaltan instalaciones civiles y militares en El Salvador, lo que desata una campaña genocida por parte del gobierno.

1933. Derogación en Estados Unidos de la Decimoctava Enmienda («Ley Seca»).

1939-1945. Segunda Guerra Mundial.

1940, década. Mike García, de Pachuca (Hidalgo), crea en El Paso (Texas) la pandilla Segundo Barrio y, en adelante, se impone el estilo «pachuco».

1942. Comienza el Programa Bracero, con cuotas de ingreso de trabajadores mexicanos a Estados Unidos para la agroindustria y el mantenimiento ferroviario.

Agosto 2. Aparece el cuerpo de José Díaz, miembro de la pandilla Barrio 38, cerca de la laguna Sleepy, en Los Ángeles.

1943, *enero 13*. Son declarados culpables del asesinato de José Díaz once miembros de su propia pandilla, la Barrio 38, y seis meses después, debido a irregularidades en el proceso, se desata una ola de disturbios protagonizados por los pachucos.

Octubre 4. El Comité de Defensa de Sleepy Lagoon, iniciativa ciudadana en defensa de los pachucos culpados por el homicidio de José Díaz, logra que el Tribunal de Apelaciones de California revoque la sentencia.

1950-1960. La pandilla El Paso Tip, surgida en los años veinte en las proximidades de El Paso, se convierte en el Texas Syndicato.

1953-1956. Deportación de más de un millón de mexicanos que habían llegado en la primea oleada del Programa Bracero.

1954. Acuerdo de cooperación entre Estados Unidos y Honduras mediante el cual esta nación se convierte en centro de las operaciones militares y contrainsurgentes estadounidenses en Centroamérica.

1956-1957. Luis Flores, el Güero, y algunos otros miembros de la pandilla 13 Eslos recluidos en el Duel Vocational Institute de California, crean la Mexican Mafia o la Eme.

1961. El presidente estadounidense John F. Kennedy (1961-1963) establece la Alianza para el Progreso.

1962. La CIA lanza la Operación Mangosta contra la Revolución cubana; para financiarla pone en las calles de Estados Unidos grandes cantidades de cocaína.

1966. La Baby Spiders, pandilla latina de Los Ángeles, se convierte en la Eighteen Street o Barrio 18, que en la actualidad es, junto con la Mara Salvatrucha, la pandilla más poderosa de Norte-Centroamérica.

1968. Inician las Shoe Wars, tras la riña carcelaria entre un miembro de la pandilla Nuestra Familia y uno de la Eme (ambas chicanas) por el supuesto robo de un par de zapatos.

1969. El Flaco Stoner funda, en Los Ángeles, la primera pandilla de origen salvadoreño, la Wonder 13 o Maravilla 13

1970, década: Se integran a la Eighteen Street los hermanos Rocky y Mark Glover, imponiendo a sus acciones una brutalidad hasta entonces inédita.

1972, *julio 19*. Tropas del ejército salvadoreño ocupan la Universidad de El Salvador.

1975, *julio 30*. Protesta estudiantil en El Salvador por la intromisión gubernamental en la Facultad Multidisciplinaria Occidental de Santa Ana. La policía y el ejército abren fuego contra la multitud, asesinando a cincuenta personas.

1976-1983. Despliegue de la Operación Calipso en Centroamérica, exportada por las dictaduras argentinas a la zona. Se basa en la aplicación de la «tecnología del terror» creada por esas dictaduras a partir de lo que aprendieron de exiliados nazis en el Cono Sur y de la Escuela de las Américas.

1977, *febrero 27*. Una concentración en la Plaza Libertad de San Salvador para protestar por un fraude electoral es dispersada por el gobierno a tiros, dejando un centenar de muertos y decenas de dirigentes detenidos o desaparecidos.

1978, *octubre 1*. Entra en vigor la enmienda Humphrey-Kennedy, que prohíbe a la Casa Blanca conceder empréstitos militares a gobiernos violadores de derechos humanos.

1979. Triunfo de la Revolución sandinista en Nicaragua.

1980, década. Primera diáspora salvadoreña hacia Estados Unidos. Las amenazas de los escuadrones de la muerte salvadoreños alcanzan a los refugiados en Los Ángeles.

Octubre. Nace en El Salvador el Frente Farabundo Martí para la Liberación Nacional, de la fusión de cinco grandes organizaciones de izquierda.

1981. Surge la pandilla los Panchitos en el poniente del Distrito Federal (México).

1983. Se nuclea la resistencia popular de Honduras en el Directorio Nacional Unido.

1985. Nace en los barrios de refugiados salvadoreños de Los Ángeles la Mara Salvatrucha, llamada primero Mara Loca y Mara Salvatrucha Stoner. La CIA y el Consejo Nacional de Seguridad de Estados Unidos emprenden una operación ilegal de venta de misiles a Irán para financiar a la Contra nicaragüense, conocida como *Irangate.*

Septiembre. Protestas juveniles en Guatemala por el alza al transporte urbano. Durante las manifestaciones y enfrentamientos con la policía, adquieren visibilidad las bandas juveniles, que mandos policiales comienzan a llamar «maras».

1986, *octubre*. Surgen en Guatemala los primeros síntomas de brutalidad pandilleril, cuando jóvenes arrojan desde un autobús una granada a la discoteca La Montaña Púrpura: el hecho fue imputado por la policía a la Mara 33.

Octubre 5. Cohetes sandinistas, en Nicaragua, derriban una aeronave militar que transportaba cinco toneladas de armamento. Un sobreviviente revelaría que la carga estaba destinada a la Contra.

Octubre 10. Sismo en El Salvador, con magnitud de 5.4 grados en la escala de Richter, provoca 1,500 muertos.

Noviembre 3. La revista libanesa *Ash-Shiraa* revela la venta de armas de Estados Unidos a Irán, así como el destino final de las utilidades, desatando el *Irangate.*

1987, *agosto*. Los presidentes de Costa Rica, Guatemala, El Salvador, Honduras y Nicaragua firman el Acuerdo de Esquipulas para promover la paz en Centroamérica.

1988. Promulgación de la Step Act (California Street Terrorism Enforcement and Prevention Act) en California, que enfatiza en la mano dura contra las pandillas.

1988, *diciembre*. Comienzan las deportaciones masivas, de Estados Unidos a Centroamérica y México, de centroamericanos y mexicanos indocumentados con antecedentes penales, entre los que se cuentan miembros de la B18 y la Mara Salvatrucha.

1989. En las postrimerías de la Guerra Fría, Estados Unidos fortalece a la Contra nicaragüense e invade Panamá (mediante la Operación Causa Justa), a cuyo presidente, Manuel Antonio Noriega, derroca, secuestra y encarcela. Estados Unidos impone al mundo el Consenso de Washington. Debido a la presión estadounidense, se desmantela el sistema mundial de regulación del mercado del café que funcionaba desde 1962 (a través del Acuerdo Internacional del Café, cuyo papel era equilibrar la oferta y la demanda).

1989, *octubre*. Agrupaciones obreras, campesinas, universitarias y magisteriales lanzan la Plataforma de Lucha por la Democratización de Honduras, una propuesta de reforma social y económica.

Noviembre 15. El batallón Atlacatl del ejército salvadoreño ocupa las instalaciones de la Universidad Centroamericana, masacrando a seis sacerdotes jesuitas, a una cocinera y a su hija.

1990. La Eighteen Street alcanza dimensión nacional en Estados Unidos.

1991, *marzo 3*. Agentes de la División Foothill, en Los Ángeles, golpean brutalmente al afroamericano Rodney King, lo cual desataría levantamientos populares entre la comunidad latina.

1992, enero 16. Firma, en la ciudad de México, de los Acuerdos de Paz entre el gobierno salvadoreño y el Frente Farabundo Martí para la Liberación Nacional, dando fin a la guerra civil.

Abril 29. Poco más de un año después del caso Rodney King, los policías implicados son absueltos. Por ello, miles de personas salen a las calles de Los Ángeles a protestar; resultaron varios muertos y heridos, así como barrios enteros saqueados. En estos sucesos adquiere relevancia pública la Mara Salvatrucha. Las revueltas dan al presidente George Bush (1989-1993) un argumento para intensificar las deportaciones masivas de jóvenes latinos a México y Centroamérica. Entre las oleadas de pandilleros deportados de Los Ángeles, llegan a El Salvador los primeros miembros de la Mara Salvatrucha. Mediante el «Edicto de la Eme», Joe Morgan, jefe de la Mexican Mafia, ordena una tregua entre las pandillas angelinas, con el objetivo de ampliar su control sobre la distribución callejera de drogas.

1993. La Mara Salvatrucha se implica formalmente en el tráfico de drogas, la extorsión, el robo y el asesinato sobrepedido. Se alía con pandillas del sur de California y con la Mexican Mafia. Para sellar esta última alianza, al acrónimo MS se le añade el guarismo 13 (la «M» es la decimotercera letra del abecedario).

1994. En California, el gobernador republicano Pete Wilson (1991-1999) promueve la Proposición 187, que pretende obligar a profesores y médicos a negar servicios educativos y de salud a indocumentados, y a denunciarlos ante el Servicio de Inmigración y Naturalización.

1995. El presidente estadounidense William Clinton (1993-2001) crea en Hungría la primera Academia Internacional de Aplicación de la Ley —ILEA—, que implementa las políticas de mano dura entre oficiales de policía y militares, fiscales y jueces.

Abril 19. Atentado contra el Alfred P. Murrah Federal Building en Oklahoma por miembros de las ultraderechistas Milicias de Michigan, en el que murieren 168 personas.

1996-2000. Durante este periodo hay en Estados Unidos más de 750 mil pandilleros integrados a 12,850 pandillas.

1996. El presidente William Clinton promueve la Antiterrorism and Effective Death Penalty Act of 1996 —tras los ataques terroristas de 1995 en Oklahoma—, misma que justificaría la deportación de más de un millón de inmigrantes a México y Centroamérica. Después de una ola inédita de violencia juvenil en Honduras, el ministro de Planificación, Guillermo Molina Chocano, reúne en el hotel Excélsior de Tegucigalpa a funcionarios y líderes sociales, con más de quince de los líderes principales de las pandillas Barrio 18 y MS13.

1996, *noviembre 2.* Nace, en El Salvador, Homies Unidos, organización integrada originalmente por veintidós pandilleros de la B18 y la MS13, que promueve la concordia entre ambas pandillas y la reinserción social voluntaria de sus miembros.

Diciembre. El gobierno de Guatemala y la Unión Revolucionaria Nacional Guatemalteca firman el Acuerdo de Paz Firme y Duradera.

1997. Proyección comercial en Honduras de la película *Sangre por sangre*, a partir de la cual se impone entre las pandillas locales el estilo chicano de los Vatos Locos.

Abril 28. *The Financial Times* revela que durante los motines populares de 1992 por el caso Rodney King, fueron robadas diez mil armas, cuya distribución en el mercado negro fortaleció el poder de las pandillas.

1998. Eduardo Torres, secretario de Comunicaciones de la Presidencia salvadoreña, denuncia que las autoridades migratorias estadounidenses hacen deportaciones masivas en vuelos secretos, sobre todo de personas con problemas legales. Los inmigrantes salvadoreños Alex Sánchez (miembro calmado de la Mara Salvatrucha) y Silvia Beltrán crean en Los Ángeles, con el sacerdote Gregory Boyle, la sede de la organización Homies Unidos (cuya matriz nació dos años atrás en El Salvador).

Octubre-noviembre. El huracán Mitch devasta el norte centroamericano.

1999. Es derogada en California la Proposición 187, que había sido promovida y aprobada durante el gobierno del republicano Pete Wilson (1991-1999).

Septiembre. Estalla el escándalo de la División Rampart del Departamento de Policía de Los Ángeles, que implica a decenas de agentes y pone en evidencia sus nexos con el narcomenudeo y, en especial, la brutalidad y corrupción del CRASH (unidad antipandillas).

2000. Llega a su clímax la crisis internacional del café, llamada también «el silencioso Mitch» —por sus efectos sociales devastadores—, que afectaría gravemente a las economías centroamericanas.

Marzo. Se aprueba en California la Proposición 21, que reduce a catorce años la edad penal en caso de homicidio, violación sexual o reincidencia, y endurece las condenas para faltas cometidas por miembros de pandillas. El Departamento de Policía de Los Ángeles disuelve a la unidad antipandillas CRASH, creando en su lugar la actual Community Impact Action Teams.

2001. Aparecen las primeras mujeres decapitadas en El Salvador. Sin pruebas, la policía lo atribuye a pandilleros de la B18 y la MS13.

Enero 13 y febrero 13. Terremotos en El Salvador que matan o hieren a más de 10,000 personas y lanzan a otras 250,000 a la pobreza extrema.

Septiembre 11. Atentados terroristas contra las Torres Gemelas (Nueva York) y el Pentágono (Washington, DC).

2001, *septiembre 16.* Denis Rivera, el Conejo, líder de los Big Gangsters Locos Salvatrucha, y sus jombois matan en Virginia a Joaquín Díaz, miembro de la Eighteen Street.

2002. A raíz de los atentados del 11/9, el presidente estadounidense George W. Bush promueve una reforma institucional plasmada en la Homeland Security Act de 2002.

Agosto 7. Se aprueba la reforma al Artículo 332 del Código Penal de Honduras, conocida como Ley Antimaras.

2003. El presidente guatemalteco Alfonso Portillo crea el Plan Escoba, contra las pandillas. El Ministro de Gobernación de El Salvador convoca a las Mesas de Gobernación, dedicadas a analizar la ley penal juvenil, la reforma penal de adultos y la reinserción social. Son el antecedente de la firma de una carta-compromiso entre el gobierno y líderes de la Barrio 18.

Abril 5. Matanza de 61 miembros de la Barrio 18, cinco civiles y tres visitas en la Granja Penal El Porvenir, del puerto hondureño La Ceiba.

Julio. El presidente salvadoreño Francisco Flores lanza su Plan Mano Dura y promueve la Ley Antimaras, aprobada en octubre por la Asamblea Legislativa.

Julio 13. Por colaborar con el FBI, miembros de su propia clica de la MS13 asesinan en Virginia a Brenda Paz, inmigrante de origen hondureño.

Agosto. El presidente hondureño Ricardo Maduro instaura la Operación Libertad, consistente en acciones encabezadas por él contra de la Barrio 18 y la Mara Salvatrucha.

2004. Condolezza Rice, actual secretaria de Estado, anuncia el interés de instalar la Academia Internacional de Aplicación de la Ley —ILEA— en América Latina. Circulan en Estados Unidos, Centroamérica y México las primeras versiones acerca de nexos entre Al Qaeda y pandilleros de la B18 y la MS13.

Abril 1. La Ley Antimaras de El Salvador es declarada inconstitucional por la Suprema Corte de Justicia. El mismo día, la Asamblea Legislativa de El Salvador aprueba la Ley para el Combate de las Actividades Delincuenciales de

Grupos o Asociaciones Ilícitas Especiales, cuyo articulado reproduce el de la Ley Antimaras.

Mayo 17. Mueren 104 pandilleros de la Mara Salvatrucha a causa de un incendio en el Centro Penal de San Pedro Sula (Honduras).

Agosto 18. A resultas de un motín en la prisión salvadoreña La Esperanza (popularmente conocida como Mariona) mueren 31 miembros de la Barrio 18.

Agosto 30. El presidente salvadoreño, Antonio Saca, lanza Plan Súper Mano Dura, que da pie a Grupos de Tarea Antipandilla para acosar a todo tipo de jóvenes marginados.

Octubre 25. El grupo parlamentario guatemalteco encabezado por el diputado Antonio Baldizón Méndez entrega al Congreso iniciativa de Ley Antimaras.

Noviembre 21. El periodista chiapaneco Carlos Wong Nolasco alerta en su noticiero radiofónico sobre un supuesto ataque masivo de la Mara Salvatrucha contra las escuelas, provocando histeria colectiva en Tapachula (Chiapas).

Diciembre 23. Un grupo de sicarios abre fuego contra pasajeros de un autobús urbano en Chamelecón, sector marginal de San Pedro Sula (Honduras); matan a veintiocho personas.

2005. Aparecen mujeres descuartizadas en la plaza Libertad de San Salvador. El gobierno sumó estas víctimas al saldo de la guerra entre la B18 y la MS13.

Febrero 17 y 18. Conferencia Nacional de Procuradores en Mérida (Yucatán), donde habría circulado un proyecto de ley semejante a las legislaciones «antimaras» de Estados Unidos y Centroamérica.

Marzo 9. Comparece el general Bantz Craddock, comandante en jefe del Comando Sur de Estados Unidos, ante el Comité de las Fuerzas Armadas de la Cámara de Representantes. En el acto, incluyó —entre las amenazas hemisféricas contra los intereses estadounidenses— el terrorismo, las pandillas y las migraciones masivas.

Abril 11. Inauguración del primer curso impartido en Latinoamérica por la Academia Internacional de Aplicación de la Ley —ILEA—, en la Academia Nacional de Seguridad Pública de El Salvador.

Abril 16 y 17. Reunión del comandante en jefe del Comando Sur, Bantz Craddock, en Antigua Guatemala, con mandos militares de Belice, El Salvador, Guatemala, Honduras, Nicaragua y Panamá. Entre otras cosas, se discutió la creación de una «fuerza militar conjunta» contra traficantes de seres humanos, drogas y armas, y miembros de la B18 y la MS13.

Abril 20. El mandatario salvadoreño Antonio Saca anuncia el interés del FBI en la «colaboración salvadoreña», así como la solicitud de su gobierno de intercambio de información con Estados Unidos para capturar pandilleros.

Mayo. La Cámara de Representantes estadounidense aprueba la propuesta de enmienda Prevención de Pandillas y Ley Eficaz de Disuasión —o ley HR1279—, impulsada por los legisladores J. Randy Forbes, Back McKeon y Jerry Lewis, que prevé carretadas de dólares para un centro de inteligencia anti-pandillas. La diputada mexicana Alejandra Barrales declara que hay pandilleros infiltrados en las porras de futbol de la ciudad de México. Posteriormente, el presidente de la FMF, Alberto de la Torre, acepta que existe una investigación al respecto.

Agosto. El Centro de Investigación y Seguridad Nacional de México emite el primer informe sobre «maras».

Septiembre 19. Un comando de la Mara Salvatrucha asalta el centro de detención de menores Las Gaviotas, a las afueras de la ciudad de Guatemala; matan a doce adolescentes de la Barrio 18.

Octubre. El huracán Stan afecta gran parte de Centroamérica y el sur de México.

2006, *mayo.* Dictan auto de formal prisión a Luis Beltrán Arias, ex director de Centros Penales de Honduras, y a medio centenar de personas más, responsabilizándolos de la matanza de la Granja Penal El Porvenir (del puerto La Ceiba).

Mayo 1. El diario *Chicago Sun-Times* destaca un amplio reportaje (con fotografías) sobre la presencia de pandilleros estadounidenses (incluidos miembros de la Latin Kings —pandilla fundada por inmigrantes ecuatorianos en Los Ángeles—, aunque ninguno de la B18 y la MS13) entre las tropas del ejército invasor en Irak.

Fuentes

Bibliografía

Andreas, Peter. «Construyendo puentes y barricadas: facilidades comerciales y combate a las drogas en la frontera México-Estados Unidos», en John Bailey y Jorge Chabat (comps.). *Crimen trasnacional y seguridad pública. Desafíos para México y Estados Unidos.* Plaza & Janés. México, 2003.

Ángeles Cruz, Hugo. «Las bandas maras salvatruchas en la región fronteriza del Soconusco, Chiapas», en Dr. José E. Sánchez Vázquez y M. C. Ramón Joaquín Gálvez (eds.). *La frontera sur. Reflexiones sobre el Soconusco, Chiapas, y sus problemas ambientales, poblacionales y productivos.* Cocytech/Ecosur/Ayuntamiento de Tapachula. México, 2004.

Arteaga Castro-Pozo, Maritza. «Imágenes juveniles del México moderno», en José Antonio Pérez Islas y Maritza Arteaga Castro-Pozo (coords.). *Historia de los jóvenes en México. Su presencia en el siglo xx.* imj. México, 2004.

Boyer, Jean-Francois. *La guerra perdida contra las drogas. Narcodependencia del mundo actual.* Grijalbo. México, 2001.

Cardoza y Aragón, Luis. *Miguel Ángel Asturias: casi novela.* Era. México, 1991.

Castro Escudero, Teresa. «Las transformaciones del Estado, su impacto en la sociedad civil y el problema de las mediaciones», en Teresa Castro Escudero y Lucio Oliver Costilla (coords.). *Poder y política en América Latina*, vol. 3. Siglo xxi/fcps/cela/papiit unam. México, 2005.

_____, Rina Mussali Galante y Lucio Oliver Costilla. «Revisitando el Estado. Los estados populistas y desarrollistas: poner las cosas en su lugar», en Teresa Castro Escudero y Lucio Oliver Costilla (coords.). *Poder y política en América Latina*, vol. 3. Siglo xxi/fcps/cela/papiit unam. México, 2005.

Clinton, William. *Mi vida.* Plaza & Janés. México, 2004.

COCKCROFT, James D. *América Latina y Estados Unidos. Historia y política país por país*. Siglo XXI. México, 2001

COSTILLA, Lucio Oliver. «Revisitando al Estado. Las especificidades actuales del Estado en América Latina», en Teresa Castro Escudero y Lucio Oliver Costilla (coords.). *Poder y política en América Latina*, vol. 3. Siglo XXI/FCPS/CELA/PAPIIT UNAM. México, 2005.

CRUZ, José Miguel. «Pandillas y capital social en Centroamérica», en *Maras y pandillas en Centroamérica. Pandillas y capital social*, vol. II. ERIC/IDESO/IDIES/IUDOP/UCA Editores. San Salvador, El Salvador, 2004.

_____, Nelson Portillo Peña. *Solidaridad y violencia en las pandillas del gran San Salvador*. UCA. San Salvador, El Salvador, 1998.

CHU, Yiu Kong. «Las tríadas globales: ¿mito o realidad?», en Mats Berdal y Mónica Serrano (coords.). *Crimen transnacional organizado y seguridad internacional. Cambio y continuidad*. FCE. México, 2005.

DELICH, Francisco. *Repensar América Latina. Con una entrevista a Celso Furtado*. Gedisa. Barcelona, 2005.

DOWDNEY, Luke. *Ni guerra ni paz. Comparaciones internacionales de niños y jóvenes en violencia armada organizada*. Viva Río/ISER/IANSA. Río de Janeiro, 2005.

ELLROY, James. *América*. Punto de Lectura. Madrid, 2001

EQUIPO de Reflexión, Investigación y Comunicación. *Maras y pandillas en Honduras*. Editorial Guaymuras/ERIC. Tegucigalpa, 2005.

FIGUEROA Ibarra, Carlos. «Nuevos odres y viejos vinos: la violencia en América Latina en los albores del siglo XXI», en Teresa Castro Escudero y Lucio Oliver Costilla (coords.).   *Poder y política en América Latina*, vol. 3. Siglo XXI/FCPS/CELA/PAPIIT UNAM. México, 2005.

GALEANO, Eduardo. *Memoria del fuego. III. El siglo del viento*. Siglo XXI. México, 1986.

GARCÍA, José Z. «Sistemas de Seguridad en la frontera EU-México», en John Bailey y Jorge Chabat (comps.). *Crimen trasnacional y seguridad pública. Desafíos para México y Estados Unidos*. Plaza & Janés. México, 2003.

GOMEZJARA, F. (*et. al.*). *Pandillerismo en el estallido urbano*. Distribuciones Fontamara, S. A. México, 1993.

GRIÑIE, M. Gilbert. *An historical perspective on the growth of gangs in Los Angeles, past, present, and future*. Thesis of Master in Science in the Faculty of the Department of Administration and Counseling. California State University. Los Ángeles, 2004.

GUILLERMOPRIETO, Alma. *Al pie de un volcán te escribo. Crónicas latinoamericanas*. Plaza & Janés. México, 2000.

HAYDEN, Tom. *Street Wars. Gangs and the future of violence*. The New Press. Nueva York, 2004.

JÁUREGUI, Luis. *Los transportes, siglos XVI al XX*. Colección *Historia económica de México* (coord. Enrique Semo). UNAM/Océano. México, 2004.

LARA Klahr, Marco. *Días de furia. Memorial de violencia, crimen e intolerancia*. Plaza & Janés. México, 2001.

_____ y Ernesto López Portillo Vargas (coords.). *Violencia y medios. Seguridad pública, noticias y construcción del miedo*. Insyde/CIDE. México, 2004.

_____ y Ernesto López Portillo Vargas (coords.). *Violencia y medios. Reporteros de policía*. Insyde/CIDE. México, 2006

LERNOUX, Penny. *Esos bancos en los que confiamos*. Plaza & Janés Editores. Barcelona, 1985.

LINS, Paulo. *Ciudad de dios*. Colección *Andanzas*. Tusquets Editores. Barcelona, 2003.

MACÍAS, Viviana y Fernando Castillo. «El Sistema Nacional de Seguridad Pública: antecedentes y perspectivas para el nuevo milenio», en John Bailey y Jorge Chabat (comps.). *Crimen trasnacional y seguridad pública. Desafíos para México y Estados Unidos*. Plaza & Janés. México, 2003.

McDONALD, William F. «México, Estados Unidos y el nexo migración-crimen», en John Bailey y Jorge Chabat (comps.). *Crimen trasnacional y seguridad pública. Desafíos para México y Estados Unidos*. Plaza & Janés. México, 2003.

MARINO, Giuseppe Carlo. *Historia de la mafia. Un poder en las sombras*. Javier Vergara Editor. Barcelona, 2002.

MINGUS, Charles. *Menos que un perro. Memorias*. Traducción de Francisco Toledo Isaac. Mondadori. Barcelona, s/a.

MONSIVÁIS, Carlos. *Los mil y un velorios. Crónica de la nota roja*. Alianza Cien/ Consejo Nacional para la Cultura y las Artes. México, 1994.

MOYANO Pahissa, Ángela y Jesús Velasco Márquez. *EUA. Documentos de su historia política I*, vol. 1. Instituto de Investigaciones Dr. José María Luis Mora/Alianza Editorial Mexicana. México, 1988.

_____ y Ana Rosa Suárez Argüello. *EUA. Síntesis de su historia I*, vol. 8, Instituto de Investigaciones Dr. José María Luis Mora/ Alianza Editorial Mexicana. México, 1988.

NAZARIO, Sonia. *La travesía de Enrique*. Debate. México, 2006.

PALACIOS, Julia E. «Yo no soy un rebelde sin causa... O de cómo el *rock & roll* llegó a México», en José Antonio Pérez Islas y Maritza Arteaga Castro-Pozo (coords.). *Historia de los jóvenes en México. Su presencia en el siglo xx*. IMJ. México, 2004.

PAZ, Octavio. *El laberinto de la soledad*. FCE. México, 1959.

PINEDA Platero, Itsmania. *Por qué ingresé en las pandillas*. Xibalba, Arte y Cultura. Tegucigalpa, 2005.

Por sí mismos. Un estudio preliminar de las "maras" en la ciudad de Guatemala. Cuadernos de Investigación 4. AVANCSO. Guatemala, 1998.

PUZO, Mario. *La Mamma*. Ediciones Grijalbo, S. A. Barcelona, 1971.

RAMÍREZ Heredia, Rafael. *La Mara*. Alfaguara. México, 2004.

RAMONET, Ignacio. *Fidel Castro. Biografía a dos voces*. Debate. México, 2006.

RODRÍGUEZ, Mariángela. *Tradición, identidad, mito y metáfora. Mexicanos y chicanos en California*. CIESAS/Porrúa. México, 2005.

RUIZ, Olivia. «Los riesgos de migrar: la migración centroamericana en la frontera México-Guatemala», en Jorge Santibáñez y Manuel Ángel Castillo (coord.). *Nuevas tendencias y nuevos desafíos de la migración internacional. Memorias del Seminario Permanente sobre Migración Internacional*, vol. I. El Colegio de la Frontera Norte/ Sociedad Mexicana de Demografía/ El Colegio de México. México, 2004.

SALAZAR, Luis. «Comentario a la legislación antimaras en El Salvador», en Emilio García Méndez y Mary Beloff (comps.). *Infancia, ley y democracia en América Latina*, Tomo I. Temis. Bogotá, 2004.

SALAZAR J., Alonso. *La parábola de Pablo. Auge y caída de un gran capo del narcotráfico*. Planeta. México, 2001.

SANTACRUZ Giralt, María S. y Alberto Concha-Eastman. *Barrio adentro. La solidaridad violenta de las pandillas*. IUDOP/Organización Panamericana de la Salud. El Salvador, 2001.

SEOANE, María y Vicente Muleiro. *El dictador. La historia secreta y pública de Jorge Rafael Videla*. Editorial Sudamericana, 4ª edición. Buenos Aires, 2001.

SERRANO, Mónica y María Celia Toro. «Del narcotráfico al crimen transnacional organizado en América Latina», en Mats Berdal y Mónica Serrano (coord.). *Crimen transnacional organizado y seguridad internacional. Cambio y continuidad*. FCE. México, 2005.

SERRANO Cadena, Rosso José. *Jaque Mate. De cómo la policía le ganó la partida a «El Ajedrecista» y a los cárteles del narcotráfico*. Norma. Bogotá, 1999.

SUÁREZ Argüello, Ana Rosa. *EUA. Documentos de su historia política II*, vol. 2, Instituto de Investigaciones Dr. José María Luis Mora/Alianza Editorial Mexicana. México, 1988.

TURBIVILLE, Graham H., Jr. «Los cambiantes desafíos a la seguridad y la interacción de las fuerzas armadas de México y de Estados Unidos», en John Bailey y Jorge Chabat (comp.). *Crimen trasnacional y seguridad pública. Desafíos para México y Estados Unidos*. Plaza & Janés. México, 2003.

VALLEJO, Fernando. *La virgen de los sicarios*. Punto de Lectura. México, 2005.

VALDEZ, Al. *Gangs. A guide to understanding street gangs*. LawTech Publishing. San Clemente (California), 2005.

VIGIL, D. J. *A Rainbow of Gangs: Street Cultures in the Mega-city*. University of Texas Press. Austin, 2000.

WRIGHT, Richard. *Sangre negra*. Colección Horizonte. Editorial Sudamericana. Buenos Aires, 1949.

YOUNGERS, Coletta A. y Eileen Rosin. «La "guerra contra las drogas" impulsada por Estados Unidos: su impacto en América Latina y el Caribe», en Youngers, Coletta A. y Eileen Rosin (coords.). *Drogas y democracia en América Latina*. Editorial Biblos. Buenos Aires, 2005.

DOCUMENTOS

ALAMANNI de Carrillo, Beatrice, Procuradora para la Defensa de los Derechos Humanos de El Salvador, «Segundo Informe Especial Sobre las Condiciones de los Centros de Internamiento para Menores Infractores en El Salvador», El Salvador, noviembre 11, 2005.

_____, «Informe preliminar sobre el caso Manuel de Jesús Martínez y Universidad Luterana Salvadoreña», El Salvador, febrero 28, 2005.

AMNISTÍA Internacional, «Informe 2005», 2005. <web.amnesty.org/report2005/hnd-summary-esl>.

CALIFORNIA Gang Investigator's Association, «National Gangs Threat Assessment 2005», presentada en la Reunión Anual de Investigadores Antipandillas, Anaheim, California, julio 2005.

CÁMARA de Diputados, «Asegura Uscanga Escobar que se creará comisión especial de seguimiento a la presencia de maras y kaibiles en el país», comunicado 2532, México, septiembre 29, 2005.

CENTRO de Investigación y Seguridad Nacional (Secretaría de Gobernación), informe sobre maras y pandillas en México sin título, agosto, 2005.

CHERTOFF, Michael (Secretary of Homeland Security), Carlos Gutierrez (Secretary of Commerce), Condoleezza Rice (Secretary of State), por parte de Estados Unidos; Carlos Abascal (Secretario de Gobernación), Fernando Canales (Secretario de Economía), Luis Ernesto Derbez (Secretario de Relaciones Exteriores), por parte de México; Anne McLellan (Deputy Prime Minister and Minister of Public Safety and Emergency Preparedness/Vice-première ministre et ministre de la Sécurité publique et de la Protection civile), David Emerson (Minister of Industry/Ministre de l'Industrie), Pierre Stewart Pettigrew (Minister of Foreign Affairs/Ministre des Affaires étrangères), por parte de Canadá, «Alianza para la Seguridad y la Prosperidad de América del Norte. Reporte a los mandatarios», junio, 2005.

CONVENCIÓN Internacional sobre la protección de los derechos de todos los trabajadores migratorios y de sus familiares. «Examen de los informes presentados por los Estados partes», México, noviembre 18, 2005. <www.unhchr.ch/tbs/doc.nsf/0/34daaed819a70f13c12570c8002f018f/$FiLE/G0545178.DOC>.

CONSEJO Interamericano Económico y Social, «El desarrollo de América Latina y la Alianza para el Progreso», OEA, Washington, DC, 1973.

COMISIÓN Económica para América Latina y el Caribe (CEPAL), Naciones Unidas, «Honduras: evaluación de los daños ocasionados por el huracán Mitch, 1998. Sus implicaciones para el desarrollo económico y social y el medio ambiente», México, enero 26, 1999.

CRADDOCK, Bantz J., comandante en jefe del Comando Sur de Estados Unidos, comparecencia ante el Comité de las Fuerzas Armadas de la Cámara de Representantes, Washington, marzo 9, 2005. <http://rds.org.hn/post-mitch/docs/analisis/arch/estocolmo26.pdf>.

EQUIPO de Reflexión, Investigación y Comunicación, «Centro Penal de San Pedro Sula: Crónica de una Política de Estado anunciada, planificada y ejecutada», Tegucigalpa, diciembre, 2004.

EQUIPO de Reflexión, Investigación y Comunicación, «Informe Preliminar Alternativo "Masacre de El Porvenir"», Tegucigalpa, abril, 2003.

FEDERAL Bureau of Investigations (FBI), «CRACKING down on violent gangs: international effort nets 650 arrests», septiembre 9, 2005. <www.fbi.gov/page2/sept05/ngtf090905.htm>.

_____«FBI Announces coordinated law enforcement action against gangs», septiembre 8, 2005. <www.fbi.gov/pressrel/pressrel05/ms_13operation090805.htm>

_____«How we're ganging up on MS-13: And what you can do to help», julio 13, 2005. <www.fbi.gov/page2/july05/ms071305.htm>.

_____Statement of Chris Swecker, assistant Director, Criminal Investigative Division Federal Bureau of Investigation, before the Subcommittee on the Western Hemisphere, House International Relations Committee, abril 20, 2005. <www.fbi.gov/congress/congress05/swecker042005.htm>.

_____Testimony of Robert S. Mueller, III. Director, Federal Bureau of Investigation, before the Senate Committee on Intelligence of the United States Senate, febrero 16, 2005. <www.fbi.gov/congress/congress05/mueller021605.htm>.

«GANG Deterrence and Community Protection Act of 2005», patrocinado por el congresista republicano de Estados Unidos Randy Forbes, mayo, 2005.

«INFORME de la Comisión para el Esclarecimiento Histórico», Guatemala, febrero 25, 1999.

JUNTA Internacional de Fiscalización de Estupefacientes de Naciones Unidas, «Informe Anual 2004», Nueva York, 2005.

MORALES Alvarado, Sergio Fernando, procurador de los Derechos Humanos de Guatemala, «Informe Anual Circunstanciado 2005», Guatemala, enero, 2006.

MOSER, Carolina y Ailsa Winton (Overseas Development Institute), Informe para el Departamento para el Desarrollo Internacional «Violencia en la región de América Central: hacia un marco de referencia integrado para la reducción de la violencia», Reino Unido, junio, 2002.

LOS Angeles County District Attorney's Office, «Orden de la Corte prohíbe a los miembros de la pandilla 18th Street Wilshire reclutar a menores», boletín, julio 2, 2004.

_____«Pandillero de la Mara Salvatrucha sentenciado a 330 días en la cárcel por vandalismo con grafitos en zona segura», boletín, noviembre 1, 2004.

RESÚMENES de la XIX Reunión de la comisión binacional México-Estados Unidos (México, DF, noviembre 26, 2002); XX Reunión de la comisión binacional México-Estados Unidos (Washington, DC, noviembre 12, 2003); XXI Reunión de la comisión binacional México-Estados Unidos (México, DF, noviembre 9, 2004).

RODRÍGUEZ Pizarro, Gabriela, relatora Comisión de Derechos Humanos, Informe «Grupos e individuos específicos: Trabajadores migrantes», Consejo Económico y Social, Naciones Unidas, octubre 30, 2002. <www.cinu.org.mx/prensa/temas/dh/migrantes/G0215409.pdf>.

ENTREVISTAS

AGUSTÍN (a) Midget (pandilla Avenues), Los Ángeles, agosto 14, 2005.
ÁNGELES Cruz, Hugo, investigador, Colegio de la Frontera Sur, Tapachula (Chiapas), febrero, 2005.
ARGUETA, Idalia, coordinadora del Programa de Jóvenes de Cristianos por la Paz en El Salvador, San Salvador, noviembre 11, 2005.
ARIAS Rodríguez, Alberto Javier, subsecretario de Seguridad Pública del Estado de Tabasco, Villahermosa, julio 7, 2005.
ÁVILA Avilés, Rodrigo, viceministro de Seguridad Ciudadana de El Salvador, San Salvador, noviembre 15, 2005.
BACA, Leroy D., sheriff del condado de Los Ángeles, entrevistado en el marco de la Conferencia Internacional de *Accountability* Policial, Ministerio del Exterior de Países Bajos, La Haya, octubre 21, 2005.
BARRERA Márquez, Miguel Ángel, delegado regional del Instituto Nacional de Migración, Secretaría de Gobernación, Villahermosa, julio 18, 2005.
BELTRÁN, Silvia, directora ejecutiva de Homies Unidos en Los Ángeles, entrevistada durante el Coloquio Internacional *Las maras. Identidades juveniles al límite*, UAM-Iztapalapa, ciudad de México, julio 5, 2005.
BENÍTEZ Manaut, Raúl, investigador del Centro de Investigaciones Sobre América del Norte, UNAM, ciudad de México, julio 19, 2005.
BOYLE, Fr. Gregory J., director ejecutivo de Homeboy Industries, Los Ángeles, agosto 14, 2005.
CABEDA, Luis, coordinador de proyecto en Centros de Actividades Juveniles en la provincia argentina, Ministerio de Educación de Argentina, entrevistado durante el Coloquio Internacional *Las maras. Identidades juveniles al límite*, UAM-Iztapalapa, ciudad de México, julio 5, 2005.
CABEZAS, Mirian Ivonne, la Happy (B18, clica del Parque Libertad), San Salvador, noviembre 9, 2005.
CERBINO, Mauro, coordinador del Programa de Comunicación, FIACSO-Ecuador, entrevistado durante el Coloquio Internacional *Las maras. Identidades juveniles al límite*, UAM-Iztapalapa, ciudad de México, julio 5, 2005.
CRUZ, José Miguel, director del Instituto Universitario de Opinión Pública, Universidad Centroamericana José Simeón Cañas, San Salvador, noviembre 8, 2005.

CHACÓN, José Luis, Departamento de Policía de Los Ángeles, División Hollenbeck, Los Ángeles, agosto 10, 2005.

DÍAZ Valladares, Karol, Arte Acción, Tegucigalpa (Honduras), noviembre 23, 2005.

EDDIE Boy (B18), director de Rehabilitación de Homies Unidos, San Salvador, noviembre 10, 2005.

EL 18, Hollenbeck, Los Ángeles, agosto 14, 2005.

EL Duende (MS13, clica del Parque Zurita), San Salvador, noviembre 10, 2005.

EL Gato (B18), Los Ángeles, agosto 12, 2005.

EL Krueger (MS13, clica del Parque Zurita), San Salvador, noviembre 9, 2005.

EL Pobre (B18, clica Cháropar SPLS), montaña al norte de Tegucigalpa, noviembre 23, 2005.

EL Skinny o el Flaco (MS13, clica Leeward), San Salvador, noviembre 11, 2005.

ESTRADA, Tito, director de teatro y dramaturgo, Tegucigalpa, noviembre 19, 2005.

FLORES Fabián, Nelson, coordinador de Política Judicial, Centro de Estudios Penales, San Salvador, noviembre 15, 2005.

FLORES, José Mauricio, ex agente de seguridad privada y migrante, San Salvador, noviembre 14, 2005; Coatzacoalcos (Veracruz), febrero 18, 2006; ciudad de México, febrero 19, 2006; Saltillo (Coahuila), marzo 3, 2006.

GÓMEZ, Magdaleno, detective del Departamento de Policía de Los Ángeles, División Rampart, Los Ángeles, agosto, 2005.

GÓMEZ Góchez, Salvador, director general de la Asociación Nacional Salvadoreña Americana (SANA), Los Ángeles, agosto 9, 2005.

GONZÁLEZ Plascencia, Luis, consultor externo del Fondo de las Naciones Unidas para la Infancia (UNICEF), ciudad de México, mayo 31, 2006.

HERRERA Coello, Ubaldo, Casa Alianza, Tegucigalpa, noviembre 21, 2005.

ÍÑIGUEZ Ramos, Martín, subdirector del Centro de Estudios Migratorios, Instituto Nacional de Migración, ciudad de México, agosto 22, 2005.

JAÉN, Lempira, bailarín y actor, Tegucigalpa, noviembre 19, 2005.

JAÉN, Mario, dramaturgo y director de cine, Tegucigalpa, noviembre 19, 2005.

JIMÉNEZ, Blas, presidente de la Comisión Ciudadana de Derechos Humanos de Tenosique, Tenosique (Tabasco), julio 2005.

JOHNATHAN (MS13), Los Ángeles, agosto, 2005.

LEIVA Deras, Blanca Haydeé, víctima de violencia de pandillas, El Salvador, noviembre 14, 2005.

LIBKILL (MS13, clica MS13 Francis), Los Ángeles, agosto, 2005.

LUIS (B18, Los Ángeles, California), Tijuana (Baja California), julio 28, 2005.

MARIO (MS13, clica Los Rampart), Tijuana, julio 30, 2005.

MARROQUÍN, Amparo, profesora de la licenciatura en Comunicación Social, Universidad de Centroamérica José Simeón Cañas, San Salvador, noviembre 12, 2005.

MARTÍN (B18, clica de la calle Hoover), Sunset Boulevard, Los Ángeles, agosto 22, 2005.

Martínez, Giovanni (pandilla Silver Lake, Los Ángeles), voluntario de Homies Unidos, San Salvador, noviembre 9, 2005.

McBride, Wesley D., presidente de la California Gang Investigator's Association, entrevistado en el marco de la Reunión Anual de Investigadores Antipandillas, Anaheim (California), julio 2005.

Medina García, Octavio, presidente municipal de Tenosique, julio 28, 2005.

Montejo Ramos, José Manuel, agente del Ministerio Público comisionado en Tenosique, Tenosique (Tabasco), julio 26, 2005.

Nahum, traficante de indocumentados hondureño, Coatzacoalcos, febrero 18, 2006.

Olson, Anna, reverenda de la Iglesia Episcopal de la Trinidad, Los Ángeles, agosto 18, 2005.

Palacios, Héctor R., Arte Acción, Tegucigalpa, noviembre 23, 2005.

Pantoja Arreola, Pedro, coordinador de Pastoral Social de la Diócesis de Saltillo y de la Casa del Migrante, Saltillo, agosto 29, 2005.

Pineda Platero, Itsmania, presidente de Xibalba Arte y Cultura, Tegucigalpa, septiembre, 2001.

Platero, Hedy, activista de Xibalba Arte y Cultura, y migrante, ciudad de México, marzo 25, 2005.

Regino, Gabriel, subsecretario de Seguridad Pública del Distrito Federal, ciudad de México, agosto 29, 2006.

Reyes, Hermes, presidente de la junta directiva de Arte Acción, Tegucigalpa, noviembre 19, 2005.

Rodríguez Alonso, Mario, director de Seguridad Pública Municipal de Tenosique, Tenosique, julio 27, 2005.

Romero, Luis, Panzaloca (B18), director de Homies Unidos, San Salvador, noviembre 8, 2005.

Salazar Flores, Luis Enrique, procurador adjunto de la Niñez y la Juventud, Procuraduría para la Defensa de los Derechos Humanos de El Salvador, San Salvador, noviembre 14, 2005.

Sánchez, Alex, el Rebelde (MS13), directivo de Homies Unidos, Los Ángeles, agosto 10-20, 2005.

Sánchez, Daniel, sacerdote diocesano español, miembro de la Obra de Cooperación Sacerdotal Hispano-Americana, comunidad La Chacra, San Salvador, noviembre 10, 2005.

Saúl, indocumentado peruano, Casa del Migrante, Saltillo, agosto 29, 2005.

Sohr, Raúl, periodista chileno, entrevistado en el marco de la Conferencia Internacional de *Accountability* Policial, Ministerio del Exterior de Países Bajos, La Haya, octubre 21, 2005.

Solís, Hilda, congresista por California de la Cámara de Representantes de Estados Unidos, Los Ángeles (vía telefónica), agosto 15, 2005.

Valdez, Al, investigador policiaco experto en pandillas, entrevistado en el marco de la Reunión Anual de Investigadores Antipandillas, Anaheim, julio, 2005.

VALDEZ, Gloria, coordinadora del Grupo Beta en Tenosique, Tenosique, julio 28, 2005.

VALLE, Osvaldo (MS13, clica MS13 Francis), Los Ángeles, agosto 2005.

VIGIL, James Diego, entrevistado durante el Coloquio Internacional *Las maras. Identidades juveniles al límite,* UAM-Iztapalapa, ciudad de México, julio 5, 2005.

ZELAYA, Rosario, orientadora educativa, Tegucigalpa, noviembre 21, 2005.

FILMOGRAFÍA

American Me (*Santana: Americano yo?*), Edward James Olmos, EU, 1992.

Assault on Precinct 13 (*Masacre en la Cárcel 13*), Jean-François Richet, EU/Francia, 2005.

Barrio 18ST III, Miguel Ramos, sin país, 2004.

Barrio Wars (*Guerra de barrios*), Paul Waynne, EU, 2002.

Born losers (*Nacidos para perder*), T. C. Frank, EU, 1967.

Bound by Honor/Blood In, Blood Out (*Sangre por sangre*), Taylor Hackford, EU, 1993.

Brother (*El capo*), Takeshi Kitano, EU/Gran Bretaña/Japón, 2000.

Carandiru, Hector Babenco, Brasil, 2003.

Carlito's Way: Rise to power (Carlito's Way: *El ascenso al poder*), Michael Scott Bregman, EU, 2005.

China girl (*Suburbios de muerte*), Abel Ferrara, EU, 1987.

Ciudade de Deus/City of God (*Ciudad de Dios*), Fernando Meirelles, Brasil, 2002.

Dead end (*Callejón sin salida*), William Wyler, EU, 1937.

Dobermann, Jan Kounen, Francia, 1997.

Donzoko (*Los bajos fondos*), Akira Kurosawa, Japón, 1957.

Eastside (*Cholo americano*), Lorena David, EU, 1999.

Gangs of New York (*Pandillas de Nueva York*), Martin Scorsese, EU, 2002.

Goodfellas (*Buenos muchachos*), Martin Scorsese, EU, 1990.

Green Street Hooligans, Lexi Alexander, EU/Reino Unido, 2005.

Knockaround Guys (*Hijos de la mafia*), Brian Koppelman y David Levien, EU, 2001.

La Mara Salvatrucha 2, Miguel Ramos, sin país, sin año.

Las cuatro tablas, Daniel Serrano, Honduras, 2001.

Last exit to Brooklyn (*Última salida a Brooklyn*), Uli Edel, EU/Reino Unido/Alemania, 1989.

Limpiando chaqueta, Mario Jaén, Honduras, 2001.

Los caifanes, Juan Ibáñez, México, 1966.

Los olvidados, Luis Buñuel, México, 1950.

King Rikki (*El rey de la calle*), James Gavin Bedford, EU, 2002.

Menace (*Nación aria*), Abel Ferrara, EU, 2002.

Mi vida loca/ Mi crazy life, Allison Anders, EU, 1994.
My family (Mi familia), Gregory Nava, EU, 1995.
On the waterfront (Nido de ratas), Elia Kazan, EU, 1954.
Point doom (Guerreros urbanos), Art Camacho, EU, 1999.
Prozac Nation (Adictos al prozac), Erik Skjoldaejrg, EU/Alemania, 2003.
Rebel without a cause (Rebelde sin causa), Nicholas Ray, EU, 1955.
Reservoir dogs (Perros de reserva), Quentin Tarantino, EU, 1991.
Romper stomper (Cabezas rapadas), Geoffrey Wright, Australia, 1992.
Rumble fish (La ley de la calle), Francis Ford Coppola, EU, 1983.
Scarface (Cara cortada), Brian De Palma, EU, 1983.
Shackles (Encadenados), Charles Winkler, EU, 2005.
Shooters (Dealers), Colin Teague y Glenn Durfort, Reino Unido, 2000.
Stand and Deliver, Ramón Menéndez, EU, 1988.
Tio's game (Pandilleros), Juan Carlos Buitrón, EU, 2002.
The Godfather (El Padrino), Francis Ford Coppola, EU, 1972.
The Godfather II (El Padrino II), Francis Ford Coppola, EU, 1974.
The Ghost (Venganza Yakuza), Douglas Jackson, EU, 2000.
The St. Valentine's Day Massacre (Masacre de San Valentín), The History Channel, EU, 1997.
The Untouchables (Los Intocables), Brian de Palma, EU, 1987.
The Warriors (Los Guerreros), Walter Hill, EU, 1979.
The Wild Bunch (La pandilla salvaje), Sam Peckinpah, EU, 1969.
The wild one (El Salvaje), Laslo Benedek, EU, 1954.
Training day (Dia de entrenamiento), Antoine Fuqua, EU, 2001.
Vendetta, Nicholas Meyer, EU, 1999.
Voces inocentes, Luis Mandoki, México, 2004.
West side story (Amor sin barreras), Jerome Robbins y Robert Wise, EU, 1961.
Zoot Suit, Luis Valdez, EU, 1978.

HEMEROGRAFÍA

«ARMA el "Chapo" sus propios "Zetas"», en *Reforma*, diciembre, 12, 2004.
ALLEN, Mike. «House passes bill to make gang crimes federal offenses», en *The Washington Post*, mayo 12, 2005.
AMIS, Martin. «Cartas desde Cali. Herida de salida», en *Gatopardo,* número 58, junio 2005.
«ANNOUNCEMENT of Mara Salvatrucha (MS) gang injunction», comunicado de prensa del departamento de policía de Los Ángeles, California, marzo 24, 2004, <www.lapdonline.org/portal/generic.php?page=/press_releases/press_relea-ses.2005>.

ARANA, Ana. «Cómo las pandillas invadieron América Central», en *Foreign Affairs en español*, vol. 5, número 3, ITAM, México, 2005.

BETH Sheridan, Mary y David Cho. «103 arrested in MS-13 sweep. U.S. crackdown includes 35 suspects in area», en *The Washington Post*, marzo 15, 2005.

BOLAÑOS, Mauricio. «Condenan a tres acusados en caso Tormenta Tóxica», <http://archive.laprensa.com.sv/20040320/nacion/nacion23.asp>.

BRANIGIN, William. «INS Pursuing aliens in urban gangs. New immigration law aids agents in drive to put criminals out of the country», en *The Washington Post*, mayo 2, 1997.

BRAUN, Stephen. «U.S.-L.A. Task force deports 175 with ties to drug, gang activity», en *Los Angeles Times*, abril 12, 1989

«BRINGING it all back home; Central America. Central America's gang problem», en *The Economist*, mayo 22, 2004.

BRUNEAU, Thomas C. «The Maras and National Security in Central America», en *Strategic Insights*, vol. 4, Issue 5, en US Military. Research Institute of the US Naval Postgraduate School's Center for Contemporary Conflict, Monterey, California, mayo 2005.

CALVO, José Manuel. «El poder latino», en *El País Semanal*, España, número 1,457, agosto 29, 2004.

CAMPO-Flores, Arian. «Gangland's new face», en *Newsweek*, diciembre 8, 2003.

_____, Daren Briscoe, Daniel Klaidman y Michael Isikoff en Washington; Jenifer Ordonez en Los Ángeles; Joseph Contreras en Miami y Álvaro Cruz en San Salvador. «The most dangerous gang in America: they're a violent force in 33 states and counting. Inside the battle to police Mara Salvatrucha», en *Newsweek*, marzo 28, 2005.

CAÑAS, Gabriela. «Bertrand Tavernier. El hombre indignado», en *El País Semanal*, España, número 1, 524, diciembre 11, 2005.

CASTILLO Berthier, Héctor. «Pandillas, jóvenes y violencia», *Saberes y razones* en revista *Desacatos*, número 14, CIESAS, México, primavera-verano 2004.

COATES, Sam. «Gang Bill takes cue from organized crime legislation», en *The Washington Post*, julio 17, 2005.

COHEN, Isaac. «¿Por qué el ALCCA?», en *Foreign Affairs en español*, vol. 5, número 3, ITAM, México, 2005.

CONNELL, Rich y Robert J. Lopez. «Ties between gang, fences probed. Millions of dollars in stolen goods are believed to be passing from a Latino street group to middle easterners in the U.S. for resale», en *Los Angeles Times*, diciembre 23, 2005.

_____ «MS-13: an International Franchise. Intervention Offers Hope Where Police and Border Crackdowns Fail», en *Los Angeles Times*, diciembre 26, 2005.

CORONEL Frank L. Goldstein y capitán John W. Muirhead, Fuerza Aérea de EU, «El aspecto humano de las Operaciones Especiales», <www.airpower.maxwell.af.mil/apjinternational/apj-s/3trimes99/goldst.htm>.

FARAH, Douglas y Tod Robberson. «U.S. Style gangs build free trade in crime», en *The Washington Post*, agosto 28, 1995.

FEUER Domash, Shelly, «War against gangs ratchets up a notch», en *The New York Times*, diciembre 31, 2000.

FERNÁNDEZ, Emilio. «Piden auxilio para combatir a las pandillas», en *El Universal*, marzo 26, 2004.

FERNÁNDEZ Menéndez, Jorge. «Las redes del narco en Estados Unidos. Entre "el componente étnico" y el poder del dinero», en *Letras Libres*, número 81, México, septiembre 2005.

FISHER, Marc. «Gang violence here, there, everywhere», en *The Washington Post*, octubre 21, 2003.

GARZA Galindo, Laura Alicia. «El Destino Manifiesto», en *La Jornada*, mayo 31, 2003 (Fuente citada por la autora: Ortega y Medina, Juan Antonio: *Destino Manifiesto. Sus razones históricas y su raíz teológica*. México, CNCA/ Alianza Editorial Mexicana, 1989).

GLOD, Maria. «Fairfax gang member gets 23 years in death. Teenager stabbed stranger to Impress others, officials say», en *The Washington Post*, julio 6, 2001.

«GOING global. Gangs», en *The Economist*, febrero 26, 2005.

GONZÁLEZ, Enric. «La nueva Camorra», en *El País Semanal*, España, número 1,498, junio 12, 2005.

GUMUCIO, Rafael. «Un papá y un bebé muy crueles», en *El País Semanal*, España, número 1,530, enero 22, 2006.

HAYDEN, Tom. «When deportations is a death sentence. sending U.S. gang members back to Honduras can amount to killing them», en *Los Angeles Times*, junio 28, 2004.

«INVOLUCRAN a francesa de ONU con drogas en El Salvador», <www.todito.com.mx/paginas/noticias/76570.html>.

ISLAS Hernández, Álvaro y Roberto Corado Mosqueda. «Los Maras Salvatruchas, peste que amenaza a México. Hermanos de la muerte. "Por mi madre nací y por la mara moriré", su lema», en *El Orbe*, Tapachula, s/f.

JACKSON, Robert L. «Nationwide spread of L.A. Gangs is alarming, FBI says», en *Los Angeles Times*, abril 24, 1997.

JIMÉNEZ Barca, Antonio. «Yo soy un "latin king"», en *El País*, España, julio 10, 2005.

JOHNSON, John «War refugees form deadly L.A. Gangs. Crime: Central american refugees immune to violence are growing part of L.A's gang culture."They laugh at drive-by shootings", one expert says», en *Los Angeles Times*, diciembre 17,1989

KESSLER, Gabriel. «De proveedores, amigos, vecinos y barderos. Acerca del trabajo, delito y sociabilidad en jóvenes del Gran Buenos Aires [Argentina]», en *Saberes y razones*, revista *Desacatos*, número 14, CIESAS, México, primavera-verano 2004.

KRAUL, Chris. «El Salvador comes to grips with gangs. Deportees from U.S. feed the violence of groups targeted in disputed crackdown», en *Los Angeles Times*, diciembre 13, 2004.

_____ Robert J. Lopez y Rich Connell. «L.A. violence crosses the line. A brutal band born near MacArthur Park has spread to 33 other states and five countries. For the first time, the FBI forms a nationwide task force to go after a single gang», en *Los Angeles Times*, mayo 15, 2005.

«L.A.'s transnational gangs», en *Los Angeles Times*, marzo 29, 2005.

«LA pandilla más ruda de EE UU», en *Newsweek en español*, abril 4, 2005.

LARA Klahr, Marco. «Crisis del café deja en ruinas a El Salvador», en *El Universal*, octubre 3, 2001.

_____. «Guatemala, el país más golpeado por hambruna», en *El Universal*, octubre 2, 2001.

_____. «Honduras: en la miseria 80 por ciento de jóvenes», en *El Universal*, octubre 5, 2001.

_____. «Los señores de los cielos», en *Día Siete* número 235, sin fecha.

_____. «Nicaragua: explotación de menores», en *El Universal*, octubre 6, 2001.

_____. «Plaga de "Maras" se expande» [sic], en *El Universal*, marzo 1, 2004.

_____. «Trabajar y cantar para las "maras"», en *El Universal*, febrero 13, 2005.

LARRAIN, Max «Consenso de Washington. ¿Gobernador de gobiernos?», </http:// members.tripod.com/~propolco/4sem/washington.htm>

LEDUFF, Charlie. «Police say immigrant policy is hindrance», en *The New York Times*, abril 7, 2005.

LEMBERG, Cecilia. «La guerra de los mundos», en *Tierra Adentro*, números 137-138, México, diciembre 2005-marzo 2006.

LOPEZ, Robert J., Rich Connell y Chris Kraul. «MS-13: An international franchise. Gang uses deportation to its advantage to flourish in U.S. Mara Salvatrucha is rooted locally, but it has become a force in Central America and the Washington area. U.S. policy provided unintended aid», *Los Angeles Times*, octubre 30, 2005.

MAIN, Frank. «Gangs claim their turf in Irak» en *Chicago Sun-Times*, mayo 1, 2006.

MANFRED Liebel. «Pandillas juveniles en Centroamérica o la difícil búsqueda de justicia en una sociedad violenta», en *Saberes y razones*, revista *Desacatos*, número14, CIESAS, México, primavera-verano 2004.

«MARAS detenidos y personas muertas por los Maras Salvatruchas MS 13. Terror, Violencia e Impunidad Causan las Bandas Delictivas Maras Salvatruchas MS 13 y Barrio 18», en *El Orbe*, Tapachula, s/f.

«MASACRE en cancha de futbol. Hablan de seis muertes, inculpan a pandilleros de las "maras"», <www.laopinion.com/print.html?rkey=00060123171210065911>.

MONTES, Rodolfo. «La mara crece por imitación», en *La Revista*, México, febrero 6-12, 2006.

«OPERATION community shield», Comunicado de prensa de U.S. Immigration and Customs Enforcement, octubre 11, 2005, <www.ice.gov/graphics/news/fact-sheets/opshield031405.htm>.

«PANDILLAS, problema sin solución», en *La Opinión Digital*, febrero 3, 2005, <www.laopinion.com>.

PARKES, Christopher. «LA's gang epidemic spreads overseas», en *The Financial Times*, abril 28, 1997.

«PELIGROSA banda de Maras Salvatruchas fue detenida en Suchiate», en *El Orbe*, Tapachula, febrero 21, 2002.

PEREA Restrepo, Carlos Mario. «Pandillas y conflicto urbano en Colombia», en *Saberes y razones*, revista *Desacatos*, número 14, CIESAS, México, primavera-verano 2004.

«POLICE shortcomings stymie efforts to contain gang», en *Los Angeles Times*, noviembre 19, 1996.

RELEA, Francesc. «Estados Unidos y México se comprometen a luchar contra la inmigración ilegal», en *El País*, España, julio 17, 2005.

RIVA Palacio, Raymundo. «Tiempos de terror», en *El Universal*, julio 1, 2005.

RIZZI, Andrea. «El genocidio impune de Guatemala», en *El País*, España, julio 24, 2005.

RODRÍGUEZ, Ernesto. «Juventud y violencia en América Latina. Una prioridad para las política públicas y una oportunidad para la aplicación de enfoques integrados e integrales», en *Saberes y razones*, revista *Desacatos,* número 14, CIESAS, México, primavera-verano 2004.

RODRÍGUEZ, Gloria. «Maras. Violencia que trasciende fronteras», en *fem*, año IV, vol. 44, México, s/f.

ROS-Lehtinen, Ileana. «Terrorism a growing problem. Latin America», en *The Miami Herald*, julio 11, 2005.

ROHTER, Larry. «In U.S. Deportation Policy, a Pandora's box», en *The New York Times*, agosto 10, 1997.

SARAVÍ, Gonzalo A. «Juventud y violencia en América Latina. Reflexiones sobre exclusión social y crisis urbana. Comentario», en revista *Desacatos*, número 14, CIESAS, México, primavera-verano 2004.

SULLIVAN, Kevin. «Spreading gang violence alarms central Americans», en *The Washington Post*, diciembre 1, 2003.

«TEEN found guilty of 2nd-degree murder in Fairfax stabbing», en *The Washington Post*, enero 26, 2001.

«TEMEN atentados en Renacer con la llegada de "El Siniestro II"», en *La Tribuna*, Honduras, agosto 1, 2005.

THOMPSON, Ginger. «Gunmen kill 28 on bus in Honduras. Street gangs blamed», en *The New York Times*, diciembre 25, 2004.

_____ «Jóvenes, desesperanzados y violentos en la nueva Sudáfrica», en *The New York Times*, marzo 21, 2003.

«Mexico activities of the Mara Salvatrucha (MS) gang in Nezahualcoyotl and across the country. The extent of the MS presence and efforts by the government to combat the illegal activities of this gang. Enero-noviembre, 2004», varias fuentes, <www.unhcr.org/cgi-bin/texis/vtx/home/opendoc.htm?tbl=RSD COI&page=research&id=42df613928>.

VALLVEY, Ángela. «La pirata del mar de China», en *El País Semanal*, España, número 1, 504, julio 24, 2005.

VARGAS, Óscar René. «¿Qué es el Consenso de Washington?», <www.lainsignia.org/2002/noviembre/econ_033.htm>.

VERDÚ, Vicente. «Michel Maffesoli. Una mirada a la violencia social», en *El País Semanal*, España, número 1, 528, enero 8, 2006.

VIDAL, Josefina. «Cholos y pandillas: una visión más allá de la imagen», en *La Opinión*, octubre 16, 1988.

WALKER, S. Lynne. «Exportando un problema. Pandilleros deportados de Estados Unidos llevan una cultura letal a sus países de origen», en *The San Diego Union-Tribune*, enero 16, 2005.

WILKINSON, Tracy. «Salvadorans gird for losses as special status in U.S. ends», en *Los Angeles Times*, diciembre 1, 1994.

WINTON, Richard. «Study finds an alarming rise in gang killings. An anti-crime group says the trend —a 50% rise from '99 to '02— may worsen if funding of programs for juveniles is cut further», en *Los Angeles Times*, junio 2, 2004.

PÁGINAS WEB

ALTO Comisionado de las Naciones Unidas para los Refugiados
<www.acnur.org>
AMNISTÍA Internacional
<www.amnesty.org>
BANCO Mundial
<http://web.worldbank.org>
BARRIO 18 (Eighteen Street Gang)
<www.xv3gang.com>
BBC
<www.bbc.co.uk>
BURÓ Federal de Investigación (FBI, Estados Unidos)
<www.fbi.gov>
AGENCIA Central de Inteligencia (CIA, Estados Unidos)
<www.cia.gov>
CENTRO de Investigación, Docencia, Documentación y Divulgación de Relaciones Internacionales y Desarrollo
<www.cidob.org>

Comando Sur (Estados Unidos)
<www.southcom.mil/home>
Comisión de Derechos Humanos de la Cámara de Diputados
<www.cddhcu.gob.mx>
Comisión Interamericana de Derechos Humanos
<www.cidh.org>

Condado de Los Ángeles
<http://lacounty.info>
Departamento del Sheriff del Condado de Los Ángeles
<www.lasd.org>
Departamento de Seguridad Nacional (Estados Unidos)
<www.dhs.gov/dhspublic>
Frente Farabundo Martí para la Liberación Nacional
<http://fmln.org.sv>
Gobierno del Estado de California
<www.ca.gov>
Human Rights Watch
<www.hrw.org>
Mafia Mexicana (Mexican Mafia, la Eme)
<www.geocities.com/OrganizedCrimeSyndicates/MexicanMafiaPrisonGang.
    html>
Nación Aria (Aryan Nations)
<www.aryan-nations.org>
North American Congress on Latin America
<www.nacla.org>
Organización Panamericana de la Salud
<www.paho.org>
Procurador de los Derechos Humanos de Guatemala
<www.pdh.org.gt>

Servicio Nacional de Estudios Territoriales (El Salvador)
<www.snet.gob.sv>
Sistema de Información Sobre los Terremotos en El Salvador (del Programa de Na-
    ciones Unidad para el Desarrollo)
<www.terremotoelsalvador.org.sv>
Universidad Centroamericana José Simeón Cañas (El Salvador)
<www.uca.edu.sv>
Washington Office on Latin America
<www.wola.org>

PONENCIAS

ÁNGELES Cruz, Hugo, investigador de El Colegio de la Frontera Sur, México, ponencia sin título presentada en la mesa «Identidades al límite: Jóvenes y Violencia», del Coloquio Internacional *Las maras. Identidades juveniles al límite*, UAM-Iztapalapa, ciudad de México, julio 5-7, 2005.

ASTORGA, Luis, investigador del Instituto de Investigaciones Sociales, UNAM, «Análisis histórico del narcotráfico en Colombia», conferencia para la VIII Cátedra Anual de Historia Ernesto Restrepo Tirado, de la División Educativa y Cultural del Museo Nacional de Colombia, Bogotá, octubre 29-31, 2003.

BEATO, Claudio, coordinador del Centro de Estudios en Criminalidad y Seguridad Pública de la Universidad Pública de Minas Gerais (Brasil), RICO, «Acciones simples, resultados efectivos: Programa Fica Vivo en Belo Horizonte», ponencia en el Seminario Internacional *Intercambio de Experiencias Latinoamericanas de Prevención Comunitaria del Delito*, CIESAS, ciudad de México, agosto 29-30, 2005.

BENÍTEZ Manaut Raúl, Marco Lara Klahr y Alfredo Nateras Domínguez, «Maras y pandillas: miradas diversas a debate», Instituto para la Seguridad y la Democracia, AC, ciudad de México, enero 27, 2006.

BELTRÁN, Silvia Lorena, directora ejecutiva de Homies Unidos, EUA, ponencia sin título presentada en la mesa «Identidades al límite: Jóvenes y Violencia», del Coloquio Internacional *Las maras. Identidades juveniles al límite*, UAM-Iztapalapa, ciudad de México, julio 5-7, 2005.

CALDERA, Hilda, socióloga, Honduras, ponencia sin título presentada en la mesa «Identidades al límite: Jóvenes y Violencia», del Coloquio Internacional *Las maras. Identidades juveniles al límite*, UAM-Iztapalapa, ciudad de México, julio 5-7, 2005.

CERBINO, Mauro, FLACSO-Ecuador, «Identidades y culturas juveniles en las jornadas de abril en Ecuador», ponencia en el Coloquio Internacional *Las maras. Identidades juveniles al límite*, UAM-Iztapalapa, ciudad de México, julio 5-7, 2005.

DARDÓN, Jacobo, FLACSO-Guatemala, «La franja fronteriza de Guatemala con México: características, sitios de cruce, flujos migratorios y gobernabilidad», ponencia en el I Encuentro Internacional sobre Desarrollo e Integración Regional en el Sur de México y Centroamérica, San Cristóbal de las Casas, junio 4-6, 2003.

FLORES, Frank, oficial de policía de la división de Hollywood e integrante del Gang Impact Team del LAPD, comentarios en la Reunión Anual de Investigadores Antipandillas. Anaheim, California, julio 2005.

GONZÁLEZ, Alfonso, UCLA, Homies Unidos, ponencia sin título presentada en la mesa «Transnacionalización, diásporas y derechos civiles», del Coloquio Internacional *Las maras. Identidades juveniles al límite*, UAM-Iztapalapa, ciudad de México, julio 5-7, 2005.

GOUBAUD, Emilio, director general de Alianza para la Prevención del Delito, Guatemala, ponencia sin título presentada en la mesa «Las maras: Mitos y Estereotipos», del Coloquio Internacional *Las maras. Identidades juveniles al límite*, UAM-Iztapalapa, ciudad de México, julio 5-7, 2005.

_____ «El trabajo de APREDE con maras en Guatemala», ponencia en el Seminario Internacional *Intercambio de Experiencias Latinoamericanas de Prevención Comunitaria del Delito*, CIESAS, ciudad de México, agosto 29-30, 2005.

ÍÑIGUEZ Ramos, J. Martín, «Las mujeres invisibles en la frontera sur: las bichas en la Mara Salvatrucha 13 (MS13) y Barrio 18 (XV3)», inédito.

_____ , subdirector del Centro de Estudios Migratorios, Instituto Nacional de Migración, México, «Los maras: ¿Problema de seguridad pública o nacional?», ponencia en el Coloquio Internacional *Las maras. Identidades juveniles al límite*, UAM-Iztapalapa, ciudad de México, julio 5-7, 2005

MARROQUÍN, Amparo, profesora de la licenciatura en Comunicación Social, Universidad de Centroamérica José Simeón Cañas, El Salvador, «Las maras, mitos y estereotipos en los discursos salvadoreños», ponencia en el Coloquio Internacional *Las maras. Identidades juveniles al límite*, UAM-Iztapalapa, ciudad de México, julio 5-7, 2005.

MARTEL, Roxana, profesora-investigadora, Universidad de Centroamérica José Simeón Cañas, El Salvador, «Mitos y narrativas en El Salvador. Maras: los nuevos parias», ponencia en el Coloquio Internacional *Las maras. Identidades juveniles al límite*, UAM-Iztapalapa, ciudad de México, julio 5-7, 2005.

MENDIZÁBAL, Sergio, oficial del Estado Mayor del Frente número 1 Diego Soc., Unidad Revolucionaria Nacional Guatemalteca (URNG), Guatemala, ponencia sin título presentada en la mesa «Las maras: Mitos y Estereotipos», del Coloquio Internacional *Las maras. Identidades juveniles al límite*, UAM-Iztapalapa, ciudad de México, julio 5-7, 2005.

NATERAS Domínguez, Alfredo, profesor-investigador, UAM-Iztapalapa, México, «Jóvenes vulnerables, violencias y sociedades sin sentido», ponencia en el Coloquio Internacional *Las maras. Identidades juveniles al límite*, UAM-Iztapalapa, ciudad de México, julio 5-7, 2005.

NAVARRO Briones, Javier, CONAPRED, México, ponencia sin título presentada en la mesa «Transnacionalización, diásporas y derechos Civiles», del Coloquio Internacional *Las maras. Identidades juveniles al límite*, UAM-Iztapalapa, ciudad de México, julio 5-7, 2005.

PEREA, Carlos Mario, profesor-investigador, UCM, México, ponencia sin título presentada en la mesa «Identidades al límite: Jóvenes y Violencia», del *Coloquio Internacional Las maras. Identidades juveniles al límite*, UAM-Iztapalapa, ciudad de México, julio 5-7, 2005.

RAMÍREZ Gallegos, Franklin, académico del Centro de Investigaciones Urbanas (CIUDAD), Quito, Ecuador, «La nueva ola migratoria ecuatoriana a Europa: crisis, redes trasnacionales y repertorios de acción migratoria (1997-2004)», teleconferencia, julio 8, 2005. Casa COLEF, Coyoacán, ciudad de México, desde: Colegio de la Frontera Norte, con sede en Tijuana.

REGUILLO, Rossana, profesora Investigadora del Departamento de Estudios Socio-culturales de ITESO, México, ponencia sin título presentada en la mesa «Identidades y culturas juveniles al límite», del Coloquio Internacional *Las maras. Identidades juveniles al límite*, UAM-Iztapalapa, ciudad de México, julio 5-7, 2005.

RICO, José María, profesor honorario del Departamento de Criminología de la Universidad de Montreal, «Proyecto Seguridad Ciudadana en Centroamérica», presentado en el Seminario Internacional *Intercambio de Experiencias Latinoamericanas de Prevención Comunitaria del Delito*, CIESAS, ciudad de México, agosto 29-30, 2005.

VALENZUELA, José Manuel, investigador del Departamento de Estudios Culturales de EL COLEF, México, ponencia sin título presentada en la mesa «Identidades y culturas juveniles al límite», del Coloquio Internacional *Las maras. Identidades juveniles al límite*, UAM-Iztapalapa, ciudad de México, julio 5-7, 2005.

VIGIL, James Diego, profesor en antropología aplicada, Universidad de California en Irvin (UCI), EUA, ponencia sin título presentada en la mesa «Las maras: Mitos y Estereotipos», del Coloquio Internacional *Las maras. Identidades juveniles al límite*, UAM-Iztapalapa, ciudad de México, julio 5-7, 2005.

Planeta

España
Av. Diagonal, 662-664
08034 Barcelona (España)
Tel. (34) 93 492 80 36
Fax (34) 93 496 70 58
Mail: info@planetaint.com
www.planeta.es

P.º Recoletos, 4, 3.ª planta
28001 Madrid (España)
Tel. (34) 91 423 03 00
Fax (34) 91 423 03 25
Mail: info@planetaint.com
www.planeta.es

Argentina
Av. Independencia, 1668
C1100 ABQ Buenos Aires
(Argentina)
Tel. (5411) 4382 40 43/45
Fax (5411) 4383 37 93
Mail: info@eplaneta.com.ar
www.editorialplaneta.com.ar

Brasil
Av. Francisco Matarazzo,
1500, 3.º andar, Conj. 32
Edificio New York
05001-100 São Paulo (Brasil)
Tel. (5511) 3087 88 88
Fax (5511) 3898 20 39
Mail: psoto@editoraplaneta.com.br

Chile
Av. 11 de Septiembre, 2353, piso 16
Torre San Ramón, Providencia
Santiago (Chile)
Tel. Gerencia (562) 431 05 20
Fax (562) 431 05 14
Mail: info@planeta.cl
www.editorialplaneta.cl

Colombia
Calle 73, 7-60, pisos 7 al 11
Bogotá, D.C. (Colombia)
Tel. (571) 607 99 97
Fax (571) 607 99 76
Mail: info@planeta.com.co
www.editorialplaneta.com.co

Ecuador
Whymper, N27-166, y A. Orellana,
Quito (Ecuador)
Tel. (5932) 290 89 99
Fax (5932) 250 72 34
Mail: planeta@access.net.ec
www.editorialplaneta.com.ec

Estados Unidos y Centroamérica
2057 NW 87th Avenue
33172 Miami, Florida (USA)
Tel. (1305) 470 0016
Fax (1305) 470 62 67
Mail: infosales@planetapublishing.com
www.planeta.es

México
Av. Insurgentes Sur, 1898, piso 11
Torre Siglum, Colonia Florida, CP-01030
Delegación Álvaro Obregón
México, D.F. (México)
Tel. (52) 55 53 22 36 10
Fax (52) 55 53 22 36 36
Mail: info@planeta.com.mx
www.editorialplaneta.com.mx
www.planeta.com.mx

Perú
Av. Santa Cruz, 244
San Isidro, Lima (Perú)
Tel. (511) 440 98 98
Fax (511) 422 46 50
Mail: rrosales@eplaneta.com.pe

Portugal
Publicações Dom Quixote
Rua Ivone Silva, 6, 2.º
1050-124 Lisboa (Portugal)
Tel. (351) 21 120 90 00
Fax (351) 21 120 90 39
Mail: editorial@dquixote.pt
www.dquixote.pt

Uruguay
Cuareim, 1647
11100 Montevideo (Uruguay)
Tel. (5982) 901 40 26
Fax (5982) 902 25 50
Mail: info@planeta.com.uy
www.editorialplaneta.com.uy

Venezuela
Calle Madrid, entre New York y Trinidad
Quinta Toscanella
Las Mercedes, Caracas (Venezuela)
Tel. (58212) 991 33 38
Fax (58212) 991 37 92
Mail: info@planeta.com.ve
www.editorialplaneta.com.ve

Grupo Planeta   Planeta es un sello editorial del Grupo Planeta   www.planeta.es

Printed in the United States
201256BV00003B/1-84/A

9 789703 703838